CRÍTICA E PROFECIA

LUIZ FELIPE
PONDÉ

CRÍTICA E PROFECIA - A FILOSOFIA DA RELIGIÃO EM DOSTOIÉVSKI

2ª edição

GLOBOLIVROS

Copyright da presente edição © 2019 by Editora Globo S.A.
Copyright © 2019 by Luiz F. Pondé

Todos os direitos reservados.

Nenhuma parte desta edição pode ser utilizada ou reproduzida — em qualquer meio ou forma,
seja mecânico ou eletrônico, fotocópia, gravação etc. — nem apropriada ou estocada em sistema de
banco de dados sem a expressa autorização da editora.

Texto fixado conforme as regras do acordo ortográfico da língua portuguesa
(decreto legislativo nº 54, de 1995).

Preparação: Gabriele Fernandes
Revisão: Amanda Moura
Capa: Cris Viana – Estúdio Chaleira
Foto de capa: istock
Diagramação: Douglas K. Watanabe

CIP-BRASIL. CATALOGAÇÃO-NA-FONTE
SINDICATO NACIONAL DOS EDITORES DE LIVROS, RJ

Pondé, Luiz Felipe
    Crítica e profecia : a filosofia da religião em Dostoiévski / Luiz
Felipe Pondé. – 2. ed. – São Paulo : Globo Livros, 2019.

    ISBN 978-65-80634-12-5

    1. Dostoiévski, Fiódor, 1821-1881 – Crítica e interpretação.
2. Filosofia e religião. I. Título.

19-60305   CDD: 210.1
                                              CDU: 316.663:316.346.2

Vanessa Mafra Xavier Salgado – Bibliotecária – CRB-7/6644

2ª edição – fevereiro/2020

Editora Globo S.A.
Rua Marquês de Pombal, 25
Rio de Janeiro, RJ – 20230-240
www.globolivros.com.br

Para Danit

*"Os pregadores do materialismo e do ateísmo,
que proclamam a autossuficiência do homem,
estão preparando indescritíveis trevas
e horrores para a humanidade
sob pretexto de renovação e ressurreição."*

Diário de um escritor

*"Ame toda a criação de Deus,
ela inteira e cada grão de areia nela.
Ame cada folha, cada raio da luz de Deus.
Se amar tudo, perceberá o mistério divino nas coisas."*

Os irmãos Karamázov

Sumário

Nota preliminar 11
Introdução à segunda edição 13
Introdução à primeira edição 15

1. Dostoiévski: um pensador religioso 42
2. A filosofia da religião e o páthos divino 53
3. Uma introdução à mística ortodoxa 67
4. Palamás e o conhecimento místico 80
5. Evdokimov e a antropologia ortodoxa 94
6. A razão deífuga e a liberdade do homem 107
7. A polifonia em Dostoiévski 116
8. O fracasso da lógica 136
9. O homem inacabado 153
10. Liberdade: niilismo ou amor? 174
11. O mal e a liberdade 190
12. O homem de ação e o homem do subterrâneo
em *Memórias do subsolo* 201
13. O homem ordinário e o homem extraordinário
em *Crime e castigo* 215
14. A educação liberal e o niilismo
em *Os demônios* 233

15. O sagrado e a desagregação da natureza
em *O idiota* 252
16. O parricídio e a morte da tradição
em *Os irmãos Karamázov* 264

Bibliografia 281
Dados biográficos 285
Notas 287

Nota preliminar

Este trabalho é resultado das aulas ministradas pelo professor doutor Luiz Felipe Pondé no Programa de Estudos Pós-Graduados em ciências da religião da Pontifícia Universidade Católica de São Paulo, no segundo semestre de 2001.

No veemente caminho proposto pelo professor Pondé, partindo de alguns comentadores da obra de Dostoiévski antes de abordarmos seus títulos mais instigantes, deparamo-nos com a filosofia da religião de Heschel, a antropologia ortodoxa russa focalizada por Evdokimov, a análise literária de Bakhtin e com os comentários biográficos de Joseph Frank. Nesse percurso, o professor Pondé nos proporcionou uma reflexão acerca da paradoxal condição humana, bem como da priorização do conhecimento científico-pragmático em detrimento da experiência religiosa em nossa época. Época na qual o homem nada mais é do que um arranjo de átomos em constante funcionamento; época em que o desenvolvimento científico-tecnológico faz do homem um "criador"; época, enfim, em que "são definidas e firmemente estabelecidas as relações, tudo está assegurado, moldado em regras, todos estão contentes e felizes, a ponto de se terem realmente convencido disto, e... e... detiveram-se aí" [*Notas de inverno sobre impressões de verão*].

Gostaria de agradecer aos colegas Élcio Verçosa Filho, Leda Maria Perillo Seixas, Reginaldo Alves Campos e Renato de

Castro Gama pela colaboração na gravação e transcrição das aulas e, principalmente, por terem delegado a mim a tarefa de organização e estabelecimento do texto. Tarefa esta que não teria sido possível realizar sem a confiança em mim depositada pelo professor Pondé, a quem, por isso, também agradeço.

Lílian Wurzba Ioshimoto
Maio de 2002

Introdução à segunda edição: a teologia ortodoxa em Dostoiévski

Em 2005, num colóquio sobre literatura russa na USP, eu participava de uma mesa sobre Dostoiévski, quando uma professora russa, Elena Vasina, me disse que o meu livro, este livro publicado dois anos antes, era pioneiro no assunto, mesmo na Rússia — um artigo a partir dele foi publicado posteriormente em Moscou e um exemplar consta na biblioteca do Museu Dostoiévski em São Petersburgo.

Este livro, fruto de um curso na PUC-SP, trata do lugar da teologia ortodoxa russa, de raiz grega e bizantina, na obra do grande autor russo. É um livro de filosofia da religião e não de crítica literária, como digo na introdução à primeira edição. Nesse sentido, o foco é a influência da religião russa no pensamento de Dostoiévski. Esse tema era o que a professora russa dizia ser pioneiro. Depois de décadas de domínio soviético (que não apreciava muito o caráter crítico do romance *Os Demônios* aos niilistas russos, ancestrais diretos dos bolcheviques), o aspecto teológico na obra do autor não era um tema muito explorado. Hoje é um clássico. Não se pode pensar o russo do "subsolo" sem os "temores e tremores" teológicos do autor desse "subsolo". Não que os aspectos teológicos esgotem sua obra (nenhum o faz), mas sem eles, Dostoiévski pode ser transformado num autor puramente secular, sem as inquietações existenciais profundas de um russo que via a Rússia entre Deus e o Diabo.

Luiz F. Pondé
São Paulo, setembro de 2019

Introdução à primeira edição: profecia e desgraça

> *O que um escultor faz com um pedaço de mármore, a Bíblia faz com nossas mais sofisticadas intuições. É como elevar o mistério à expressão. [...] Nos profetas o inefável tornou-se voz.*[1]

Há alguns anos, o filósofo norte-americano Richard Rorty me disse, comentando uma conversa que eu tivera com Karl-Otto Apel, que o problema com Apel (e Habermas) era que ele não tinha "estômago" para a contingência, por isso inventava transcendentais kantianos que deveriam operar como dispositivos "anticontingência" no uso da linguagem. Rorty referia-se à pragmática transcendental de Apel e seu "argumento, logo existo" como modo de sustentar a ética da alteridade e proteger-nos da corrosão da racionalidade estratégica relativista e, por isso mesmo, agressiva.

Segundo Rorty, não há como negar a contingência ontológica irredutível (a linguagem não descreve nada adequada e necessariamente), e a única forma de *cope* (lidar) com esta contingência seria por meio de cálculos pragmáticos e consensuais de base política e social. Rorty enuncia aqui (palavras minhas) o caráter de engenharia conceitual que tem sua filosofia neopragmática e sua solução branda para os dramas da racionalidade ocidental. Para Apel, há que se combater o relativismo (aprendendo com ele) "nas várias pessoas" da hermenêutica, da semiótica e do pragmatismo.[2] Já para Dascal, maior teórico atual da epistemologia das controvérsias, a solução do drama noético e epistemológico estaria em alguma forma de racionalidade suave presente na argumentação e em sua estrutura, identificável na análise pragmática dos argumentos praticados pelos cientistas, filósofos e teólogos. Relativismo, sim, mas suavizado por uma razão que "balança" para determinado lado temporariamente, permitindo-nos respirar por alguns momentos em meio à asfixia sofista pós-moderna.

Não pretendo aprofundar-me nessa polêmica da filosofia da linguagem e da epistemologia analítica. Diria apenas que compartilho o mal-estar alemão com o risco de uma filosofia que abraça a contingência ontológica irrestrita — a qual denomino *niilismo racional*, o que significa, na realidade, a aceitação de um niilismo pragmaticamente suavizado devido à crise geral de sentido na chamada "pós-modernidade" —, mas não posso deixar de reconhecer que Rorty tem alguma razão ao identificar a aparente "ingenuidade" temerosa alemã diante da realidade da condição humana.

Por outro lado, ainda que concorde com Dascal no que se refere à existência de uma Razão suave presente nos seus movimentos dialógicos, não me parece que essa posição resista à crítica dura do neopragmatismo rortiano: *a priori* ou contextual,[3] a agressividade da contingência, ainda que domesticada teoricamente ou mesmo na prática social em alguns cantos mais felizes e ricos do mundo, permanece. Nada nos garante contra a práxis relativista, mesmo que exista uma Razão suave circulando no *logos* linguístico (a redundância é proposital). A racionalidade concreta da gravidade não impede os movimentos retóricos desse animal da contingência que é o ser humano, nem tampouco os ruídos da lógica bioquímica gástrica dizem alguma coisa à angústia alemã com relação à violência da contingência.

No limite, parece-me que o problema apontado por Rorty, na sua assunção dura da contingência,[4] impõe-se filosoficamente. A reflexão que faço sobre a obra de Dostoiévski parte daí. O problema central da liberdade incriada do Homem é a raiz teológica dessa questão. Essa liberdade degenera em niilismo. Vejamos.

Creio que antes mesmo de esses grandes epistemólogos atuais se lançarem à discussão dessa hidra que é a contingência, e seu braço filosófico-social armado, o relativismo, dentro do campo da filosofia da religião, Dostoiévski (entre outros, como Berdiaev, Ivanov, Pascal) já havia verticalizado a questão. Desnecessário dizer que tal problema data, no mínimo, do *Teeteto* de Platão, e que nenhum pensador com algum repertório iria supor que quaisquer desses autores — tampouco eles mesmos — pensam ter (re)descoberto a roda. Minha questão aqui se refere mais precisamente ao formato contemporâneo da discussão, formato esse que assimila os "avanços" do debate moderno Pós-Iluminismo, Pós-Romantismo alemão, Pós-*Linguistic Turn* e tecnológico-dependente. Em suma, depois da aposta humanista moderna, o problema do relativismo apresenta alguns agravantes, principalmente porque essa aposta implica um movimento de redenção — ainda que disfarçado em linguagem pós-metafísica — centrado na suposta consistência da natureza humana racional ou naquilo a que chamo, e de certa forma também Berdiaev,[5] falsa suficiência humana. A própria ideia de "reconstrução" do mundo e da sociedade deflagrada pela modernidade é figura dessa (inconsistente, na minha opinião e, penso, na de Dostoiévski) aposta humanista-naturalista.

Minha intenção, neste pequeno ensaio introdutório à reflexão mais detida acerca da crítica religiosa de Dostoiévski que se segue (crítica à escravidão humanista, como diria Berdiaev),[6] é exatamente deter-me na face contemporânea da realidade de um mundo que não passa de redescrições estabelecidas em meio à crise geral do sentido, mas que vive essa realidade de modo ridículo porque foge (nega reconhecimento) diante de seus próprios pressupostos latentes (vive em constante *denial*).

Ao "matarmos Deus", na realidade, repetimos a velha história mítica adâmica: é a possibilidade de a linguagem (e a razão) produzir sentido — não meramente local, como Pascal diria[7] — que está no foco da discussão filosófica contemporânea, insatisfeita com o minimalismo racional das correntes duramente pragmatizantes. Penso que filósofos religiosos como Dostoiévski (muitas vezes afastados do diálogo por receberem a pecha de reacionários) olham nos olhos de tal fato de modo muito mais consistente (enfrentando-o) do que muitos dos filhos do humanismo naturalista, ainda que brinquem de pós-modernos.

Não foi meu objetivo neste trabalho estabelecer um estudo de crítica literária da obra dostoievskiana, mas, sim, um ensaio de crítica religiosa que apontasse o que as reflexões presentes nas falas polifônicas de Dostoiévski podem nos revelar de seu agressivo olhar crítico, porque religioso, sobre o mundo moderno e contemporâneo. Assim, não pretendo propriamente defender e comprovar teses acerca de sua obra; minha intenção segue mais no sentido de, partindo de algumas das ideias desenvolvidas por Dostoiévski, estabelecer um diálogo com certas questões que, acredito, são contempladas de alguma forma na sua obra e que nos dizem respeito hoje, embora não recebam a devida crítica filosófico-religiosa. É claro que alguém poderia afirmar que "isso que você diz não está de acordo com a realidade da obra";

em resposta, apesar de assumir total responsabilidade sobre as hipóteses de trabalho desenvolvidas neste breve estudo, mostro que não estou só em muitas delas: tenho a companhia[8] de Berdiaev, Evdokimov, Frank, Bakhtin, Cioran, Ivanov, Catteau, Marcadé e Eltchaninoff, entre outros. Todavia, é preciso salientar, o diálogo central se dá entre Dostoiévski e as ideias que se vão propondo, buscando iluminar sua teia argumentativa no universo da crítica religiosa.

Por outro lado, valeria a pena esclarecer melhor a afirmação que fiz anteriormente sobre o "agressivo olhar crítico" de Dostoiévski ser um produto de sua visão religiosa do mundo. Normalmente parece absurda a ideia de que uma abordagem religiosa possa agregar real valor como crítica consistente para um diálogo filosófico no Ocidente — claro, fora dos limites restritos de congressos de teologia latino-americana, ultrapassada pela história mais recente e, portanto, limitada a discussões internas à interpretação e à aplicação tímida do Evangelho —, uma vez que o conteúdo objetivo de uma visão religiosa permanece sob julgamento e dúvida como produto de mentes atormentadas por atávicas descrições do mundo que competem — e perdem em consistência racional e empírica, supostamente — com a ciência experimental e social.[9] O desejo, de base tomista, de que ao final haja uma convergência ontológica necessária entre religião (cristã) e racionalidade científica moderna não me é tão evidente como parece ser a muitos pensadores religiosos, que julgo ingênuos. O fato é que a total ausência de compromisso por parte de autores religiosos como Dostoiévski, Berdiaev, Barth, Kierkegaard e Pascal (ainda que este seja anterior) com os frutos do criticismo iluminista kantiano — que é, na realidade, uma tentativa de síntese dos avanços galilaicos, newtonianos, baconianos e cartesianos — e seu *sense-rational epistemological turn* associado à herança (que lhe é anterior) da virada humanista dogmática da (grosso modo) Renascença, por considerá-los (refiro-me aos frutos) simplesmente inconsistentes com relação aos *very sense-data* — crítica essa que era muito semelhante à de Agostinho com relação ao humanismo *avant la lettre* de Pelágio — oferecidos pelo mundo em geral, cria uma verticalidade que parece faltar em muitos dos autores que, por estarem implicados com o projeto de redenção renascentista (palavras de Berdiaev, que avança no mínimo sessenta anos, com essa crítica ao "fim da Renascença", em direção à percepção do que hoje chamamos "pós-modernidade"),[10] insistem numa visão menos "pessimista" da condição humana.

Na realidade, esse pessimismo é apenas um modo que o senso comum encontra para descrever o tipo de sensação um tanto asfixiante que brota das críticas contundentes de tais autores com relação às crenças humanistas-naturalistas. Essa sensação, pouco confortável e um tanto escatológica, é gerada pelo descentramento da argumentação, processo característico de um pensamento "rasgado" pela Transcendência; descentramento este em grande parte desconhecido, em se tratando de reflexões que não estão familiarizadas com o vocabulário experimental religioso. A crítica é simplesmente produto desse olhar da Transcendência sobre uma imanência (totalitária), esta sim asfixiante, porque denegadora de uma experiência (base empírica) que é real para tais autores: a imanência naturalista aparece então sob a luz de sua ridícula falsa segurança. Para tais autores, é a existência no exílio da condição não natural do ser humano que gera as "desgraças" por eles descritas.

É claro que o próprio conceito de "desgraça" — substantivo para a filosofia religiosa cristã, mero adjetivo decadente (porque caduco sob um ponto de vista pragmático que, na minha opinião, está mal informado) para a reflexão naturalista dogmática — está sob o mesmo julgamento negativo que ataca toda a ideia de uma consistência filosófica da religião. Aquilo que para Dostoiévski pode ser compreendido à luz de tal conceito[11] é descrito pela dogmática filosófica contemporânea[12] como um simples dado de uma condição à qual, na realidade, falta sentido *a priori*: o próprio conceito de "sentido" hoje nada mais é do que o objeto da engenharia linguística. Isso pode ser percebido facilmente quando autores como Berdiaev (e outros), apoiados, de certa forma, ainda que crítica, em um hegelianismo de fundo, argumentam como "se" a história "tivesse um sentido em si". É claro, para nós que somos "sociologia-dependentes" e pragmatizantes, que o "sentido" é fruto da complexa mecânica humana em interação consigo mesma e com a matéria por meio dos sons que a sua plataforma biológica produz — a linguagem, discurso em si vazio, ruídos contra o silêncio do Acaso.

O hegelianismo de fundo é o que justifica (mal) generalizações que só poderiam ser feitas em contexto poético. Mesmo para pragmáticos duros como Rorty, existiriam diferenças de territórios de sentido entre a prática linguística, puramente, e a dita filosófica ou científica. Digamos que são jogos de linguagem distintos, regidos por regras nas quais em uma (a poesia pura) a demanda de referência empírica (como-se-representasse-a-coisa-causando-uma-transformação-real-no-mundo) é suave ou inexistente. No momento em que se rompe a suposição de sentido em si (que não mero produto da mecânica linguística), dissolve-se, em muito, a possibilidade de haver grandes sistemas de sentido na história — ou no que quer que seja.

Evidentemente, essa tese não é real na prática; ela simplesmente funciona como ontologia latente, reprimida. Trata-se do que anteriormente chamei de niilismo racional: assume-se (ainda que muitas vezes sem o confessar), filosoficamente, a contingência geral e age-se a partir das regras pragmáticas de sentido (também, muitas vezes, sem o confessar). Mas essa mentira filosófica nos onera com uma face ridícula: o dogmatismo humanista é niilista e não o assume. É isso que a crítica religiosa dostoievskiana ataca. A verticalidade "pessimista" de autores como Dostoiévski (que beira a sátira) está exatamente em apontar para a inviabilidade desse credo silencioso contemporâneo (latente em todas as áreas do saber, principalmente nas ciências humanas) e, mais, em julgá-lo inconsistente quando defrontado com uma certa antropologia religiosa cristã que seria mais empiricamente sustentável do que qualquer outra. Nesse sentido, sua crítica religiosa se apresenta como um instrumento poderoso e absolutamente em harmonia com o vocabulário filosófico contemporâneo, ainda que a raiz seja certamente estranha a um pensamento pós-criticismo naturalista dogmático: Dostoiévski discute relativismo, niilismo, individualismo, utilitarismo, epistemologia etc. Minha hipótese é que, nos limites dos argumentos desse dogmatismo humanista-naturalista mentiroso, a crítica religiosa de Dostoiévski faz um razoável "estrago", iluminando as inconsistências de um mundo ridículo. Para tal, ainda que religiosa, não se faz necessária, *a priori*, nenhuma discussão acerca "da natureza" de Deus ou similares — deve-se mesmo evitar tal prática. Faço minhas as palavras de uma outra religiosa, vinda do início do século XIV francês, Marguerite Porete:

> Na realidade, quem fala de Deus a toda hora, com quem quer e onde quer, deve saber sem nenhuma dúvida que jamais sentiu o coração verdadeiro do amor divino, pois este apreende a alma em meio a todos sem que ela perceba. Na realidade, o coração verdadeiro e sofisticado do amor

divino é sem matéria de criatura [...]; e essas almas têm o hábito de tudo compreender e tudo esquecer devido à sutileza de seu amante.[13]

Fazer crítica religiosa não é fazer discurso sobre Deus. "Ser sem matéria de criatura" implica a clássica ideia mística da teologia negativa que nega a palavra consistente à experiência de Deus. Trata-se de uma discussão sobre o mundo que parte do resto cognitivo e noético dessa experiência que, no caso de Dostoiévski, está presente, evidentemente, em toda a cultura ortodoxa cristã:[14] dar expressão ao inefável experimentado, como diz Heschel na citação de abertura deste ensaio introdutório. A condição humana como "vida na desgraça" é parte desse resto na experiência ortodoxa cristã, assim como a capacidade humana de ser teofórico.[15]

Nosso objeto, aqui, são propriamente algumas das faces dessa desgraça, tal como Dostoiévski a trata em algumas de suas maiores obras. Obviamente, como dizia anteriormente, a consistência religiosa desse conceito não é válida para a filosofia "pura". Todavia, e aqui é que vemos a força da crítica de Dostoiévski (e de outros autores religiosos), podemos abrir mão da argumentação diretamente religiosa (o vocabulário experimental religioso que fundamenta a atitude do pensador religioso como agente noético) e, ainda assim, esse resto cognitivo e noético se sustentará como crítica, pois a atividade crítica "é natural", isto é, tem matéria de criatura e, portanto, tem lugar na linguagem epistemologicamente controlada. Assim, nessa configuração, ela parecerá uma palavra imersa em um "pessimismo atroz", já que rompe, sem sofrer, com a "fé" ingênua no projeto dogmático humanista, ridículo, e dialoga de igual para igual com o niilismo *caché* (escondido) da modernidade: ultrapassa a farsa e toca seu segredo infeliz. Trata-se, na realidade, de uma filosofia da desgraça. Esta nos falará da falência do ser humano (profetismo agressivo), de sua disfunção necessária (antropologia cética), de sua insuficiência (sua sobrenaturalidade esquecida e sua disjunção miserável como sintoma desse esquecimento, isto é, seu exílio na natureza), do conflito polifônico infinito (drama multivocal como categoria essencial para descrever a condição humana que fala de si mesma), consequências, todas, do distanciamento de Deus.

Assim sendo, podemos percorrer essa questão a partir de dois campos: um mais propriamente religioso e um outro que, sustentando-se na raiz religiosa, parte para um diálogo com vocabulários e conceitos que não lidam com as angústias que se assumem como religiosamente causadas, e que muitas vezes recusam absolutamente consistência a um pensamento religioso.

> Conflito e sofrimento, pecado e doença, o demônio e o inferno, compõem a realidade da religião. Longe de libertar o homem da culpa e do destino, ela mantém o homem sob seu controle. A religião não possui a solução do problema da vida, aliás, faz desse problema um enigma absolutamente insolúvel.[16]

Na condição de filosofia religiosa propriamente (isto é, dentro do espaço definido pela validade da experiência religiosa e seu vocabulário existencial), diria que o pensamento religioso deveria se ater mais à consistência de conceitos tais como os que refere o teólogo protestante Karl Barth. Acredito que o desejo de se parecer com o humanismo naturalista e o medo de soar reacionário com relação aos avanços — duvidosos para autores como Dostoiévski e Barth — da razão social-revolucionária moderna fizeram muitos pensadores religiosos aderirem à pura e simples ode (inconsistente) ao potencial humano natural. Parte do ridículo do humanismo, no caso, religioso, está aí, e toda ética humanista-naturalista afoga o insight religioso nesse discurso, pelo qual o humano asfixia o sagrado intratável (no próprio humano). Não acredito que muito da condição humana empiricamente observável autorize uma adesão assim tão fácil, e essa inconsistência é seguramente a raiz para a redução drástica da validade de uma filosofia da religião inteligente: confunde-se reflexão com *wishful thinking* (pensamento deformado[17] pelo desejo). Nesse sentido, a engenharia filosófica de uma felicidade pragmaticamente sustentada, filha confessa do niilismo racional (Petrushka) — grosso modo, a aliança entre o utilitarismo e as linhas pragmáticas duras (relativistas, é claro) mais recentes —, parece ser mais consistente do que o humanismo mentiroso: *we cope with life as it moves on* [...], isto é, lidamos com a vida à medida que esta acontece, sem *overall assumptions* (assunções absoluto-dependentes), por meio de nossos instrumentos de *coping*, para fazer uso de um vocabulário da psicologia de apoio.[18]

Toda a literatura norte-americana de autoajuda parte e se alimenta, mesmo sem saber (ignorância presente, principalmente, quando se trata de autoajuda "espiritual", que submete "divindades" ao princípio natural da continuidade entre essas "divindades" e o sucesso pessoal e a utilidade), desses pressupostos. E, vale salientar, mesmo os avanços do humanismo pragmático, socialmente consistente em países menos violentos do que o miserável Terceiro Mundo, são fruto ("resto ético" que deve ser também, de algum modo, valorizado, ainda que não deixe de ser uma categoria do ridículo geral para Dostoiévski, porque permanece submetido à violência perene do niilismo) e bebem nessa jovem tradição do *coping with concrete problems*.

À guisa de esclarecimento dessa forma *problem coping* de pensamento light, vejamos como Berdiaev descreve (e critica) seu efeito na sociedade contemporânea (a "cotidianidade social", nas suas palavras), nesta longa mas fundamental citação — interessante perceber como, embora escreva nos primeiros trinta anos do século xx, sua intuição verticaliza uma condição que nos é absolutamente concreta:

> A banalização superficialista comporta uma reiteração e uma uniformidade infinitas. As apreciações, anteriormente ligadas à profundidade mesma da vida, podem tornar-se banalmente superficiais, como também a tendência ao paradoxo ou a esses juízos morais e estéticos que se tornaram lugar-comum e que se repetem incansavelmente, satisfeitos em evoluir dentro de um círculo vicioso. [...] Aquilo que é ligado à profundidade do ser passou a ser desconectado de toda profundidade e criou uma banalidade sobre a superfície do ser, já indiferenciável do não ser.
>
> A banalização superficialista adquire um caráter escatológico, ela é um dos fins do destino humano. E um dos imperativos éticos mais importantes consiste em extirpá-la desde a raiz, em impedir seu movimento em direção a este fim. Melhor algum pavor e alguma dificuldade do que a banalização superficialista [...]; a ultrapassagem deste pavor, o aniquilamento na alma de toda angústia transcendente, facilita a emergência da banalização superficialista burguesa. Trata-se de um dos paradoxos do processo libertador, o qual, sendo em si positivo, carrega um perigo em si mesmo: de evaporar a profundidade, de lançá-la, reduzindo-a, a mera superfície [...]. A liberdade compreendida como dissolução total do peso da vida, como obtenção do contentamento, engendra inevitavelmente

a vitória da banalização superficialista, pois tal modo resulta em um abandono da profundidade e da originalidade em favor do aburguesamento. A cotidianidade social pode bem se gabar de tal processo e ver nele o sinal do triunfo e o resultado de sua organização; ele não permanecerá menos um oposto da liberdade espiritual, porque engendra em nós o sentimento agudo do abismo.[19]

O que Berdiaev critica aqui é exatamente a opção redentora pelo alegre niilismo racional (sua "banalização superficialista burguesa"), que nos propõe a felicidade do materialismo de consumo, em linguagem atual, como solução para o mistério angustiante da condição humana. A premissa evidente é que mentimos o tempo todo, já que permanecemos aterrorizados mesmo quando gritamos histericamente diante das vitrines dos shopping centers e nas sessões de autoestima psicologicamente assistidas. Em sua opinião, é melhor a permanência na angústia religiosa, que forçosamente lança o ser humano, ainda que em uma forma de pesadelo, em um movimento de superação de sua própria condição. Tal movimento implicaria o acesso a uma profundidade enigmática que transformaria o ser humano em algo além do risível superficial e banal. O que ele defende não é uma forma de masoquismo religioso (o que a inteligência dogmática antirreligiosa adora pensar), mas, sim, que a denegação da angústia transcendente pelo movimento da alegria boba produz necessariamente um enorme sofrimento silencioso, que impede assim todo o acesso, mesmo em termos de vocabulário, a um universo onde esse medo poderia encontrar eco para sua natureza essencialmente atormentada. A aparente opção pela agonia é, na realidade, um desdobramento da recusa de um humanismo ridículo porque insustentável.

A chamada filosofia religiosa "pessimista", de autores como Agostinho, Pascal, Lutero, Kierkegaard, Dostoiévski, Berdiaev ou Barth, entre outros, é uma tentativa de romper, em vários momentos da história ocidental, com a ilusão naturalista que implica o esquecimento da presença ativa do Transcendente no Homem. Interessante perceber como tal tradição acaba por se manter, de certa forma, extremamente próxima de um determinado ceticismo antropológico (principalmente quando opera fora do campo propriamente religioso). É este o "nome conceitual" da atmosfera pessimista: disfuncionalidade do ser humano quando distante de Deus (retomando o que dizia anteriormente), isto é, o próprio conceito de *des-graça*. Por isso, poderíamos levantar a hipótese de que se faria necessário nos indagarmos acerca da validade (inclusive pragmática, no sentido de consistência do uso referencial de tal conceito de "desgraça") de analisar a condição humana contemporânea à luz da desgraça.

Na sua raiz propriamente religiosa, permanecemos no universo que nos levaria a outro conceito religioso "arcaico", o da profecia, outra prática dostoievskiana. Nesse sentido, esta breve reflexão se definiria como uma discussão construída dentro do espaço delimitado pelos conceitos de desgraça e profecia. Para tanto, faz-se necessário pensarmos um pouco o que esse espaço pode dizer ao nosso humanismo ridículo. Por outro lado, também contemplado por esta breve reflexão, a validade do pensamento religioso antropologicamente cético se mantém mesmo se nos afastarmos da análise expressa em vocabulário estritamente religioso. Arriscaria dizer que essa possibilidade de dialogar com a inteligência não religiosa seria fundamental para combater a "guetização" da inteligência religiosa, muitas vezes perdida na apologética humanista naturalista ridícula, de todo desnecessária (e por isso mesmo desprezada entre sorrisos ligeiros) para a construção racional niilista da (suposta) emancipação pragmática humana, condenada por Berdiaev como geradora do contentamento superficialista. É claro que conceitos religiosos podem ser assimilados por essa emancipação naturalista não religiosa, como quando sustentamos a consistência da religião por causa da sua funcionalidade psicológica e social. Mas tal assimilação se dá unicamente enquanto tais conceitos podem ser encarados como valores culturais do mesmo tipo que hábitos como tomar chá às cinco ou beber água de coco nos trópicos, isto é, como mecanismos que devem ser *acknowledged* (levados em conta) para a compreensão dos "instrumentos culturais de *coping*" dos seres humanos. E, aqui, o Romantismo alemão,[20] com seu fundamentalismo filológico e seu historicismo, prestou um grande serviço à dissolução do pensamento religioso não naturalista em mero processo de "contextualização psicossocial".

Retomar a agenda descrita por Barth na citação anterior é, antes de tudo, perceber que a filosofia da religião não pressupõe a ideia de que a religião decifre o enigma da existência — indecifrável em si; aliás, supor ou pressentir tal enigma como real já é, de certa forma, um sentimento pararreligioso. Como dizia anteriormente, ser um niilista racional é recusar validade à própria noção de enigma, uma vez que não há, na realidade, um "problema de sentido" — muito menos uma angústia do sentido —, mas apenas modos de estabelecê-lo linguisticamente. É, portanto, um fenômeno circular e interno à linguagem, perdido no mal infinito do subsolo. Por isso, tudo passa a ser um processo técnico-dependente de sustentar a existência humana "o quanto der". O ridículo aparece principalmente como fruto dos pavores daqueles que são filhos desse niilismo sem o saber (o humanismo "autoajuda" atual, e as variações *psychobullshit* que existem por aí em espaços *new age*, verdadeiras aeróbicas do espírito), e não está tão obscenamente presente naqueles que de alguma forma praticam o niilismo sem ilusões do tipo "mística da dignidade natural do ser humano"[21] — trata-se da filosofia do sucesso num mundo pragmaticamente bem-sucedido. Por exemplo, o inquisidor de *Os irmãos Karamázov* seria um destes últimos, ainda que em um contexto que circula pelo vocabulário religioso. Para Dostoiévski e Berdiaev, no entanto, uns como os outros constroem, da mesma forma, o império da desgraça, porque são seus "executivos". Os efeitos são os mesmos: dissolução do ser humano a longo prazo.

Os pavores, aos quais fiz referência anteriormente, podem ser identificados quando, por exemplo, grande parte dos educadores e pais lamenta a destruição da educação, o descrédito desta para os alunos e a sociedade, e a falta de respeito para com os pais em geral. Na minha opinião, esse fenômeno é produto direto dos próprios "reclamantes": os jovens alunos e filhos apenas aprenderam bem a lição desses professores e de seus pais (quando eles existem e não estão todos ocupados em exercitar seus direitos de serem felizes simplesmente recusando a responsabilidade de educar seus filhos). Refiro-me a toda série de pseudoteorias psicológicas e pedagógicas que na realidade existem somente para justificar a simples preguiça, esteticamente legitimada, que constitui um dos sintomas do humanismo ridículo. Stiepan Trofímovitch, pai do endemoniado Petrushka (Piotr Verkhoviénski), é uma verdadeira profecia acerca do niilismo pedagógico atuante na formação dos jovens.

Mas, retomando Barth, esse enigma implica uma verticalidade do mistério (obscenamente presente no príncipe Míchkin, o idiota), que ilustra como a antropologia de Dostoiévski encontra-se em diálogo com a tradição ortodoxa cristã: não há Homem natural, só sobrenatural, daí a sacralização da psicologia.

Entender Dostoiévski como mero objeto de uma crítica literária de base psicológica ou sociológica (ou mesmo unicamente literária) implica miopia hermenêutica: sem religião não há compreensão de sua obra; só o analfabetismo dogmático em filosofia da religião pode esperar compreendê-la sem o socorro do pensamento religioso. Todavia, permaneço mais no campo da desgraça — que é evidentemente ligada, como tudo mais, a esse mistério — porque é a ela que está diretamente condicionando o efeito crítico da fala dostoievskiana. Mas é exatamente esse enigma experimentado concretamente — o insight da presença de Deus, como diz Heschel[22] — que dá a Dostoiévski a consistência de seu pensamento não ser simplesmente um discurso escravo do pessimismo antropológico ou epistemológico (ainda que se trate de uma epistemologia bastante particular). E, sobre isso, seria importante acrescentar que o conceito de "teofórico" é exatamente essa capacidade de pressentir (e "manifestar") Deus, e a objetividade de tal fato se dá, na realidade, por meio de uma transformação concreta na forma de ser, de conhecer e de agir no mundo: várias almas dostoievskianas, entre tantas outras, assim o ilustram, como Sônia, Raskólnikov, o homem do subsolo, os três Karamázov, Nastácia Filíppovna (exposta ao teofórico Míchkin) etc. Por sua vez, tal fato está ligado ao "realismo superior" a que faz referência Dostoiévski, e que Ivanov descreve, na minha opinião, de modo bastante feliz:

> O realismo [...] é antes de tudo uma atividade da vontade, uma estrutura qualitativa de sua tensão (*tonos*) na qual, todavia, há uma forma de conhecimento. Porque a vontade boa se conhece imediatamente, ela carrega em si o conhecimento absoluto que denominamos fé. A fé é signo de uma vontade sã; suas raízes terrestres estão no princípio

elementar criador da vida; seu movimento, sua atração, são infalíveis como o instinto.

[...]

O realismo de Dostoiévski era sua fé, a qual havia adquirido ao perder sua "alma" — seu EU.[23]

Trata-se aqui de uma breve referência ao percurso "construtivo" dostoievskiano, uma "epistemologia" absolutamente ímpar, que merece uma atenção cuidadosa, pois adentra o complexo (para a razão natural contemporânea que usualmente o ignora) vocabulário da existência religiosa experimentada como referência do pensamento conceitual: assim como se percebe a transformação objetiva da pessoa exposta constantemente à presença de Deus (ideia típica da mística ortodoxa cristã)[24] sem que possamos definir perfeitamente o que aí ocorre, a "tensão" qualitativa da vontade só se instala, segundo Ivanov comentando Dostoiévski, a partir da perda da alma (como Míchkin) ou do eu (referência clara ao valor sagrado do percurso crítico — como é o caso do homem do subsolo — com relação ao humanismo, ao egocentrismo ou ao determinismo sociológico, os quais hoje, penso, são meras figuras distintas de um mesmo engano). Chegamos assim ao realismo não pessimista. Esse percurso construtivo é hermético para uma alma não exposta a Deus, daí seu caráter experimental não controlável em termos epistemológicos clássicos. Tal exposição experimental à presença de Deus implica o enigma (Barth); o que ela desperta no ser humano é uma qualidade distinta de viver sob esse enigma, e essa qualidade distinta é o que Ivanov descreve como o "*tonos* qualitativo específico da vontade sã", em termos dostoievskianos.

Mas onde esse mistério não está presente experimentalmente restará a desgraça em ação e sua dinâmica presente no ridículo de um mundo que festeja — sem saber — o império do efêmero, embora a toda hora se lamente deste porque, no fundo, sabe de sua condição: a necessária derrota final. Isso implica uma consciência oprimida, esta sim, por uma tristeza silenciosa, latente, que não ousa dizer seu nome — não me parece que a parafernália pragmática existencial do *happy coping* resolva, quando o barulho (seu produto necessário para calar o resto de angústia reincidente) cessa e esse "eterno jovem" mergulha em seu espelho de bruxa: o belo Stavróguin vê que não passa de uma Medusa infeliz,[25] um zumbi solitário. É importante lembrar que há uma distinção entre a ortodoxia tabórica de Dostoiévski (a exposição experimental religiosa que transforma visivelmente o homem) e um certo pessimismo de fundo do protestantismo barthiano, que, aqui também, não é nosso objeto de atenção, porque o que nos interessa é o percurso crítico em si, o qual, em ambos, muito se aproxima.

O conceito de desgraça pressupõe um *a priori* cético-antropológico que é a causa de um certo ar de descaso que percebemos na fala de Dostoiévski com relação aos seus "demônios" revolucionários. Trata-se, na realidade, de um lugar desde onde se dá a fala de Dostoiévski, e esse lugar — e sua aparente consistência conceitual reincidente — surge, em parte, como fruto desse conceito *a priori* de desgraça. Fora do campo conceitual religioso, desgraça significa uma força argumentativa feroz como efeito filosófico crítico. Essa força não é dependente da "crença" simples na validade desse conceito, mas depreende-se do próprio percurso argumentativo que expõe a condição ridícula do humanismo naturalista em si (e da agressividade do niilismo racional; basta ver nosso herói Petrushka em ação em *Os demônios*), enfim, da decomposição que é descrita "no" ser humano. Dir-se-ia da força com a qual se impõe devido à legitimidade da base empírica que ilumina: a consistência vem do fato de que as bordas "geográficas" da crítica religiosa tocam a empiria do ridículo humano, sem que esse ridículo pressinta o teofórico que alimenta o olhar dostoievskiano, percebendo apenas a consistência da crítica em si. Esse lugar, desde onde fala, pode em muito ser aproximado do conceito de profecia.[26] Não me aprofundarei nessa questão pelas mesmas razões por que não me aprofundo na face propriamente religiosa da desgraça, e, ademais, profecia é um conceito muito mais dependente da religião, desde um ponto de vista argumentativo, do que o de desgraça.[27]

Todavia, algumas palavras sobre profecia se fazem necessárias na medida em que, de certa forma, a crítica dostoievskiana — e isso é bastante claro em toda a sua obra e correspondência pessoal — é vista pelo próprio Dostoiévski como uma espécie de ato carregado de mística profética. O caráter necessário de sua visão crítica que se mantém no tempo, isto é, a certeza de que aquilo que critica se repetirá historicamente, desaguando em uma escatologia — o que, fora do vocabulário religioso, gera a asfixia à qual me referia anteriormente, já que, pela força com que os argumentos descrevem consistentemente a realidade à nossa volta, percebemos quanto estamos condenados a não escapar de sua validade real (caráter apocalíptico do profeta Dostoiévski) —, se dá muito em função dessa característica profética. Para Dostoiévski, de certa forma, não é ele quem fala, mas Deus (ou o cristianismo patrístico) por meio dele. O filósofo judeu da religião Abraham Joshua Heschel trabalhou profundamente esse conceito de profecia, e em breve pretendo me deter sobre essa questão.[28] Segundo Heschel, e isso é fundamental para quem pesquisa o fenômeno místico, há uma diferença essencial entre a mística dita puramente extática e a profética, na medida em que esta é um evento "na vida de Deus": o profeta é alguém que atesta por alguns instantes qual é o olhar do Transcendente sobre a condição humana e o mundo:

> A experiência mística é o virar-se do Homem em direção a Deus; o ato profético é o virar-se de Deus em direção ao Homem. [...] Da experiência mística podemos ter um insight[29] do que é a vida de Deus a partir do olhar do Homem, do ato profético aprendemos algo da vida do Homem a partir do insight de Deus.
>
> [...] Visto do ponto de vista do Homem, receber uma revelação é TESTEMUNHAR DE QUE MODO DEUS ESTÁ VIRANDO SEU OLHAR EM DIREÇÃO AO HOMEM.[30]

Nos limites deste pequeno estudo de crítica religiosa, diria apenas que na mística profética ocorre aquilo que Heschel e muitos antes dele entendem por uma "identidade" entre Homem e Deus em termos de *páthos divino*" expresso no discurso humano. Isto é, uma pessoa, miserável como qualquer outra, por alguma razão gratuita, como em tudo o que é transcendente, passa a "sofrer" da mesma "afecção" (o insight em si) que Deus padece com relação ao mundo humano, daí a simpatia de que fala Heschel. Dessa forma, a fala é um ato profético porque é na realidade uma observação feita desde um lugar "tão alto" (uma fala que vem carregada de Infinito...), que é capaz de ver muito mais longe no tempo e no espaço do que uma fala humana (o fundamental não é a ideia boba, mas muito frequente no senso comum, de que a profecia "adivinha o futuro"). Desde esse ponto de vista, poderíamos afirmar que a força do efeito das análises dostoievskianas padece da agonia dessa "crítica sagrada" que Deus faz à desgraça no Homem. Vejamos, mais uma vez, de que forma Heschel resume essa sacralidade de uma crítica de Deus à desgraça, e os modos distintos de reagirmos a ela:

> A voz fala ao espírito dos profetas em momentos singulares de suas vidas e grita às massas através do horror da história. Os profetas respondem, as massas se desesperam.
>
> A Bíblia, falando em nome de um Ser que combina justiça com onipotência, é o eterno grito de "não" à humanidade. Em meio aos nossos aplausos para as festas da civilização, a Bíblia se insere como uma faca dilacerando nossa complacência, lembrando-nos de que Deus, também, tem uma voz na história.
>
> Somente aqueles que estão satisfeitos com o estado das coisas ou aqueles que escolhem a fácil saída de escapar da sociedade, ao invés de permanecer dentro dela e manter-se limpos da lama de glórias espúrias, ressentirão seu ataque sobre a independência humana.[31]

Interessante perceber como Heschel resume aqui a profecia: "Um eterno 'não' à humanidade". Ideia oposta à complacência (outra palavra de Heschel) do humanismo ridículo (termo meu): nada disso implica a estereotipia de um pensamento religioso "reacionário". Aliás, como diz Berdiaev[32] em outro contexto, seria bom pararmos com essa política preconceituosa de calar a reflexão com o terrorismo de pechas como essa, o que na maioria das vezes esconde simplesmente baixa consistência filosófica e alto temperamento panfletário[33] (tocaremos nessa questão ao dialogarmos com o subsolo e os demônios, isto é, a transformação da educação em território de "construção" de teorias fracas, mas intencionalmente carregadas de um suposto teor determinista e otimista que justificaria a sua inconsistência aberrante).[34] Um "eterno 'Não'" implica seguramente a noção de uma característica crítica no fenômeno profético: o *"páthos* de Deus" pode produzir um olhar que não adere às festas da civilização, que mantém uma certa distância (a própria ideia em si de crítica) com relação ao desenvolvimento da desgraça no mundo. Nesse sentido, afirmo que os casos discutidos por Dostoiévski são exemplos desse "Não" de Deus ao que a humanidade complacente tem feito nos últimos, grosso modo, quatrocentos anos.

Nos limites deste pequeno ensaio, o que entendo por "humanismo ridículo" é um caso dessa complacência, que Dostoiévski recusa e contra o qual grita o seu "Não" profético. Evidente que, fora da armação conceitual propriamente religiosa, tanto a colocação de Heschel como a minha não têm cognição — afirmação um tanto dura, mas que julgo legítima, pois uma validade funcional para a filosofia crítica religiosa, em termos sociológicos ou psicológicos, é apenas uma forma mitigada de negação noética. Todavia, o conteúdo crítico, aquilo para o qual ele diz "Não", pode ser analisado puramente em termos do que a fala de Dostoiévski nos dá de empiricamente fundamental, para, a partir dela, ensaiarmos uma prática filosófico-religiosa menos complacente.

Vale a pena esclarecer de antemão que não estabeleço uma análise "equilibrada" dos textos de Dostoiévski no sentido de cobrir regularmente sua obra; dou preferência a algumas obras na medida em que me são mais úteis ao longo da discussão que tento aqui iluminar: aquilo que denomino dinâmica da desgraça (raiz do humanismo ridículo), ou seja, o funcionamento sofisticado e racionalizado do niilismo, um dos focos centrais da atividade crítica "profética" de Dostoiévski. Penso que tal conceito está profundamente enraizado em sua concepção religiosa, isto é, naquilo que Berdiaev[35] bem definiu como a liberdade incriada (intratável à norma), a partir de Meister Eckhart e Jacob Boehme (além, é claro, do próprio Dostoiévski). Essa liberdade incriada se revela como um grande "transtorno" ontológico dramático na condição humana, brilhantemente tratado em *Os irmãos Karamázov* no embate entre o inquisidor e Jesus Cristo (Ivan *versus* Aliócha): liberdade, contingência, o Nada[36] incriado que habita o coração do Homem, facilmente transformado na dolorosa experiência, muitas vezes denegada, do niilismo ontológico generalizado psicologicamente, socialmente e espiritualmente (Kirílov, Stavróguin, Petrushka Verkhoviénski, este em pleno gozo, e seu pai, Stepan Trofímovitch, Nastácia Filíppovna, Raskólnikov, entre outros). Não há como escapar dessa liberdade que nos habita; dela brota, entre outras raízes, nossa *imago Dei* insuportável, que tanto tentamos negar com frágeis instrumentos teóricos que garantiriam nossa condição plenamente determinada e passível de progresso sistêmico. Viatcheslav Ivanov bem define o modo como eu resumiria esse núcleo temático da filosofia religiosa de Dostoiévski:

> Portanto, ou bem será a legitimação cristã — única possível — da vida e do sofrimento, do Homem e do próprio Deus, ou bem a revolta metafísica, a destruição absoluta no demoníaco, a queda cega no abismo, onde o não ser, em um sofrimento assustador, tenta engendrar o ser e devora as malformadas sombras geradas e paridas por ele mesmo. Pois a alma humana, no momento em que perde a esperança em Deus, tende inevitavelmente ao caos [...].[37]

Ivanov revela aqui tanto a solução única — o percurso "construtivo" rapidamente referido anteriormente — apontada por Dostoiévski, quanto o desdobramento da condição humana

— diria mesmo cosmológica — quando apartada do Deus cristão. O poder de "descriar", isto é, de levar o Ser de volta ao Nada, a própria dinâmica do niilismo, caracteriza os movimentos viscerais do ser humano em seu processo de autodestruição. Interessante observar tal processo como resultado da dinâmica infernal da tropa de endemoniados em sua obra (nesse sentido, a modernidade sofista representa a radicalização desse foco na liberdade incriada). A partir de tal ângulo, seria fácil para Dostoiévski, creio firmemente, identificar esse niilismo, na sua ação biológica, em toda a discussão da dissolução da Natureza levada a cabo pela engenharia da biofelicidade e sua crítica ética insustentável, filha do humanismo ridículo que pouco ajuda os seres humanos diante dessa nova face da nadificação do Ser, gerada pelo desejo desesperado de autossustentação que o ser humano padece diante de sua evidente fratura ontológica, o terror diante da ação desse mesmo Nada sobre seu corpo biológico: tudo o que podemos criar tecnologicamente é uma eternidade podre. Trata-se de uma fantástica metáfora da postura de Kirílov: eternizar, de algum modo, o Homem por meio de sua divinização perversa (vencer a morte, dissolvendo-se), o que, porém, ao final, implica o próprio suicídio (explícito em Kirílov, implícito no uso que aqui faço dele), isto é, o enorme risco que corremos diante da vertigem ontológica que implica toda essa discussão genética e biotecnológica atual. Aqui também está presente a denegação ridícula que caracteriza o humanismo naturalista. A biofelicidade erigida em modelo de vida rapidamente verá a sua (do humanismo ridículo) verdadeira face: o biofundamentalismo reacionário se voltará contra a dignidade humana pragmaticamente sustentada (única saída humana dentro do quadro do Nada que caracteriza o Homem sem Deus) pelo discurso do direito humano à engenharia da biofelicidade.

O importante para mim aqui não são exatamente os riscos cosmológicos (muito cedo para descrevê-los a fundo), mas a denegação ridícula em si. Retomando Ivanov, podemos perceber que, se retirarmos o trecho propriamente religioso — isto é, o percurso religioso "construtivo" de sua fala acerca de Dostoiévski —, permanece a virulência da crítica de nosso "profeta" às delícias do niilismo racional: a dinâmica do niilismo é gerar más-formações, sombras (espectros, "quasímodos") no seu movimento desesperado, assim como quem é engolido pelo vazio, para adiante devorá-los (seus rebentos-espectros) necessariamente, pois o Nada no coração ontológico humano é sua marca de insustentabilidade. Restam-nos apenas três posturas (na realidade, duas) diante do que afirma Ivanov: o mistério da entrega religiosa — seu enigma (Barth), que em nada implica a ideia de uma felicidade descritível em vocabulário religioso —, o humanismo ridículo e o paradigma pragmatizante confesso — ambos faces do niilismo racional, com graus distintos de funcionamento e de denegação da miséria humana —, embora esse humanismo pense a si mesmo como distinto essencialmente do pragmatismo geral, quando, na realidade, apenas difere dele pelo maior grau de denegação e de ridículo.

Para finalizar, seria importante ressaltar que, sem os esforços de alguns dos meus dedicados alunos, este trabalho não chegaria aonde chegou. Por isso, a eles agradeço, em especial a Renato de Castro Gama, iniciador do processo, e Lílian Wurzba Ioshimoto, que transcreveu as aulas e revisou a primeira prova do texto. Inscrito num horizonte que busca criar um campo de reflexão definido pela explicitação de uma *virtù* noética no pensamento religioso (a força que este teria em dialogar e criticar os avanços de uma inteligência dogmática e analfabeta com relação à atividade intelectual religiosa, tão comum em épocas anteriores, asfixiada pela preguiça da academia e pelo oportunismo amador que se aproveita da angústia metafísica humana para oferecer pseudorreflexões ao portador, via indústria cultural), este curso, dado no Programa de Estudos Pós-Graduados em ciências da religião da PUC-SP, ao ser transformado em texto, sofre das qualidades inerentes a um discurso essencialmente pensado de modo oral: o percurso, aberto ao diálogo com a audiência, revela-se um tanto sinuoso, aparentemente sem as "obsessões pelo rigor" de um texto que já nasce na letra, por vezes um tanto repetitivo, mas ao final deixa claro que essa aparente repetição é, na realidade, um movimento de constantes retomadas dos temas trabalhados, a fim de avançar estabelecendo continuidades claras. Alguns dos objetivos internos ao projeto se transformaram ao longo do processo, revelando novas prioridades.

A um primeiro olhar, outra característica importante, supostamente exterior ao tratamento da obra de Dostoiévski, são algumas considerações feitas a fim de problematizar temas específicos da investigação acadêmica do fenômeno religioso. Estão, portanto, inscritas na preocupação, anteriormente referida, de iluminar a *virtù* noética do pensamento religioso. Por isso, também, a opção clara por comentadores de orientação teológica: análises político-sociais e psicológicas abundam; faz-se necessário deixar falar o filósofo da religião que existia em Dostoiévski e, assim, colocá-lo em diálogo com homens e mulheres que partilhavam de suas angústias existenciais e intelectuais. Enfim, o texto falado não apresenta muitas citações, a não ser aquelas misturadas ao próprio veio do professor. Tal fato nos leva, na realidade, ao altíssimo grau de responsabilidade pelo que é aqui oferecido ao leitor: uma tentativa de romper com uma timidez que caracteriza, em muito, a filosofia da religião.

1. Dostoiévski: um pensador religioso

Gostaríamos de iniciar apresentando os caminhos que serão trilhados ao longo deste trabalho, a bibliografia recomendada, bem como os textos que serão abordados. Se encontramos, por um lado, a obra de Dostoiévski[38] em grande parte traduzida, inclusive agora, pela primeira vez, direto do russo — *Memórias do subsolo, Crime e castigo* e *O idiota* —, o que facilitará o nosso percurso, por outro não temos uma grande bibliografia especializada, em língua portuguesa, no que se refere aos textos que discutem a especificidade da mística ortodoxa russa — a mística do Monte Athos.[39] Mesmo obras como *Os irmãos Karamázov* e *Os demônios* podem ser encontradas em português. Tais traduções, com exceção das mais recentes, pecam por transformar Dostoiévski num escritor de estilo elegante e apurado, quando, na verdade, seu estilo é grosseiro, rude e áspero: repetia palavras e frases, passando pelo gosto popular. As traduções francesas mais antigas dão uma visão um tanto pomposa do estilo do autor. Por ter sido um grande escritor, os franceses achavam que ele deveria escrever como Proust.

Antes, porém, de entrarmos na obra de Dostoiévski propriamente dita, faremos uma reflexão sobre a mística ortodoxa, detendo-nos, sobretudo, numa polêmica do século XIV que a envolve, como preparação da visão do grande literato russo.

Abordaremos Dostoiévski Pós-Sibéria, quando ele se transforma no grande escritor que conhecemos. Entretanto, é possível que façamos idas e vindas nos textos e em seus respectivos conteúdos, mudando, muitas vezes, o rumo dos nossos caminhos. Iniciaremos, portanto, com *Memórias do subsolo*, que, além de ser um texto curto, do ponto de vista cronológico é o primeiro da série dos seus grandes escritos. Todavia, só trabalharemos a primeira das três partes do livro, na qual o indivíduo do subsolo se apresenta. A seguir, passaremos para *Crime e castigo*, considerada, por alguns, como sua maior obra. Existe, inclusive, um filme interessante de Woody Allen[40] baseado neste romance, apesar de ser uma adaptação bastante livre, que inverte a história. Mas, mesmo que o diretor norte-americano tenha criado um outro final para o filme, mais terrível que o do autor russo, a problemática original da obra permanece. Allen é mais pessimista que Dostoiévski. Este não pode ser considerado um autor pessimista, porém seu otimismo é absolutamente religioso: só se transforma em pessimista se o tomarmos como um autor de dramas meramente naturais. Nessa condição do homem sem Deus, ele pode ser considerado pessimista. Seu otimismo — que é característico da mística ortodoxa[41] — aparece de forma clara no final de *Crime e castigo*, naquilo que os ortodoxos chamam *metanoia*, um conceito grego para explicar a ideia de transformação do indivíduo a partir das contínuas visitas que Deus faz à sua alma. Portanto, podemos falar de um processo radical e constante de conversão mística. O que acontece com Raskólnikov, personagem principal de *Crime e castigo*, é um processo metanoico em embrião, ainda que no caso dele não haja concordância entre os scholars de que esse processo ocorre plenamente.

Memórias do subsolo, *Os demônios* e *Crime e castigo* são obras que se aproximam, ao passo que *O idiota* e *Os irmãos Karamázov* são mais semelhantes entre si. O primeiro conjunto trabalha o tema do ateísmo moderno ou do niilismo racional,[42] sobretudo *Os demônios*. Nesta, baseado em um caso real acontecido na Rússia da época, o autor elabora uma verdadeira anatomia desse fenômeno, mostrando todas as etapas pelas quais passa a alma à medida que se afunda no ateísmo niilista. No segundo conjunto, mais ligado à *metanoia*, ele tenta se aproximar de uma teoria do "homem sacralizado".

A obra de Dostoiévski que pessoalmente mais aprecio é *O idiota*, apesar de ser a mais complexa e, aparentemente, a mais mal escrita. Segundo alguns estudiosos, teria sido escrita na "temporalidade epiléptica", em dinâmica de surto. As cenas de *O idiota* sempre levam a algum tipo de clímax em que ocorre aquilo que os franceses chamam de *désarroi*, ou seja, um total e absoluto desvario, no qual as pessoas se perdem e ninguém tem consciência do que faz; o próprio protagonista, o príncipe Míchkin, descreve a si mesmo como uma autofenomenologia da experiência epiléptica. Tal afecção neuropatológica era uma experiência do próprio Dostoiévski.

Sua escrita está fincada em sua postura teológica. Para essa discussão, tomaremos como referência a obra de Mikhail Bakhtin *La poétique de Dostoïevski* [*Problemas da poética de Dostoiévski*],[43] que analisa a problemática humana em Dostoiévski (sobretudo nos dois primeiros capítulos) e a consciência como um fenômeno eminentemente coletivo. Bakhtin afirma que um dos maiores males perpetrados pelo idealismo alemão foi legitimar filosoficamente a ilusão de que a alma (consciência) é, de fato, individual. Na verdade, ela é coletiva, múltipla. Por isso, não existe a perspectiva de uma consciência individual na obra do escritor russo, ponto que é mostrado claramente por Bakhtin. Trata-se do conceito de "polifonia", do "romance polifônico", ou, ainda, do "romance multivocal".

Entre os autores que discutem a obra de Dostoiévski, além de Bakhtin, trabalharemos também alguns textos do teólogo russo Paul Evdokimov,[44] grande especialista em teologia ortodoxa, bem como em Dostoiévski. Da sua obra *L'Orthodoxie* [A Ortodoxia] será abordada a introdução e o longo capítulo sobre a antropologia ortodoxa, onde o autor discute a antropologia teológica da mística ortodoxa. Poderemos ver então, de forma muito clara, a distância entre o pensamento místico ortodoxo[45] e o teológico latino. A partir daí, trabalharemos sua obra *Dostoïevski et le problème du mal* [Dostoiévski e o problema do mal], que faz parte da Coleção Théophanie, da editora DDB, responsável pela publicação de vários títulos no campo da ortodoxia grega e russa em francês.

Este trabalho situa-se, portanto, nos campos da filosofia da religião e de uma certa crítica literária, e seus caminhos epistemológicos seguem a própria obra de Dostoiévski: o que este autor fala, o que nós compreendemos a partir da expressão do seu pensamento, o que lemos em seus comentadores. É um caminho diferente se comparado à discussão de um texto antigo ou a um estudo de qualquer texto sagrado, ou, ainda, ao desenvolvimento de uma pesquisa de campo para provar que determinado grupo possui uma certa crença, com rituais próprios, mitos etc. É um caminho que está ligado à reflexão que fazemos a partir da obra do autor, o que não se pode fazer, acreditamos, quando se está preso à referência do fundamento. Isso significa buscar erguer uma filosofia da religião partindo de sua obra.

Considerando que a prática teológica é um discurso racional/confessional, a partir de um determinado *locus* institucional, o campo da filosofia da religião pode ser expresso segundo a definição dada por Abraham Joshua Heschel:[46] uma tentativa do intelecto do homem religioso no sentido de compreender ou de fazer um exercício de autocompreensão da sua própria condição de ser religioso. Essa definição é interessante porque traz a ideia do esforço intelectual, por meio da reflexão filosófica, de tentar explanar, esclarecer, refletir acerca daquilo que é, na terminologia de Heschel, um insight (ou *gnose*, fazendo a leitura de outro ângulo).

Assim, uma das formas pelas quais essa experiência poderia se manifestar é na tentativa de fazer uma reflexão racional. Por isso, este trabalho situa-se no campo da filosofia da religião; é exatamente isto o que faremos aqui: procurar colocar em termos racionais o que é essa experiência a fim de compreendê-la, tomando como instrumento a obra de Dostoiévski e a forma como ele discute seus temas, buscando entrar em suas reentrâncias e saliências.

O que significa, por exemplo, a afirmação dos ortodoxos quando dizem que "a pessoa humana é um animal visitado"? Algumas pessoas recebem visitas do divino, são frequentadas por Deus, têm diálogos, intimidade. E isto, apesar de permanecer na esfera do cognitivo, não está, entretanto, no universo da racionalidade.

Principalmente para nós, pós-modernos do século XXI, pessoas esclarecidas, no sentido do Iluminismo, a religião não é considerada uma referência de conhecimento. Na verdade, ela não conhece absolutamente nada, pois quem conhece é a ciência. A religião, portanto, soçobra no mundo da moral, no da ética — esta palavra que nada mais significa em nossos tempos —, no da arte. Ou seja, a religião não tem legitimidade pois não é "científica". Quando me refiro a essa problemática, remeto-me ao cânone do conhecimento oficial. Para efeito de exemplificação, jamais levaremos um padre, um rabino, um pastor ou um médium a determinada instância judicial para falar acerca de

46   Luiz Felipe Pondé

algo que se abateu sobre alguém e fez com que essa pessoa cometesse um crime. Pelo contrário, ouviremos um psiquiatra ou um psicólogo. Em outras palavras: enquanto houver esperança, não há religião.

A religião como instrumento de conhecimento é algo caduco, sem qualquer sentido ou grau de confiabilidade para o nosso tempo. Teria tanto valor quanto uma tese escrita para provar alguma coisa no campo da racionalidade, mas utilizando-se da lógica poética. Então, podemos afirmar que é uma forma de conhecimento fechada ao controle da verificação sensível.

É nesse nível que interessa a reflexão que faz a mística ortodoxa, porque ela é uma das formas de autodefinição religiosa: os místicos ortodoxos assumem-se como um grupo constituído por um campo experiencial definido. Do ponto de vista epistemológico, é muito importante essa expressão, pois é uma das formas que permitem afirmar que tal grupo "é" alguma coisa, já que o grupo usa aquela categoria específica para se autodefinir. Assim, os ortodoxos usam a expressão "mística realista", isto é, uma mística do *affectus* e não do *intellectus*; uma mística da experiência. A partir dessa perspectiva, podemos afirmar que o diálogo entre místicos é aquele que se dá entre pessoas que conhecem alguma coisa e, portanto, do ponto de vista da mística, esta é uma "ciência experimental".[47]

A ideia de ciência experimental é importante porque, para a mística ortodoxa, o que faz um místico ser místico é a experiência direta das energias de Deus. Melhor dizendo, não diretamente Deus, mas aquilo que Ele manifesta, para que o ser humano possa estabelecer uma relação com o Divino. Tal manifestação será chamada por muitos teólogos ortodoxos de Espírito Santo, o qual faria a pessoa que o recebesse se transfigurar. Daí a importância da passagem que relata a transfiguração de Jesus no monte Tabor

(Mt 17,1-8; Mc 9,2-8; Lc 9,28-36), porque existe uma ideia muito forte na mística ortodoxa, segundo a qual o advento do Reino se dá aqui e agora. Assim, a mística ortodoxa se afasta da tradição messiânica judaica estrita, que afirma que o processo de constituição do Reino acontecerá ao longo da história. Para os ortodoxos, ele acontece imediatamente, isto é, a pessoa que passa pela *metanoia* está em processo de redenção permanente e imediato. Portanto, não é algo que acontecerá no além ou no fim dos tempos. Essa perspectiva, no corpo da obra de Dostoiévski, gera uma imagem muito específica, presente, por exemplo, em personagens como Míchkin ou Aliócha Karamázov.

O grande desvio que houve na compreensão do cristianismo, do ponto de vista da tradição ortodoxa grega e russa, deu-se com o pensamento e a obra de são Tomás de Aquino (1225-1274), que transformou o cristianismo numa abstração vazia, num discurso puramente racional. A Idade Média vai definir a mística como *cognitio Dei experimentalis*, a cognição experimental de Deus. Só que na mística ortodoxa isso é tomado ao pé da letra: para um ortodoxo só existe teologia a partir da mística. Não há, por exemplo, como no Ocidente, uma teologia mais racional,[48] que não seja mística. Portanto, o conhecimento de Deus só pode ser místico. Se não se possui conhecimento místico, não se conhece Deus.

Não temos acesso ao discurso sobre Deus propriamente através do que chamamos de "modo geométrico" em filosofia: um princípio eterno, simples, perfeito e, dessa forma, com tais e tais características e assim por diante. Os latinos acusam a teologia ortodoxa de ser vaga, ingênua, incompetente, incapaz de oferecer, por exemplo, uma explicação acerca da história, uma leitura desta enquanto escatologia sagrada, numa perspectiva hegeliana — tentativa de compreensão da racionalidade da história. Isso porque a teologia mística ortodoxa estaria muito presa aos efeitos causados pelo contato com Deus na pessoa que os experimentou, além das transformações naturais pelas quais essa pessoa passa. Exatamente por isso a mística ortodoxa chega a produzir algo como os exercícios que o monge do Monte Athos faz: rezar sentado, colocar a cabeça por entre as pernas, pronunciar repetidamente, milhares de vezes, o nome de Jesus,[49] associando uma forma específica de respiração, o esforço de acompanhar a frase, inspirando e expirando o ar, fixando o pensamento no ar que entra pelas narinas.[50] Essa "prece pura do coração" é o foco da crítica que será disparada contra a teologia ortodoxa no século XIV e rebatida por Gregório Palamás, que constrói assim a obra teológica mais importante da mística ortodoxa. Toda a sua controvérsia é contra um grego chamado Barlaam, latinizado, nascido na Itália, que vai para Bizâncio.[51]

Além da importância de Bizâncio, é também fundamental para nossa compreensão o modo como Dostoiévski apreende a obra de Palamás, mesmo que o literato russo jamais explicite tal fonte — o que ele faz é uma ou outra referência, em *Os irmãos Karamázov*, aos livros manipulados por este ou aquele personagem, os quais nos remetem à teologia ortodoxa. Quando discute teologia de fato, ou religião, o faz no âmbito do vocabulário literário/romanesco contemporâneo.

A questão da prece, da oração, é muito rica e extensa e há abundante bibliografia sobre o assunto. Na verdade, seria uma temática muito interessante para um outro trabalho. Neste, apenas passaremos por ela, para chegar à problemática da ciência experimental, da sensação concreta, desse "algo mais" extremamente realista que leva os ortodoxos a dizerem que os latinos perderam a compreensão do cristianismo, porque passaram a entendê-lo como construção meramente racional.

Importante, também, para a nossa reflexão é passarmos pelo contexto cultural em que Dostoiévski estava inserido. Para isso, a obra de Joseph Frank nos será bastante útil,[52] particularmente *Pelo prisma russo*. Frank é o maior biógrafo de Dostoiévski. Da sua grande obra, em cinco volumes, temos todos traduzidos para o português.[53] O primeiro aborda até o período próximo da sua prisão. É o Dostoiévski jovem, portanto: o Dostoiévski de *Gente pobre*, o primeiro romance que ele escreve, o Dostoiévski de *Noites brancas*. No segundo volume, Frank analisa o período da Sibéria, da prisão. Esse é um momento importante porque é aí que ocorrem as experiências religiosas profundas de Dostoiévski. Além disso, é nesse tempo que ele escreve a famosa carta na qual afirma que, como homem típico do século XIX, não poderia deixar de ser uma pessoa atormentada por dúvidas e que, se algum dia a verdade se revelasse fora de Cristo e da religião, ele ficaria com a religião e não com a verdade. Na realidade, Dostoiévski nunca foi um ateu, como muitos dos intelectuais seus contemporâneos.

No terceiro volume, Frank trabalha o retorno de Dostoiévski à vida literária da Rússia; é o período jornalístico. O quarto volume detém-se no que o autor intitula *Os anos milagrosos* — período no qual Dostoiévski escreve, um após outro: *Memórias do subsolo*, *Crime e castigo*, *O idiota* e *Os demônios*. O quinto volume[54] trata do final da vida do literato, período em que escreve *Diário de um escritor* e *Os irmãos Karamázov*.

Antes, porém, de abordarmos os comentadores de Dostoiévski referidos anteriormente, é preciso trabalhar o conceito geral de antropologia e ortodoxia, além daquilo que os ortodoxos chamam de *filocalia*,[55] que seria a teoria da beleza de Deus. E, nesse meio, nosso núcleo será a polêmica de Barlaam.

Dostoiévski possui poucas referências à leitura de filósofos como Kant (1724-1804), Hegel (1770-1831) e outros. Há uma famosa carta sua, de quando ainda estava na Sibéria, mas não mais como presidiário, em que pede ao irmão que lhe envie obras dos filósofos citados, além de Fichte (1762-1814) e Schelling (1775-1854) — autores que dominavam o pensamento filosófico russo naquela época —, pois achava que precisava conhecê--los. Já o período pré-siberiano é muito influenciado por Schiller (1759-1805), bem como por Charles Fourier (1772-1837). No entanto, não encontramos em sua obra nenhuma referência explícita a um conhecimento filosófico sistemático.

Sabemos, por suas cartas,[56] que era frequentador do mosteiro de Optino,[57] nos arredores de Moscou, onde rezava diante de ícones (tinha, pois, uma religiosidade concreta), além de sempre dialogar e conversar com os *startsi*[58] (monges), especialmente com Ambrósio — que servirá de referência para a criação do personagem Zósima, de *Os irmãos Karamázov* —, espécie de "pai espiritual",[59] uma tradição muito antiga no monaquismo[60] oriental, que passa também para a experiência ocidental. Para um melhor entendimento, temos de voltar no tempo, às figuras de santo Antão[61] e Pacômio, monges do deserto, e à palavra copta que os primeiros cristãos do deserto usavam para se referir ao seu mestre espiritual: *apa* (em hebraico, *Abba*).

Desde a origem dos chamados "pais do deserto", temos duas grandes correntes no monaquismo cristão: uma é a monaquista de fato — os anacoretas, solitários —, vinda de santo Antão. A outra, a cenobita, cujo fundador foi Pacômio, da qual derivarão as comunidades de monges — os mosteiros. Na ortodoxia, ambas se mesclam. Daí surgirá a tradição de são Bento (470-547), que é considerado o pai do monaquismo ocidental.

A tradição de o monge encontrar um pai vem de Pacômio, chegando até nossos dias. O discípulo chama de pai o mestre mais velho do que ele. Mas não esqueçamos, e isso é fundamental para uma compreensão adequada, que estamos no campo estrito da mística. Aqui, o "pai" passa por experiências místicas constantes, como também seu discípulo. E o primeiro, por ter mais experiência mística, orienta a construção da *metanoia* do seu filho espiritual.[62]

No âmbito da mística ortodoxa, a ascese não constitui um sistema de virtudes, mas a contemplação de um processo de transformações pelas quais a pessoa espiritual passa. Isso é muito claro na obra de Dostoiévski, aparecendo no príncipe Míchkin (*O idiota*), em Stepan Trofímovitch Verkhoviénski, que é o pai do grande "satanás" Piotr ou Petrushka (*Os demônios*), ou mesmo em Raskólnikov, de *Crime e castigo*.

2. A filosofia da religião e o páthos divino

No que concerne à discussão da filosofia da religião, tomaremos como referência básica o livro de Heschel *God in Search of Man: a Philosophy of Judaism* [*Deus em busca do homem*]. Desta obra, trabalharemos apenas a introdução e o primeiro capítulo, sem entrar na filosofia do judaísmo.

A abordagem de Heschel é interessante para a nossa discussão porque ele usa o conceito geral de *páthos* divino na sua filosofia da religião. Esse conceito, estudado em sua tese de doutoramento sobre os profetas da Bíblia, seria o "fundo da consciência" do profeta (ou do místico), o lugar onde o místico está diretamente unido a Deus. Na realidade, Heschel faz uma fenomenologia da religião, na perspectiva da escola alemã de Marburg. Assim, o místico profeta é alguém que sabe o que Deus quer, que conhece seus desígnios. Tendo em vista que o judaísmo é uma forma de religião na qual está fortemente presente a dinâmica da vontade de Deus na história, sendo esta matéria para uma hermenêutica sobre o sentido da vontade de Deus, o conceito de *páthos* divino tem importância devido à própria ideia de *páthos*.

Recentemente, um doutorando em ciências da religião na Alemanha dizia-me que a grande tragédia do estudo da religião no Ocidente está no fato de a teologia, em geral, haver-se concentrado na dinâmica do *intellectus* e não na do *affectus*. Entretanto, como já vimos, a mística ortodoxa é uma grande exceção a essa tendência, uma vez que se concentra no *affectus*. Da mesma forma, Heschel, na sua condição de pesquisador da religião judaica, elege como foco da sua atenção o *affectus*, o *páthos*. Ao passarmos do *páthos* ao *affectus*, do grego para o latim, estaremos no mesmo sentido, isto é, a (quase) "afecção" que Deus causa na pessoa mística, como se fosse uma invasão ou uma "visita", como nos fala a mística ortodoxa.[63] É nesse sentido que o místico profeta é um animal visitado (por Deus).

Heschel chama seu trabalho de uma espécie de "teologia profunda", forma correta de abordar a mística, no sentido de tentarmos penetrar na alma do místico para que possamos atingir o "abismo", conforme o conceito eckhartiano. Dessa forma, o caminho religioso é sempre vertical, jamais horizontal.

O *páthos* divino é uma intuição importante, porque os personagens de Dostoiévski, que são figuras "divinizadas", cujos dois grandes exemplos são Míchkin (*O idiota*) e Aliócha — o Alieksiéi, de *Os irmãos Karamázov* —, são claramente figuras que sofrem desse *páthos* divino, o que, na obra do escritor russo, de forma nenhuma implica em qualquer tipo de sucesso no mundo. Estarmos em comunicação com Deus ou invadidos pela Transcendência não significa necessariamente que possamos fazer sucesso, que possamos nos dar bem na vida. Personagens "menores" em sua obra, mas também marcados pelo *páthos* divino, são o *starets* Zósima, de *Os irmãos Karamázov*, e Sônia, de *Crime e castigo*.

Se quiséssemos classificar as obras de Dostoiévski, poderíamos dizer que em termos de crítica da psicologia do determinismo, como veremos mais adiante, temos *Memórias do subsolo*, sobretudo sua primeira parte, onde o autor faz uma espécie de ensaio literário concentrado, no qual critica a psicologia, a sociologia, ou seja, toda teoria que pensa estar lidando com o objeto natural, em se tratando do ser humano. Este não é um ser de natureza para o autor. Sobre esse tema, *Memórias* é o texto mais concentrado e direto.

No que diz respeito à crítica do autor ao ateísmo ou niilismo,[64] sua obra mais importante é *Os demônios*, que aparece como *Os possessos* em algumas traduções.

Crime e castigo é uma obra que também transita pela crítica à "teoria do meio". Para o autor, essa expressão significa, sobretudo, sociologia, a teoria de que o meio descreve e explica o comportamento humano. Embora de forma menos concentrada, Dostoiévski também se refere à psicologia, à economia e a todo o caminho percorrido pelos utilitaristas. É impossível falar da obra aqui assinalada sem tocar no utilitarismo inglês ou mesmo no pragmatismo social e político *avant la lettre* de Maquiavel.

Com relação ao que chamaríamos de "manifestação construtiva do pensamento religioso" (ou "percurso construtivo"), os textos nos quais Dostoiévski melhor define sua ideia de pessoa religiosa ou de religião são, sem dúvida, *O idiota* e *Os irmãos Karamázov*. Nessas duas obras ele tenta moldar, desenhar o que seriam pessoas que, apesar de viverem no mundo do mal (leia-se o mundo da natureza desgraçada), permanecem em contato com Deus.[65]

Enfim, poderíamos afirmar que não haveria uma obra mais importante que a outra. Isso depende do tema que estamos querendo abordar nos textos do autor. Se quisermos ter acesso a uma contextualização política, social e literária de Dostoiévski, é fundamental a leitura de Frank.[66]

Voltando a Heschel — à ideia de *páthos* divino —, uma primeira questão importante que deve ser ressaltada, quando estamos no campo da filosofia da religião, é uma diferenciação que ele faz entre o que seria um "pensamento situacional" e outro, "conceitual".

O exemplo claro que ele dá de um pensamento conceitual é a epistemologia; ou seja, quando estudamos o modo, o aspecto formal, a linguagem como instrumento e estrutura, ou ainda a fenomenologia enquanto *eidós*, ideias, na medida em que estivermos trabalhando as ideias puramente e não o universo do *affectus*, no qual tais ideias estão imersas. Segundo Heschel, tal pensamento conceitual não se configura como uma ferramenta própria para o estudo do fenômeno religioso.

Ao colocar de lado a perspectiva epistemológica, sua preocupação é mostrar a importância do pensamento situacional, que representaria melhor a especificidade da filosofia da religião. Para Heschel, tal forma de abordagem jamais parte de conceitos, de problemas, e sim do que ele denomina espanto, terror, medo, angústia etc. Parte, portanto, da própria condição humana enquanto tal, significando por isso que o ser humano pensa sua vida e situação como uma necessidade constante de ser problematizada como objeto do seu pensamento. Em última instância, não se discute aqui se o conhecimento existe ou não, ou o que seja a verdade, mas, por exemplo, a abordagem do ser humano como um ser-para-a-morte, de forma semelhante ao trajeto de Heidegger (sua ideia da analítica existencial): a condição do ser enquanto consciência, como algo pensante, que sabe que é finito, para a morte, imerso na angústia — isso é o pensamento situacional.

Nessa perspectiva, poderíamos até dizer que a oposição entre pensamento situacional e pensamento conceitual resume-se na tensão entre a experiência individual concreta e outra de caráter coletivo abstrato. O problema da mística com outras áreas da religião é que ela dialoga com a religião na sua forma institucionalizada e, em algum grau, se insere nesta como ruído vivencial. Todavia, podemos pensar em coletivo no sentido da "Sociedade dos Amigos de Deus" da Alemanha do século XIV ou no âmbito dos monastérios. Aí temos uma coletividade de indivíduos que possuem a *gnose* e podemos nos afastar do abstracionismo coletivista.

Essa é uma discussão eminentemente teológica. Por outro lado, pode-se afirmar que uma determinada pessoa tenha a capacidade de captar a experiência (mística) do outro se assim for dos desígnios de Deus. Temos aí, uma vez mais, a intervenção da graça (ou energias de Deus). É importante acentuar que do ponto de vista bíblico há a intervenção de Deus, que acontece também no âmbito coletivo e não somente no individual.[67] Entretanto, teríamos aí o coletivo "estéril" ou abstrato, que chega à religião a partir de códigos que pratica. Não que não possamos pensar esse coletivo como algo relativo à interação entre indivíduos que possuem a experiência mística — havendo mesmo um certo nível de convivência entre eles — e que, a partir de tal "promiscuidade", nasçam outras experiências. Mas, como vimos, na tradição mística sempre haverá uma certa tensão entre os "discípulos" de Antão e os de Pacômio, os anacoretas *versus* os cenobitas.

No caso do conceitual *versus* situacional, teríamos uma discussão acerca do impessoal. No campo da epistemologia, essa é uma questão extremamente clara, por ser uma abordagem de mecanismos formais de transmissão de evidências e, por outro lado, um pensamento que está cravado em experiências que padecemos no âmbito eminentemente pessoal, devido aos limites absolutos da linguagem. O que quero dizer é o seguinte: como estou navegando pelo universo da experiência, a mística transforma-se em algo eminentemente experimental. Podemos, então, até pressupor que, do ponto de vista da razão, coloca-se para nós a necessidade de um princípio. No entanto, este não é suficiente para que ocorra o conhecimento de Deus em si. A filosofia da religião, à qual nos referimos até agora, está encravada na ideia do *páthos* divino que se manifesta na pessoa mística, na ideia do *affectus*. O místico, nesse caso concreto, é alguém que relata uma viagem, que descreve algo que conheceu. E quando ele faz esse discurso para alguém que não possui este tipo de conhecimento, é como alguém falando para um cego acerca de cores que ele jamais viu. Do ponto de vista hescheliano, o pensamento conceitual é simplesmente pobre para lidar com a questão religiosa.

Referimo-nos aqui à filosofia situacional porque partimos da situação em que a pessoa se encontra, o indivíduo pensado como um todo na sua relação com Deus, tentando levar esse *affectus* ao movimento logotrópico do intelecto. Já a filosofia conceitual seria aquela que fala da coisa (pensada) de longe, tentando descrevê-la sem, entretanto, possuir a experiência condicionada pela situação. Por outro lado, seja qual for a abordagem ou o *locus* em que se encontra aquele que pensa, a filosofia sempre constrói conceitos — é como se fosse um "edifício" de conceitos. Só que, a partir da perspectiva que abraçamos, são conceitos que sempre estão à mercê do *affectus*, assim como na ciência os conceitos estão à mercê de como anda a experimentação.

No que se refere ao método (*méthodos*) — no sentido de caminho para se chegar a algum lugar (do conhecimento) —, na mística, há toda uma discussão sobre qual nos levaria à experiência (do Transcendente). Na mística da ortodoxia, bem como na mística judaico-cristã, isso é ainda mais complexo, porque se pressupõe a "ingerência" da Transcendência. É esta que age sobre o indivíduo, se ele já estiver "treinado" para recebê-la.[68] Há treinamentos específicos que ajudam a "máquina" a vivenciar a experiência, sempre através da graça. Mas se esta não estiver presente, nada acontece do ponto de vista místico.

Existe, portanto, semelhança em relação à dinâmica experimental-científica, mas não até o fim, porque a "experimentalidade" científica se dá horizontalmente, ao passo que aqui estamos falando de algo vertical, que adentra os movimentos misteriosos do Transcendente. Nesse ponto, fatalmente caímos no problema de que a experiência em si não é transmissível: podemos estabelecer um diálogo horizontal com uma pessoa que tenha a experiência e só a entendemos na medida em que também a possuímos. Assim acontece o diálogo. Mas se quisermos estabelecer o diálogo com alguém que não possui a experiência, ele simplesmente não é possível.

Do ponto de vista estritamente místico, acabamos dialogando com a epistemologia enquanto drama, agonia, tentando colocar em palavras o que conhecemos.[69]

Voltando a Heschel, em se tratando de religião, "o filósofo[70] é uma testemunha[71] do *affectus* religioso". É uma testemunha que sofre com o que se passa com ele, desde um simples problema humano até uma "guerra" contra a religião (típica do analfabetismo filosófico-religioso atual), entendida meramente como propiciadora de um convívio entre os seres humanos, seja ele no plano da ética ou em qualquer outro (refiro-me aqui aos aportes metateóricos latentes em qualquer pesquisador). O objeto é sempre gerador de controvérsias. Todavia, vale relembrar que, para Dostoiévski, ética sem religião (tendência metateórica ativa mesmo na teologia ocidental hoje) é um tema absolutamente equivocado, que não leva ninguém a nada, isso porque, ao sairmos do universo religioso, entramos no universo do niilismo. Afinal de contas, citando o próprio Ivan Karamázov, "se a alma é mortal e Deus não existe, tudo é permitido".

Essa frase é a essência da crítica de Dostoiévski a toda forma de moral e ética a partir da imanência (da história, do plano da natureza). E esse posicionamento é muito claro, porque na ortodoxia não há salvação nem comunicação com Deus na imanência. É isso que faz com que esse sistema seja tão problemático, resvalando na ideia de um certo "reacionar ismo" político. E por isso ele possui a aura de conservador, de não levar muito a sério os movimentos sociais etc. Mas é importante ressaltar o seguinte: a história só possui sentido para a ortodoxia na medida em que ela seja "rasgada" por Deus. Esse dilaceramento que Deus produz na história só pode ser visto e identificado por quem vê Deus e não por qualquer teoria protohegeliana do Espírito Absoluto, segundo a qual, por meio de deduções, chegaremos à conclusão que, no final, tudo vai dar certo. Nesse sentido, a ortodoxia guarda uma relação muito grande com a ideia da mística profética: a pessoa que tem contato com Deus de fato é alguém que, como vê e ouve Deus, fala e transmite os desígnios recebidos.

A religião se manifesta por insights, para usar uma terminologia de Heschel, isto é, uma intuição interior, uma *gnose*, uma experiência interna de conhecimento. O pensador religioso é alguém que tenta transformar esse insight num discurso "razoável", racional. E, aqui, fazemos a clara diferenciação entre os *loci* epistemológicos em que se situam o filósofo da religião e o literato. Por quê?

Porque o filósofo sempre está preocupado em expressar seu pensamento de forma sistematizada, o que não acontece necessariamente com o escritor. O filósofo da religião faz o esforço de partir do insight (experiência) que possui para um discurso racional acerca daquilo — aí está a grande dificuldade, a logotropia. Porque, segundo Heschel, a religião não possui, como manifestação, nenhum saber que, por definição, tenha de se enquadrar nos campos científico ou filosófico. Assim, quando se tenta falar do insight religioso em linguagem filosófica clássica (racionalista) ou científica, o que se estará fazendo, sempre, será uma "tradução" de duas línguas que não têm nada de semelhante entre si, a não ser o fato de que falam de coisas que se manifestam no ser humano ou através dele. Esse problema é muito importante, porque por meio dele estamos afirmando a existência de algo como o "resto" irracional da religião. A mística está sempre em combate contra qualquer forma de racionalismo no campo religioso. Portanto, a religião produz um conteúdo cognitivo que poderemos tentar traduzir em termos filosóficos ou científicos, mas não necessariamente com sucesso.

Para um grego ortodoxo, o latino teria a compulsão pela (racionalidade da) palavra. Assim, acaba falando demais sobre uma experiência cujo conteúdo[72] nos daria espaço para montar um volume de centenas e centenas de páginas. Para o ortodoxo, graça significa a intervenção real do Espírito Santo e não alguma coisa que Deus cria e "joga" sobre o ser humano. Para a ortodoxia, a compreensão da graça no universo latino é como se fosse alguma coisa criada (e não a energia incriada de Deus). A dinâmica da graça para o ortodoxo grego é (apenas) uma energia de Deus que se manifesta na pessoa.

Em se tratando da mística ortodoxa, é muito clara a ideia de que a redenção se dá imediatamente: o indivíduo que vê Deus e com Ele mantém contato já está sendo redimido nesse momento (hierofânico). A ortodoxia tem muito mais dificuldade de pensar uma escatologia histórica a partir dos acontecimentos, como faz o Ocidente: uma leitura da evolução da sociedade no sentido de que ela esteja marchando para o plano (Reino) de Deus. Assim, a ortodoxia é mais fiel à ideia de que Jesus Cristo era o Messias[73] e que, nessa condição, ele continua aqui, o tempo todo, manifestando-se por intermédio de algumas pessoas especiais. Por exemplo, o Apóstolo via Jesus como o Verbo de Deus encarnado, andando e fazendo coisas por toda a Palestina da época; os místicos ortodoxos veem e sentem Jesus dentro de si, manifestando-o às outras pessoas. E é nesse momento tabórico que se dá a redenção do indivíduo, a qual, nesse aspecto particular, é muito mais purista, imediatista e visual.

Estamos, na verdade, diante de um problema muito antigo: a experiência mística não acontece com todo mundo. Heschel afirma: o conteúdo da experiência mística (religiosa) é sempre algo que não se encaixa — e não deve se encaixar, por definição — na *episteme* filosófica e científica, porque não existe para servir de objeto à filosofia e à ciência. Existe na qualidade de uma *gnose* em si mesma.[74] Ainda segundo o mesmo autor, faz necessariamente parte da atividade da filosofia da religião a tentativa de estabelecer uma relação crítica com o seu objeto de reflexão, ou seja, a própria religião.

Daí a seguinte afirmação de Heschel:

> No momento em que um pensador consegue vislumbrar uma ideia onde a razão e o conteúdo cognitivo produzido pela experiência religiosa e a ciência dialogam; quando, de alguma forma, esses três vetores se aproximam, o efeito [ocasionado por esse processo] seria próximo ao propiciado pela redenção absoluta da espécie.

Ou seja, nos raros momentos em que o pensador religioso consegue perceber alguma conexão entre filosofia, conteúdo produzido pela religião e ciência, e, de alguma maneira, isso aponta para uma harmonia, essa percepção tem um efeito sobre o filósofo como o de um processo de redenção: a experiência do absoluto no conhecimento. Heschel está afirmando que esse processo não se dá pelo caminho da razão. É o que ele chama de "guerra entre Jerusalém e Atenas". Para o autor, a doutrina significa apenas um instrumento através do qual fazemos a leitura do *páthos* divino no homem bíblico, seja ele escritor ou apenas personagem. Chamo aqui a atenção para que não caiamos na tentação de entender a abordagem hescheliana como uma espécie de suma, portanto, como um processo eminentemente racional.

A mística ortodoxa não é simpática à abordagem do Pseudo-Dionísio, ou melhor, à leitura que o Ocidente faz dele — inclusive sua obra sobre teologia negativa é o pivô da polêmica entre Palamás e Barlaam —, porque a teologia negativa afirma que só podemos descrever Deus simbólica ou negativamente. Palamás negará totalmente qualquer benefício da teologia negativa, criticando-a em sua pretensão de ser a única forma possível de falar de Deus. No campo da ortodoxia, Pseudo-Dionísio, embora grego, não fez tanta fama quanto na mística latina. Em outras palavras, é como se a mística ortodoxa não precisasse dele, porque a teologia negativa seria uma espécie de "perda de tempo".

Para o ortodoxo, a linguagem evidentemente não fala de Deus, e a pessoa que tem a experiência de Deus não está preocupada em descrevê-la. O não negativo é no sentido da manifestação da *metanoia* tabórica. Portanto, não pede uma descrição — daquilo que não é Deus. Quando estamos, no campo da linguagem, afirmando o que Deus não é, na verdade não estamos falando de Deus. Pelo contrário, o místico ortodoxo fala do que vê. Ainda que fale com problemas, ele sente a positividade do que está posto. Este é o grande traço distintivo da mística ortodoxa: ela se coloca ao lado da razão, como uma antinomia. Ela não é ancilar da razão, não quer mostrar a esta que possui legitimidade. Esse também é um grande problema para nós, contemporâneos, devido à carga racional da nossa história (ocidental).

Na obra de Dostoiévski, um personagem como Míchkin, por exemplo, é o mistério em pessoa que vaga por São Petersburgo e Moscou. Em momento algum conseguimos dizer precisamente o que ele é. O autor consegue a proeza de construir um personagem que tem a característica de ser misterioso — não porque não fale ou não consigamos ouvi-lo, mas porque, de fato, não parece seguir nenhuma lógica conhecida; está o tempo todo fora de todas as lógicas: a forma como se comporta, como reage aos estímulos, é a antinomia narrada.

Por outro lado, através da teologia negativa podemos compreender a lógica que nos leva ao mistério. Mas, seguindo Heschel, esse mistério não é da ordem da lógica, mas da percepção. Se persistirmos na primeira, chegamos ao mistério enquanto algo desconhecido, ilógico no campo da linguagem, não representável. Ao passo que, na ordem da percepção, esse mistério não se constitui em algo que não seja representável, mas, sim, como categoria afetiva positiva. Retomando Míchkin, se tentarmos descrevê-lo, chegaremos à conclusão de que se trata de um epiléptico idiota. E de fato, na obra de Dostoiévski, o personagem é várias vezes chamado de idiota — ele sabe disso —, mas sempre afirma que não é possuído pela idiotia. Ao descrevermos sua trajetória, realmente parece um idiota: alguém que mete os pés pelas mãos, que não toma as decisões corretas. Aí está um dos traços que aponta para a importância do escritor russo em sua relação com a mística ortodoxa: ele consegue, pela via literária, colocar esse mistério no personagem; ali permanece algo misterioso, que transcende nossa capacidade de descrição de Míchkin, e é necessário ler para nos contagiar com sua antinomia e *metanoia* narradas.

Uma coisa é tratarmos o mistério enquanto algo da ordem da lógica. Podemos ler a teologia negativa do Pseudo-Dionísio e entender que Deus é um mistério que transcende a lógica presente na linguagem e que, portanto, está fora dela, sendo, também, um mistério para a linguagem. Outra coisa é pressentir Deus.

Essa questão pode ser contemplada pelo conceito hescheliano de "resto" da religião, que não se enquadra no discurso sistematizado ou científico: não se trata de algo que fique na ordem da ignorância ou do vazio; ele permanece o tempo todo como conteúdo positivo e esse é outro modo de falar da ideia de pressentimento.

É preciso estar atento para o detalhe de que não se trata de passar a experiência do mistério através da razão. Isso é realmente impossível. Falando de uma forma simbólica, o outro percebe que você é uma pessoa constantemente visitada e acompanhada; ou seja, que existe alguma coisa muito diferente em você, mas isso não é colocado em termos racionais ou linguísticos. No universo ortodoxo, quando nos deparamos com um relato do Monte Athos, isso é contado constantemente. Na verdade, uma percepção da presença do Espírito Santo na vida, nos locais, nos acontecimentos. E é exatamente isso que Dostoiévski consegue passar com Míchkin, ainda mais do que pelo personagem Alieksiéi Karamázov. Estamos falando, portanto, de uma percepção e não de um relato linguístico.

O conteúdo da religião não precisa estar, necessariamente, sincronizado com o pensamento racional, mesmo que o pensador faça tal esforço. Evidentemente, se estamos inseridos em algum contexto, nossa experiência acontece nele e não fora.

Assim, o místico fala de Deus e não de qualquer outro ser, porque estamos no universo judaico-cristão. Mas o que Heschel aponta é: o conteúdo do insight religioso não tem por obrigação estar sincronizado com o último movimento da racionalidade humana. Portanto, no fundo, a religião pode seguramente produzir ruído no conhecimento.

Esse ruído, ou esse conteúdo cognitivo que não se enquadra numa teoria racionalista do momento, entretanto, não seria da ordem da ignorância, mas, sim, algo que se manifesta como mistério aberto ao *páthos*. Para Heschel, o mistério é uma categoria ontológica positiva. Quer dizer, não se chega ao mistério apenas pela negatividade por causa da sua inefabilidade. É algo que se coloca positivamente, mas com o caráter da suprarracionalidade, para além da capacidade da razão. Dessa forma, o senso do mistério seria o principal foco da filosofia da religião, muito próximo do conceito medieval de tato (do) sobrenatural.

Uma outra forma em que esse mistério se manifesta, agora na esfera do estético, seria na categoria do sublime. Entretanto, o mistério é ainda maior que o sublime, pois este ainda está mais próximo do estético, que, embora sirva para falar de religião, não é religião.

Heschel ainda diz que o *páthos* divino atravessa o campo do mistério e que quem está na dinâmica desse *páthos* percebe que por detrás do mistério se encontra um grande sentimento de misericórdia e de perdão em relação ao mundo. Temos aqui a ideia da fraqueza do mundo, da sua incapacidade de se manter.[75] O mistério não é algo puramente desconhecido; pelo contrário, possui identidade própria, a qual se confunde com a presença da misericórdia.

3. Uma introdução à mística ortodoxa

Enquanto a discussão de Heschel aponta para o campo da filosofia da religião, a de Paul Evdokimov[76] nos permite fazer um mapeamento geral da antropologia teológica da mística ortodoxa. Para ele, há uma grande diferença entre a visão de cristianismo dos latinos e a da ortodoxia. Segundo o teólogo russo, a Igreja latina tem o hábito de definir o que seja Igreja — portanto, de elaborar uma eclesiologia conceitual. E afirma que isso é um claro sintoma de quem não "experimenta" o que é Igreja, porque esta não é algo da ordem da definição e do conceito, mas da experiência. Quando, portanto, estamos na experiência (do que é Igreja), não há necessidade da definição ou de uma teologia racional sobre o que seja Igreja (eclesiologia). Essa espécie de "fuga" do conceito traduz uma mentalidade bem típica da ortodoxia. Em outras palavras, quando temos a experiência, não há necessidade de conceitualização. De acordo com ele, esse é um traço típico do abstracionismo da Igreja latina.

Para Evdokimov, os latinos, quando têm contato com a ortodoxia, consideram que a teologia desta é vaga, justamente por não ter trama conceitual tão dura. Tal sentimento adviria do fato de os latinos estarem há muito tempo fora da experiência do que é o cristianismo; por isso estariam perdidos na abstração e no conceito. Ainda segundo o autor, como a mística cristã nasceu falando copta,[77] no seio da cultura copta — não hebraica, não grega e, muito menos, latina —, e sendo essa língua eivada de concretude, tal condicionamento acabou ficando na raiz da teologia ortodoxa, para a qual não há teologia que não seja mística. O cristianismo só entra no Egito de forma efetiva e verdadeira à medida que os coptas começam a se converter à nova religião nascida na Palestina. Enquanto o cristianismo fica circunscrito a Alexandria, às várias colônias judaicas já no processo de diáspora, ou ainda helenizadas, com influência platônica ou neoplatônica muito forte, a religião cristã efetivamente não deita raízes na comunidade egípcia.

A ortodoxia pensa a mística mais como *theósis*[78] do que propriamente como mística. Apesar de a palavra "mística" ser grega (*mystikós*) — o termo usual surgiu da obra *Teologia mística*, de Pseudo-Dionísio —, ela é mais usada no cristianismo latino, ainda que a ortodoxia também a tenha assimilado. Do ponto de vista da mística latina, a teologia negativa aliada à mística medieval transforma-se na chave de apreensão do conhecimento mais apurado que podemos ter de Deus: a linguagem que devemos usar para falar de Deus. Para Evdokimov, o termo "mística" torna-se uma referência para a ortodoxia devido à influência latina.

A mística ortodoxa tem início no Egito, com santo Antão, grande ancestral da forma anacoreta, e com Pacômio, fundador da forma cenobítica, que vai dar origem aos mosteiros,[79] como vimos anteriormente. Assim, a ortodoxia é um misto das duas formas, como propõe Palamás. A partir dos fundadores originais, houve um desenvolvimento gigantesco da vida monástica primitiva no Egito. Uma leitura histórica de santo Antão, Pacômio e seus seguidores passa por uma compreensão do fenômeno como uma resistência ao processo de romanização do cristianismo. Segundo alguns autores mais críticos,[80] aqueles místicos não suportaram o fato de não serem mais perseguidos pelo Império Romano. A partir daí, construíram o que poderíamos chamar de "perseguição interior", diante do laxismo que passou a existir no cristianismo, agora transformado em religião oficial do Estado. Assim, muitos cristãos imaginavam que o Reino de Jesus poderia acontecer no interior do Império Romano. Essa ideia nos interessa sobretudo pelo fato de apontar para a mística de santo Antão como sendo aquela de um embate interior terrível: de um conflito atroz entre ele — querendo se aproximar de Deus — e os poderes do demônio agora internalizado. Ivan Karamázov terá um encontro semelhante.

A ida para o deserto é interpretada como um distanciamento do mundo; ou, de outra maneira, como um enfrentamento direto do maligno. Como o deserto é a própria imagem do vazio, o demônio deverá se apresentar ao solitário com sua própria face, enquanto no mundo ele se disfarça em tudo.[81] Essa ideia está muito presente na ortodoxia: a espiritualidade como um combate contínuo com o demônio. Tanto que os místicos hesicastas afirmam, inclusive hoje, que no processo da experiência mística (no contato com Deus) o demônio está querendo, durante todo o tempo, penetrar aí, tentando atravessar o caminho. Para eles, a dificuldade que o ser humano tem de se concentrar na experiência significa a ação do demônio sobre a pessoa. Como o intelecto está totalmente fragmentado devido ao mal (disjunção), as várias partes que compõem o nosso ser não seguem numa direção de plena harmonização.

Do ponto de vista histórico, é significativo o surgimento de uma mística do deserto justamente no momento em que o cristianismo começa a relaxar no mundo e em que a vida do anacoreta se constrói como um constante combate para que o demônio não tome posse da religião; portanto, não é uma mística de relaxamento, do êxtase como tranquilidade. Santo Antão não propõe qualquer tipo de combate aos romanos; o que ele faz emergir é a perspectiva da mística do enfrentamento, do conflito interno, de embate contra o mal, que é muito semelhante ao relato simbólico de Jesus sendo tentado no deserto durante quarenta dias e quarenta noites. Assim, santo Antão refaz o caminho de Jesus.

Do ponto de vista exclusivamente místico, Deus está em contato permanente com o anacoreta; portanto, a história já foi ultrapassada. Outro traço importante: os coptas assimilavam mal a presença greco-romana no Egito, vendo-a como invasora. Mas, para a interpretação especializada, fica claro que os gregos e romanos, na verdade, nunca conseguiram entrar no Egito; acabaram convivendo com os egípcios helenizados e romanizados, da mesma forma que com os judeus alexandrinos, além das populações que viviam nas grandes cidades e estavam em contato direto com o invasor. Já os egípcios coptas ficaram mais afastados desse hibridismo. Jamais assimilaram, por isso, os deuses greco-romanos, permanecendo coptas. Passam do panteão copta diretamente para o cristianismo. Fica a interrogação: por que eles aceitaram o cristianismo e não as outras religiões?

Uma possível explicação vai a contrapelo da ideia da resistência à romanização do cristianismo: eles somente aderiram à mensagem cristã porque antes do processo de romanização ela era uma forma concreta de resistência ao Império. Assim como os coptas foram invadidos pela Grécia e por Roma, também os cristãos eram perseguidos pelos romanos. Portanto, uma hipótese histórica procedente é que o cristianismo tenha se tornado uma forma de resistência aos invasores.

Segundo Evdokimov, "o monge (místico) é um ícone".[82] É importante observar que para a ortodoxia a pessoa pode ser um asceta e não ser místico. O asceta é alguém que se coloca na tensão da experiência mística — alguém que está constantemente praticando o distanciamento do mundo —, mas sem a exposição à luz tabórica. É necessário, também, marcar a importância dos primeiros padres do Egito como místicos que vivem no limite do funcionamento da fisiologia. É muito importante na mística dos primeiros padres do deserto essa recusa de qualquer humanidade naturalizada.

Deve-se ressaltar ainda que, de acordo com Evdokimov, o Ocidente é obcecado pela cruz, enquanto o Oriente não, porque este sempre esteve dentro da Igreja cristã. E, por estar nela, sempre experimentou o Reino na vida imediata. Assim, a mística ortodoxa, por ser tabórica, acaba tornando-se mais otimista em relação à vida diária, ao mundo, ao cosmo. Segundo o teólogo ortodoxo, uma das razões para isso é que os ocidentais ficaram tão longe da Palestina, sendo tão difícil e cansativo chegar lá, que acabaram por construir uma espiritualidade da cruz, da visão de Jesus mortificado, da importância do sofrimento no processo de redenção. Já os ortodoxos, por estarem dentro da Igreja de Cristo, experimentando essa "coisa" vaga que é Deus, tornaram-se tabóricos, alegres e otimistas, e mesmo o sofrimento está imerso nesse otimismo da presença de Deus.

Embora a mística ortodoxa tenha origem em santo Antão, que é o autor dessa mística do embate, do enfrentamento de Satanás, da agonia, do distanciamento etc., a frase que explicita claramente a mística tabórica da ortodoxia — "Senhor Jesus Cristo, Filho de Deus, tem piedade de mim, pecador"[83] — foi pronunciada pela primeira vez por Simeão, o Novo Teólogo (949-1022). Mas não podemos dizer que em santo Antão, bem como em Pacômio, haja somente o constante embate com o mundo e o mal; em ambos, encontramos também a visitação de Deus.

Lembremo-nos de Ângela de Foligno (1248-?) como exemplo claro dessa mística da dor. Ela começou pelo corpo, por sua dissolução, pela perda do seu controle, por seu despedaçamento, e afirmava deitar-se sobre o corpo de Jesus crucificado. Isso, mais que uma espiritualidade, é uma mística da cruz.[84] Não existe qualquer teoria dentro da ortodoxia que afirme a não condição mística de Ângela. Nesse sentido particular, a mística tabórica não desqualifica Ângela como mística. Para a ortodoxia, a energia incriada (Espírito Santo) permanece, o tempo todo, agindo no mundo. E os místicos nada mais são do que pessoas que experimentam isso constantemente. Evdokimov dirá que a experiência mística é constituída pela ação de Deus (na pessoa) mais o suor (esforço) humano. Assim, a ortodoxia se afasta daquela radicalidade agostiniana que afirma: "Pouco importa o que você venha a fazer, na hora crucial tudo acaba acontecendo de forma contrária ao que você queria",[85] embora também tenha claro que o esforço do asceta não é garantia da experiência do êxtase.

Palamás, por sua vez, no que diz respeito à teoria da ortodoxia cristã, é mais importante que santo Antão e Pacômio. Foi um erudito, possuía um conhecimento mais abrangente e, ao mesmo tempo, mais profundo sobre a vida mística.

Para tratarmos de Palamás, é necessário compreender a crítica feita por Barlaam, um grego calabrês que foi para Bizâncio no século XIV, sintetizando todo um mal-estar que existia no seio do cristianismo — afastara-se de Roma por considerar o cristianismo latino fora, todo ele, perpassado pelo tomismo. Barlaam acompanhou a mística ortodoxa, estabelecendo um certo distanciamento com relação a são Tomás. Em Bizâncio, representou a crítica à mística hesicasta, chegando, em alguns dos seus textos, a fazer-lhe um certo "deboche". Trata-se de uma controvérsia frontal. Ele queria uma ortodoxia sem a mística hesicasta.

Para esclarecermos essa polêmica, devemos nos remeter àquele postulado aristotélico que afirma: todo conhecimento começa por uma apreensão sensível. Toda percepção é, primariamente, sensorial. Barlaam critica a possibilidade de acesso a Deus pela necessidade geométrica da razão; não aceita a metafísica positiva de são Tomás. Nesse sentido, ele assimila a ideia da teologia negativa do Pseudo-Dionísio. Segundo ela, só podemos nos referir a Deus ou por meio de símbolos, alegorias etc., ou pela descrição daquilo que Ele não é; não temos, portanto, acesso à divindade. Para Barlaam, não há a possibilidade de que se estabeleça uma relação com Deus nem pela razão, nem tampouco pelos sentidos/percepção. Por quê?

Para que estabeleçamos relação com alguma coisa por meio dos sentidos, essa coisa tem que ser da ordem natural. Como Deus não é natural, mas sobrenatural, não podemos estabelecer com Ele uma relação desse tipo. Para ele, a humanidade estaria apartada de Deus. A única relação que teríamos com Ele seria pela fé advinda das Escrituras, da revelação.

Na verdade, o que ele descarta é o conhecimento direto de Deus. Quanto mais a perspectiva da concretude hesicasta, pela qual, para a ortodoxia, existe um acúmulo "sensorial" de experiência na trajetória do místico rumo a Deus. A partir dessa experiência e do seu acúmulo, os grandes pais do Monte Athos são pessoas translúcidas, transfiguradas: o rosto, o olhar estão transformados, e pela sua imagem percebemos que se trata de pessoas constantemente expostas à energia incriada. Barlaam não nega nada que esteja no campo da revelação. O que ele nega é que, além dos escritos sagrados, alguma pessoa possa se encontrar (misticamente) com Deus. De qualquer forma, percebemos que sua crítica, no sentido de aumentar a distância entre imanência e Transcendência, irá desaguar no mundo da ciência moderna, em que não há qualquer porosidade no que se refere à penetração do Transcendente. Esse posicionamento, vale observar, em muito se aproxima do protestantismo moderno — a negação de qualquer mediação entre a humanidade e Deus que não seja Cristo ressuscitado, este só podendo ser capturado pela dinâmica da fé.

E o que diz a mística hesicasta? O monge (místico) é alguém que vê Deus. Isso posto, Barlaam critica as atitudes posturais dos monges, as orações litânicas (mântricas), as preces associadas ao movimento do ar no processo de respiração (inspiração e expiração), os jejuns prolongados como forma de conseguir uma maior intimidade com Deus. Para ele, os monges são como magos fazendo rituais para entrar em estado alterado de consciência. Barlaam, na verdade, já está impregnado de ockhamismo,[86] e os autores ortodoxos descrevem-no como uma espécie de "humanista", um ancestral do Renascimento.

Guilherme de Ockham fez uma crítica à metafísica escolástica, lançando as bases da querela dos universais na filosofia, segundo a qual a linguagem seria constituída somente de nomes, não conseguindo descrever a essência das coisas. Quando, por exemplo, falamos "o Bem", estamos anunciando o que ele chamava de *flatus vocis*, ou seja, sons vazios para fora. Isso porque, na verdade, não existe o Bem, a Justiça, na linguagem. É a ideia de que não temos nenhum absoluto transcendental que a linguagem venha a tocar. No entanto, na sua condição de franciscano do século XIV, Ockham não estava, certamente, afirmando que Deus não existe.[87] O que ele fez foi criar uma dissociação entre a linguagem e o mundo metafísico das ideias, sendo, nesse sentido, o ancestral do empirismo inglês. E foi um cético medieval no que se refere às possibilidades concretas da linguagem; esta, para ele, só conseguiria descrever objetos únicos, singulares, e jamais conjuntos universais. Assim, para Ockham, não significa um rompimento com a religião a afirmação de que a linguagem não consegue descrever.

Deus ou que não existe nenhum universal como a metafísica escolástica supunha. O ockhamismo, por isso, é uma forma de preparação para a ciência moderna — que, como tudo o que está nesse veio, acaba preparando os pressupostos do ateísmo, desde um ponto de vista dostoievskiano.

Abordei a querela Barlaam *versus* Palamás por ser uma controvérsia fundante da teologia ortodoxa. E também devido ao fato de Dostoiévski ter sido um palamita por excelência, sendo essa a forma como ele se coloca em relação ao conhecimento, só que numa linguagem contemporânea e que traz consigo a discussão da subjetividade, obviamente inexistente no medieval Palamás, como antinomia irredutível e objeto que se constrói à revelia da "geometria" das ciências humanas. Em última instância, a colocação de Palamás é: tudo o que Barlaam afirma está correto (no sentido do conhecimento), só que se trata de outra coisa.

Resumindo, o posicionamento de Barlaam é o seguinte: todo conhecimento se dá pela via dos órgãos dos sentidos, e Deus não se dá a conhecer por meio de tais órgãos, porque Ele não é natural. Além disso, pela metafísica (pela razão) não acessamos Deus, porque Ele também não é um objeto da razão. E mais: a linguagem só descreve seres concretos e singulares. Trata-se, em última análise, do nominalismo de Barlaam. Do ponto de vista do conhecimento, podemos dizer então que a postura de Barlaam nos aproxima, de fato, da ideia de niilismo cognitivo com relação à divindade, pois constrói um distanciamento total do ser humano com relação a Deus.

Palamás dirá que, do ponto de vista teológico, a crítica de Barlaam simplesmente desconhece o fato de que Deus encarnou-se em um homem. O restante do seu discurso é a discussão da relação entre o exercício físico e essa "visitação" que se dá por outro caminho, para a qual não tem a menor importância se tal ocorrerá por meio dos órgãos dos sentidos ou da razão. Para Palamás, se Deus encarnou-se em um homem, está fora de cogitação, portanto, a impossibilidade de contato com a Transcendência pelo corpo. Inicia sua crítica acusando Barlaam de helenismo. Diz, também, que Barlaam cai, por dedução necessária, nas interpretações docetistas gnósticas de que Jesus só seria espírito. Se fosse assim, Jesus não teria corpo, não teria ocorrido a encarnação. Portanto, essa ideia de que nós só teríamos espírito, no fundo, sustentaria a noção de que Deus é absolutamente espiritual e transcendente e de que o corpo não participa desse movimento de transcendência.

Palamás, na verdade, afirma o caráter absolutamente sobrenatural do que acontece numa experiência mística. É dele que vem a noção de mística (ortodoxa) realista, uma vez que aceita não só a crítica feita por Pseudo-Dionísio ao conhecimento teológico positivo, como a de Ockham com relação aos limites da linguagem, ao afirmar que a experiência mística acontece em outro registro. A leitura que Palamás faz do Pseudo-Dionísio é de que a razão, de fato, não consegue descrever Deus e a experiência de Deus. Só que do ponto de vista da mística ortodoxa, ninguém está preocupado com esse problema. Isso porque a experiência acontece no plano da prática, dos sentimentos, das emoções, das lágrimas etc., e também por meio da relação com o discípulo (ou discípulos). A fala acerca da experiência se dá sempre ligada ao mundo, à nossa forma de viver, de como construir essa *metanoia* via processo de transfiguração. O problema, portanto, não está na ordem dos conceitos nem no campo da filosofia. Palamás afirmará que a leitura que Barlaam faz do Pseudo-Dionísio é tipicamente ocidental.

Evdokimov, comentando um trecho da *Filocalia*, de autoria de Macário do Egito, afirma que uma alma mística preparada para o contato com Deus é como se Ele fosse fogo e a alma já contivesse o fogo; por outro lado, uma outra alma que ainda não está preparada para o contato místico é como qualquer substância estranha ao calor absoluto em contato com o fogo: arde. É importante observar que a preocupação aqui não se refere a qualquer destruição de caráter psicológico. Na verdade, o que existe é uma similaridade entre a alma do místico e Deus, que é dada pela graça, sendo que o místico, ao ter a experiência, não está nem um pouco preocupado com a crítica cética, passando ao largo dela.

O que Palamás quer dizer é o seguinte: sendo Deus o fogo, é somente fogo o que pode entrar em contato com Ele (o mesmo fogo); o semelhante com o semelhante. Quem não é fogo, não entra em contato com Deus: se afasta, tem medo, pavor, temor e tremor.[88] A postura de Palamás vai no sentido de que Barlaam não conhece Deus.

Podemos, então, perguntar: o que a experiência nos dá no sentido de construirmos uma ideia que chega ao simples modo geométrico? Ou ainda: a experiência nos dá, na condição de seres humanos, a sustentação para fazermos as afirmações tão abstratas da metafísica? De acordo com Ockham, por exemplo, são Tomás de Aquino constrói o modo geométrico a partir da simples dedução, aproximando-se muito mais de um modo geométrico puro do que propriamente da experiência. Já para um ortodoxo, a experiência não nos dá nenhum substrato para a construção do Reino de Deus na história (abstração metafísica degradada), com o foco do final dos tempos; por isso é que a ortodoxia trabalha o tempo todo com a perspectiva de que o Reino se faz aqui, agora, sobretudo no momento em que acontece o êxtase místico. Em outras palavras, a pessoa já está transformada pelo advento imediato do Reino.

Para a ortodoxia, quando estamos dentro da energia incriada, banhando-nos na energia de Deus, a nossa condição de misericórdia (sermos misericordiosos) é o resultado de estarmos próximos de Deus, imersos no "oceano" de Deus. Uma das fortes críticas que Dostoiévski faz ao Ocidente é no que se refere à ideia de que possamos construir um processo salvífico em eixo histórico sistêmico, na imanência, nos moldes revolucionários ocidentalizantes. Na ortodoxia, a misericórdia está muito mais próxima de um sentimento misericordioso imediato, que leva à ação — por exemplo, chorarmos diante do sofrimento, daí a importância das lágrimas —, do que de outra forma, que seria a misericórdia encarnada no movimento de transformação de estrutura da sociedade na história. Assim, a ortodoxia se afasta da ideia de que se possa fazer uma espécie de "compaixão militante" dentro da estrutura social. Pelo contrário: essa forma de interpretar a dimensão da misericórdia afasta a pessoa da ação do Espírito e, portanto, dos desígnios salvíficos de Deus. Daí a concretude da ortodoxia que, às vezes, aparece como algo vago, ingênuo. Na obra de Dostoiévski, isso é muito claro, por exemplo, no personagem Míchkin, que, por ser uma espécie de ícone, na linguagem do autor, atua como figura divinizada imediatamente: nos atos contínuos, nas frases, no que ele realiza. Mas do ponto de vista histórico (sua história de vida construída a partir de seu sistema de atos causais) é um fracasso. O personagem Aliócha não está longe do mesmo fracasso.

Quando, por exemplo, o místico repete a oração de Jesus,[89] de acordo com a teologia ortodoxa, a repetição da frase ajuda o intelecto a se concentrar, pois este se encontra despedaçado pelo mal, decomposto. A partir de tal fragmentação, instala-se a disjunção dinâmica e estrutural. Essa é a condição concreta do ser humano. Por isso, precisamos nos concentrar em algo, para que possamos nos manter distantes da decomposição — que é uma das possíveis figuras do demônio.

É nesse sentido, portanto, que Dostoiévski afirma que os ateus não percebem que a morte não é a principal forma de decomposição, pois esta já aconteceu em vida. E o ateísmo nada mais é do que a aposta na decomposição do indivíduo vivo. Daí sua concepção do ateísmo como a maior tragédia existente no mundo. O niilismo é seu nome conceitual.

4. Palamás e o conhecimento místico[90]

Retomemos a controvérsia teológica entre Gregório Palamás e Barlaam. É preciso relembrar que Barlaam constitui uma espécie de (proto-) representante[91] do humanismo renascentista ou, falando de outra forma, um simpatizante do ockhamismo, muito influente no Ocidente ao longo de todo o século XIV. Barlaam ridiculariza a mística hesicasta afirmando que ela seria uma forma de hinduísmo (orientalismo) no interior da tradição cristã — alegação absolutamente improcedente —, que os místicos ortodoxos seriam uns tolos por ficarem fazendo aqueles exercícios, colocando repetidamente a cabeça entre as pernas e repetindo, com o olhar fixo no nariz, as palavras: "Senhor Jesus, tende piedade de mim".

No entanto, do ponto de vista do místico hesicasta, as práticas que abrangem esses exercícios corporais e esses rituais estão ligadas à própria concepção que a mística ortodoxa, como um todo, tem sobre o mal, a qual se baseia na ideia de que o mal decompõe o ser humano. Essa "decomposição", numa perspectiva antropológica, significa divisão, despedaçamento — basicamente, vontade para um lado e intelecto para o outro, disjunção ontológica. Assim, não importa o teor das palavras; a ideia não é que a frase em si tenha poderes mágicos, como erroneamente afirmava Barlaam, mas, sim, que ela seria — notadamente a sua repetição ritmada — um instrumento de concentração do intelecto. Como o intelecto, por conta da desgraça, passou a ser disperso, despedaçou-se por influência do mal e do pecado, fazendo com que o homem pense uma coisa e faça outra e eliminando a possibilidade de uma verdadeira concentração do pensamento, essas práticas buscam o efeito de impedir que o pensamento do indivíduo em processo de ascese divague e se distraia de seu objetivo. Os monges do Monte Athos costumam dizer que um dos sintomas mais evidentes da ação do mal na psicologia do homem se constitui exatamente nessas tentativas de concentração frustradas. No caso do monge, isso se dá quando ele tenta se concentrar em algum valor ligado à vida do asceta ou à experiência mística propriamente dita e esse esforço não é bem-sucedido: essa é a marca do mal, uma forma segura de identificar a presença e a ação de Satanás no interior do homem.

Uma breve orientação talvez seja importante para o entendimento de alguns termos pouco conhecidos entre nós, latinos, do vocabulário místico ortodoxo. Ainda que Dostoiévski não use a maioria deles em seus textos — a não ser alguns como *starets*, referindo-se a Zósima de *Os irmãos Karamázov* —, conhecer seu significado nos será útil para uma correta compreensão da mística ortodoxa em si mesma e no âmbito da obra dostoievskiana. Assim, tomaremos algumas citações de Palamás, que considero importantes, com o objetivo de fazer um comentário pontual sobre as partes pertinentes para o nosso estudo.

A primeira citação fala da oposição entre Barlaam e Palamás no contexto da controvérsia hesicasta exposta no capítulo anterior. O que fica claro nas posições de Palamás em relação a seu adversário é que, para ele, Barlaam não entende nada de mística; ele estaria confundindo a mística ortodoxa com as discussões abstratas intermináveis da metafísica medieval latina ou com um discurso da ordem da razão natural. Do ponto de vista da razão natural, a mística é absolutamente inacessível, ou seja, por meio da razão natural não se pode falar da mística, entender o que ela é, porquanto a experiência mística, tanto na tradição ortodoxa quanto em outras tradições religiosas, é antinômica. Ela não tem absolutamente nenhuma ligação com qualquer forma de *nomos rationalis*, não podendo ser apreendida ou descrita a partir de nenhuma nomenclatura, definição ou codificação racional, pelo menos não no limite da razão natural. Em sua obra *Triades pour la défense des saints hésychastes*, Palamás descreve o que ele entende por "dom natural": "Os dons naturais são a filosofia e as descobertas da razão [poderíamos acrescentar a ciência] [...]; a mística, diferentemente, é um dom sobrenatural, mistérico" (p. 274).[92]

O que fica claro dessa visão de natureza (e sobrenatureza) é que, para a ortodoxia, a experiência mística é algo que acontece ao lado da razão natural. Quando o movimento da razão natural é bem-sucedido, no máximo pode chegar ao ceticismo: à percepção da circularidade da linguagem, nome epistemológico da miséria cognitiva. Essa citação, além de dividir com certa precisão os campos da mística e da investigação racional, deixa claro que a mística não é uma discussão puramente teológica, mas adentra, também, o problema do conhecimento.

A utilização da palavra "dom" indica, da mesma forma, o respeito que o santo ortodoxo — e a mística ortodoxa em geral — tinha pelo estatuto da razão, suas descobertas e realizações em seu campo de interesse e ação específicos. Palamás não descaracteriza ou desqualifica o estatuto da ciência ou da filosofia; ele está simplesmente dizendo que o conhecimento místico é uma outra coisa — nem filosofia nem ciência: não se refere às descobertas da razão. Não obstante, é preciso lembrar que, diferentemente da moderna (talvez pós-moderna) concepção antropológica ou psicológica, que acredita na razão como o resultado de um processo físico-químico evolutivo, cujo *locus* seria o órgão do cérebro e sua dinâmica, Palamás ainda via o *logos* humano como dom divino (mesmo os pensadores do Renascimento assim o viam).

"Não é combatendo a ignorância em relação aos bens atingíveis pela inteligência, mas combatendo a ignorância sobre Deus, que se tocam os dons sobrenaturais" (p. 192). Mais uma vez, diz Palamás que não é com uma discussão acerca da ignorância ou das dificuldades da razão (partindo do ceticismo ou da miséria cognitiva não se chega a Deus), ou, ainda, acerca dos problemas que se interpõem entre a razão e os objetos que ela porventura queira atingir, que se resolve o "estatuto epistemológico" dos dons sobrenaturais, mas, sim, combatendo a "ignorância com relação a Deus". Essa discussão nos parece tanto mais interessante na medida em que se assemelha ao argumento eliminacionista de Rudolf Otto, isto é, à ideia de que a experiência de Deus é uma experiência que coloca um outro regime de relação com o conhecimento, um outro estatuto cognitivo.

Dado que a nossa concepção atual não admite a religião como um sistema de conhecimento, mas como seu objeto ou, no máximo, como meio de conhecimento interior para um religioso ou para alguém que busque nela significado para a vida, a afirmação de Palamás de que existe uma ignorância com relação às dificuldades da razão e outra com relação a Deus, ao olhar contemporâneo, também não parece consistente. Porque ele está dizendo que somente alguém que tem um conhecimento de Deus ou que não padece de uma ignorância sobre Ele é capaz de saber o que é um dom sobrenatural.

É nesse sentido que podemos dizer que a mística ortodoxa é, na linguagem popular, "curta e grossa", porque afirma de maneira direta a existência de um "sistema" de cognição sobrenatural, o que os ortodoxos chamam de *epignose*, que, em uma tradução aproximada, seria "o sentido de Deus", o sentido do sobrenatural para os medievais, ou aquilo que a partir de Mircea Eliade, já no século XX, podemos chamar de "tato religioso", com a diferença de que a expressão ortodoxa fala abertamente de uma *gnose* como conhecimento direto de Deus: *cognitio Dei experimentalis*.

"A luz tabórica que os apóstolos viram está entre nós" (p. 14). Essa citação nos leva a um dos mais caros temas ou conceitos presentes em toda a obra de Palamás: "retorno sobre si mesmo" ou "retorno em si mesmo" — do qual falam também alguns estudiosos da mística ortodoxa, como Paul Evdokimov. A ideia da luz tabórica, que os apóstolos viam do lado de fora de si, na transfiguração, no corpo vivo de Jesus, transforma-se assim, com a morte e a ressurreição, numa luz interior, uma luz que faz com que o místico se transforme numa pessoa tabórica, causando um processo de transfiguração, de *metanoia* física, ou seja, o contato contínuo com o divino deveria transformar também as feições do místico, seu rosto, gerando nele uma luz estranha, palpável, mas indefinível — lembremo-nos do príncipe Míchkin e de Sônia.

Essa concretude da mística ortodoxa, essa concepção de que a transfiguração é tanto física quanto espiritual, tem motivado, ao longo do tempo, diversas acusações e advertências sobre um suposto exagero das relações corpo-espírito. É dessa forma que o espírito e a luz (tabórica) andam sempre lado a lado na mística ortodoxa; tanto as imagens religiosas pintadas sobre as paredes dos templos e santuários quanto o místico ou o santo são considerados ícones, objetos luminosos de onde emana a energia (luz) do Espírito Santo, as energias incriadas de Deus.

Por isso, quando uma pessoa, num espaço onde estão presentes ícones verdadeiros, faz um movimento como se estivesse batendo a cabeça no ícone, semelhante ao movimento que costumam fazer os judeus ortodoxos diante do "muro das lamentações", ou fala algo ao ícone, ou, ainda, passa a mão sobre aquela imagem, deve-se ter em mente que o fiel acredita estar sentindo efetivamente a presença do divino, sua energia que continuamente se irradia através daquele objeto sagrado. Então o místico é, com efeito, um ícone. O respeito dedicado aos *startsi*, aos grandes sábios, indica que se trata de alguém que carrega o Espírito Santo dentro de si.

É importante ressaltar tal estatuto sobrenatural ou *taborizado* do místico na ortodoxia porque, quando Palamás afirma que, depois da morte e ressurreição de Cristo, a "luz tabórica está entre nós",[93] ele não está querendo dizer que o místico tem a capacidade de ver Deus com seus olhos naturais ou por meio de qualquer atributo sob o regime natural: as energias incriadas de Deus, que correspondem à luz tabórica, sobrenatural, são percebidas com os olhos da *alma*, que é, no recôndito de sua substância, de origem e estatuto sobrenaturais, permeável ao sobrenatural.

Barlaam, por sua vez, insistia que o conhecimento místico é impossível porquanto só existe conhecimento no registro da percepção sensorial, segundo a doutrina do próprio Aristóteles. Fora do registro sensorial, restariam somente as abstrações, os "universais" desprovidos de qualquer realidade intrínseca, como ensinava o nominalismo ou terminismo de Guilherme de Ockham. Juntando Aristóteles com o Pseudo-Dionísio, isto é, com a leitura do Pseudo-Dionísio como alguém que faz uma metafísica (negativa) abstrata e estabelece uma espécie de cânone epistemológico acerca da impossibilidade do conhecimento de

Deus — diferentemente da leitura de Palamás, o qual considera que escritos do santo ortodoxo foram produzidos a partir de uma experiência mística —, Barlaam afirma a total incognoscibilidade de Deus. Ao fazer essa afirmação no século xiv, Barlaam é como que um dos precursores de uma tradição de pensamento caracteristicamente moderna, que "tapa" o sobrenatural ao olho humano e elimina qualquer possibilidade de porosidade ao sobrenatural.[94] A relação do homem com Deus, para Barlaam, nunca se dá de forma imediata: ou é mediada pelas autoridades instituídas ou pela letra da revelação.

Palamás, ao contrário, argumenta que Deus é, de fato, totalmente transcendente, incognoscível, sobrenatural, inatingível, não se tem ideia do que Ele seja, mas o que o místico experimenta são as emanações de suas energias incriadas, uma ideia muito próxima da de Espírito Santo. Além disso, se Deus se fez carne na pessoa de seu filho, Jesus Cristo, de alguma forma existe uma possibilidade de comunicação entre o homem — inclusive em sua corporeidade — e as energias incriadas de Deus. A esse respeito, uma crítica muito profunda que Palamás vai dirigir à concepção latina da graça, em especial a santo Agostinho, é que, ao contrário do que costumam pensar os latinos, a graça não é uma coisa agregada, acoplada à natureza humana; mas a própria natureza humana é, na verdade, sobrenatural, e sua "natureza natural" é que lhe é agregada.

Essa concepção da origem e do estatuto sobrenaturais do ser humano se desdobra em dois aspectos aparentemente contraditórios: de um lado faz da ortodoxia uma religiosidade e uma mística otimistas, na medida em que afirma a possibilidade de salvação tanto do homem e seu corpo quanto do mundo; de outro lado, essa mesma possibilidade de salvação só se dá na dimensão da absoluta Transcendência: tanto o corpo quanto a alma, bem como a natureza, só são efetivamente salvos, isto é, só se redimem eficazmente do pecado e da queda em que estão imersos por meio de uma imersão contrária, no sobrenatural, a partir de uma transfiguração, de sua *taborização*. Para a ortodoxia, assim como para Dostoiévski, não há salvação no regime da natureza. Nas palavras de Evdokimov, "não há solução para a condição humana no regime da imanência".

Voltando ao conceito de "retorno sobre si mesmo", Palamás diz que o "helenismo platônico" ou o "espiritualismo platonizante" (ele usa os dois termos indistintamente) desconhece que o chamado espírito ou a chamada alma humana não é igual a Deus. Assim, na sua visão, é um entendimento errôneo esse que identifica tudo o que é imaterial a Deus, esse dualismo platônico que demarca e separa rigidamente a dimensão sensível da suprassensível (alma e espírito), colocando o corpo num estatuto ontológico inferior à alma. Segundo Palamás, a tradição bíblica nos ensina[95] que tanto a alma quanto o corpo são distintos de Deus; ele acredita que, não obstante a distância fora de qualquer proporção que os separa, tanto a alma quanto o corpo são capazes de Deus. Na sua visão, a identificação proposta pela filosofia grega do espírito ou da alma suprassensível e imaterial com Deus leva — como de fato levou — a uma tendência de naturalização do transcendente, exatamente a definição do que ele chama de "espiritualismo platonizante". Na realidade, o que está em jogo nessa crítica de Palamás aos princípios da filosofia grega é a afirmação de que os gregos — e aqueles que os seguiram[96] — jamais compreenderam a ideia (de origem judaica) de sobrenatural, comumente confundida com a simples metafísica e seu primado da forma.

Palamás considera que alma e corpo são criados enquanto Deus é incriado. O fato de Deus encarnar em um homem está ligado ao mistério da condição humana, uma criatura originalmente sobrenatural que, com o pecado e a queda, foi jogada na dimensão da natureza. Na medida em que a antinomia faz parte do caráter sobrenatural das coisas, a manifestação de Deus, a mística, como nos diz Evdokimov, não é da ordem da lógica, e sim evidencial. Acima de tudo, a mística ortodoxa trabalha o humano sempre em dois registros diferentes: o da natureza e o sobrenatural, dimensões que por vezes se tocam (o amor ou a transfiguração tabórica do natural), mas que não têm proporção, não têm termo de comparação uma com a outra.

Um outro erro apontado por Palamás no cristianismo helenizado, intimamente ligado a essa confusão entre metafísica e sobrenatural, é entender que a semelhança entre Deus e homem, da qual fala o Gênesis (a ideia de que o homem é feito à imagem e semelhança de Deus), esteja na alma (alma racional — na linguagem de Agostinho, *mens*). Assim, alma e Deus seriam iguais; depois da morte o corpo se desintegraria e a alma se misturaria a Deus. Para Palamás, a ressurreição inclui corpo e alma. Essa colocação tem sua raiz na tradição judaica, para a qual a semelhança entre homem e Deus não está no regime da alma, e sim no sobrenatural: trata-se do conceito de homem *absconditus*, de uma natureza humana que não está na alma criada, mas é incriada e sobrenatural, cognoscível apenas através da *gnose* própria da experiência — a *epignose* — e nunca da racionalidade.[97] A experiência mística implica, assim, num rapto do intelecto, numa cooptação do intelecto com a entrada do homem num outro registro, fora do intelecto, da linguagem e de tudo o que está compreendido no universo do conhecimento tal qual o concebemos.

Palamás diz, assim como Heschel, que por trás do mistério existe a concretude e a misericórdia, isto é, quando Deus se manifesta diretamente a alguém, a experiência da misericórdia é totalmente concreta. É dessa manifestação evidencial de Deus, absoluta e concreta, que advém a alegria da ortodoxia que Barlaam vai apontar como ingênua, infantil. Essa ingenuidade aparece de forma acentuada na obra de Dostoiévski na inocência da criança, nessa dimensão absolutamente divina que há nela: a criança como figura de sofrimento gratuito, absurdo, ou como alguém que é capaz de passar essa espécie de energia. Alieksiéi Karamázov, por exemplo, que é um homem de Deus, termina entre as crianças. O príncipe Míchkin, protagonista de *O idiota*, diz: "Vocês acham que sou um idiota porque pareço ingênuo". Do ponto de vista da ortodoxia, as energias incriadas são algo que aparece, que não se deduz do mundo em que se vive, mas que lhe é agregado no sentido de que aparece no mundo "vindo de fora dele".

Além dos termos já comentados, há alguns outros cujo significado é importante esclarecer para que possamos entender as relações entre a ortodoxia e a obra de Dostoiévski. O primeiro é a já mencionada *metanoia* — comumente traduzida como "conversão" —, que exprime uma ideia de transformação como divinização. É possível considerar que a *metanoia* acontece ao longo de toda a vida do místico ou somente a partir do início de suas experiências sobrenaturais.

Um traço muito importante da mística ortodoxa é que ela é marcadamente *ontológica*, não no sentido da mística eckhartiana, num primeiro momento intelectualista, mas no contexto de uma concretude evidencial. Para a ortodoxia, a experiência mística, a conversão ou a *metanoia* (a divinização progressiva do homem) não implicam num sistema de virtudes, mas numa dinâmica disparada no indivíduo pela presença continuada de Deus. O indivíduo encontra Deus — no sentido forte da palavra —, e esse encontro instaura nele uma dinâmica específica que é designada como *metanoia*. Daí atribuir à ortodoxia a característica de "ontológica", porque a experiência do sobrenatural implica numa transformação profunda e concreta do ser do indivíduo. Portanto, nunca devemos pensar na mística ortodoxa como um código moral, na medida em que ela não diz respeito a critérios, mas é da ordem concreta da evidência: do encontro ou da experiência que dispara uma dinâmica que continuamente transforma, ou transfigura, ou converte o ser do indivíduo em todas as suas dimensões e definitivamente, causando um transtorno ontológico à economia meramente natural.

Não é a discussão sobre ética que coloca o indivíduo na experiência de Deus, mas a experiência de Deus que coloca o indivíduo em Deus, concretamente, por si mesma.[98]

Outro termo importante para nós é *acédie*,[99] aquilo que os ortodoxos conhecem também pelo nome de "demônio do meio-dia", um tédio profundo, tanto físico quanto psicológico, que acomete o místico nos momentos em que ele não está em contato com Deus, e que se acredita ocorrer com mais frequência ao meio-dia. A noção tem origem na mística do deserto de santo Antão e serve para indicar uma das manifestações concretas de Satanás, que tenta de todas as formas afastar o místico de sua imersão no divino. A *acédie* se apresenta como uma corrosão fortíssima do ânimo e do tônus do monge em exercício de concentração, um tédio perigoso e insuportável, uma indiferença maligna em relação a tudo, que se instala na alma do monge nos intervalos entre as visitações de Deus.

Outra palavra a ser considerada é *néptico*, uma forma diferente de se referir aos indivíduos tabóricos. Os "pais népticos" são os indivíduos tabóricos que ensinam, que falam, que se comunicam com os outros, como Zósima.

O termo *filocalia* também é fundamental. Significa literalmente "amigos da beleza". A ortodoxia entende a própria tradição mística transposta em texto como *philocalia*. A ideia de que Deus se manifesta pela beleza é muito forte na mística ortodoxa. Quando Evdokimov discute a questão da beleza na religião, e a do ícone em particular, critica com muita veemência os princípios da arte moderna ocidental, sobretudo o abstracionismo. Ele diz que, na realidade, o ícone não é uma arte, no sentido em que nós ocidentais entendemos o termo. Na teologia icônica, além do artista e da obra, considera-se sobretudo a participação de Deus. Temos, assim, uma relação de três elementos: o artista — o monge místico que pinta —, a matéria que é transformada e Deus, que ali se manifesta. Para Evdokimov, portanto, é muito claro que o ícone não é propriamente arte, mas um "buraco do Transcendente", um espaço por onde Deus se manifesta com suas energias incriadas, onde se sente ou vê (com os olhos da alma) a Sua presença. Do ponto de vista específico da teologia ortodoxa, o ícone é resultado de uma inserção do Transcendente naquilo que nós, ocidentais, chamamos de arte. Desse modo, Evdokimov acredita que a arte ocidental vai se extinguindo exatamente na medida em que essa sua relação fundamental com o Transcendente vai sendo abandonada. No limite, a verdadeira arte é sacra.

O termo *teóforo* indica a manifestação, a expressão de Deus, principalmente nas pessoas. Já *pneumatóforo* indica a manifestação do Espírito Santo no sujeito. É o termo que originalmente designa o místico, através de quem se manifesta o espírito, o *pneuma*.

Compuction[100] designa o estágio no qual a alma vai se tornando terna, carinhosa, delicada com a continuidade das visitações sobrenaturais, cuja primeira manifestação é o dom das lágrimas, aquilo que Evdokimov indica como o "sentimento do filho pródigo", o sentimento do retorno. Um dos afetos típicos e primeiros da manifestação de Deus, segundo a ortodoxia, é que o indivíduo que tem essa experiência se sente como o filho pródigo de volta à casa paterna, sente que está retornando a Deus. João Clímaco, ao falar dos degraus da experiência mística, diz que o dom das lágrimas é fundamental inclusive porque as lágrimas liberam o líquido que está dentro do corpo e que é responsável, em certo grau, pelo desejo sexual, por exemplo.[101]

Existe uma verdadeira discussão médica na ortodoxia acerca do dom das lágrimas que afirma, entre outras coisas, que o choro tem o efeito físico de "curar" o indivíduo em ascese de seus desejos naturais. Existe, da mesma forma, uma distinção entre as lágrimas que são vertidas em nome da própria miséria e aquelas que se ligam à presença de Deus, estas últimas relacionadas ao processo de *compuction* da alma. A ideia essencial da *compuction* é sua gratuidade, sua analogia com a graça divina. O dom das lágrimas se caracteriza por um choro compulsivo, contínuo, completamente sem controle, identificado pela ortodoxia como um estágio inicial da *metanoia* (o terceiro estágio) e altamente indicativo de que ali há a presença do sobrenatural: choro ocasionado pelo retorno à casa paterna e sem objeto psicológico definido, na verdade provocado pela presença de Deus, pelo estar frente a frente com Aquele que não tem medida nem proporção com o indivíduo. O dom das lágrimas é uma manifestação concreta da ingerência da graça divina na economia ontológica transtornada do indivíduo.

Mistagogia é a sabedoria que leva o indivíduo ao conhecimento dos mistérios.

É importante, ainda, ressaltar que se apresentamos aqui os textos da mística ortodoxa de maneira fragmentária e não sistemática é porque a ortodoxia não admite sistematização: o conhecimento da mística, como já dissemos, é da ordem do evidencial. Segundo Evdokimov, o estudo da mística consiste no estudo daquilo que os místicos nos tentaram comunicar de suas experiências. Para a ortodoxia, a sistematização é uma estratégia do conhecimento produzido a partir do ponto de vista da razão natural, da queda, que, como dissemos, nada tem a ver com o conhecimento sobrenatural da experiência mística. Os místicos ortodoxos pressupõem que o interlocutor compreenda, a partir de sua própria experiência, o discurso produzido a partir da experiência de quem está falando. Aquele que tentar compreender o discurso pela sintaxe de uma sistematização estará se condenando a um completo fracasso cognitivo.

5. Evdokimov e a antropologia ortodoxa[102]

Para tratar da antropologia ortodoxa utilizaremos um capítulo de *L'Orthodoxie*, de Paul Evdokimov, especificamente dedicado ao tema. A esse propósito, vale lembrar aqui de alguém muito importante na tradição mística da ortodoxia russa, o monge Ignatius Briantchaninov,[103] um *starets* do século XIX que enfatizou bastante em sua obra a questão do sofrimento e do mal. Ignatius é comumente considerado o místico mais contundente da tradição ortodoxa russa, um pouco à margem da "alegre" corrente tabórica dominante. Em sua obra principal, *Introduction à la tradition ascétique de l'Église d'Orient*, que se constitui efetivamente numa espécie de *collatio* medieval, uma conversa entre mestre e discípulos, ele expõe os preceitos necessários para uma vivência autêntica da "prece pura", a prática espiritual do Monte Athos, utilizando um vocabulário bem típico da ortodoxia russa do século XIX.

Como já comentamos anteriormente, a ortodoxia — e isso é algo que se deve ter sempre em mente ao abordá-la — não constitui um pensamento sistemático. Ela não visa a montar um sistema, uma arquitetura com uma referência ou referências estritas, que a todo momento demarquem o campo de investigação do ponto de vista da razão natural. O pensamento ortodoxo não funciona como uma tentativa de montar um esquema de categorias rígidas, mas como um conjunto de descrições, impressões, falas — o que dá a alguns o sentimento de que se trata de um texto meramente impressionista. Todo texto da ortodoxia será sempre marcado por esse caráter, que os *latinos* costumam classificar como vago, onírico, obscuro. Uma possível exceção pode ser a obra de Paul Evdokimov, que escreve para o Ocidente, para um público de formação latina. No entanto, quando comparado a Briantchaninov, ele parece excessivamente sistemático para os padrões tradicionais.

Esse caráter "vago" e obscuro dos textos ortodoxos se deve ao fato de os cristãos orientais acreditarem que, quando se fala de Deus, do sobrenatural, do oculto, o discurso deve necessariamente adequar-se à natureza largamente inapreensível do assunto. O discurso da ortodoxia é, dessa forma, uma tentativa de descrição de uma experiência ou de um contato com o sobrenatural numa linguagem não somente razoável, mas orientada pela evidência experimentada. Na ortodoxia, assim como na patrística, só fala de Deus quem vê Deus. O que Evdokimov diz de santo Antão, por exemplo, é que este só fala daquilo que vê, e o que ele vê é Deus. Se pensarmos em seguida em outros exemplos, como são Gregório de Nissa ou são João Clímaco, ou mesmo em Simeão, o "novo teólogo", todos eles autores da patrística e da ortodoxia (inclusive são Gregório Palamás), fica muito clara essa ideia epistemológica central da ortodoxia de que só se pode falar do que se sabe por experiência própria.

A primeira referência de Evdokimov aos padres do deserto, para a qual eu gostaria de chamar a atenção, é a sua afirmação de que o monaquismo teria sido uma "revolta contra o caos do Império cristão" (entenda-se Império Romano). Essa afirmação é particularmente interessante pela indicação que fornece acerca do espírito da ortodoxia, uma religião que estará sempre em relação de antítese com qualquer forma de sistematização, inclusive aquela baseada em hierarquia institucional. Mesmo dentro da Rússia, quando começou a haver uma relação direta entre Igreja Ortodoxa e *tsar* (leia-se Estado), sempre existiram correntes que contestavam essa união. Assim, a relação da ortodoxia com o Estado é sempre complicada. Nas palavras de Evdokimov, "para a ortodoxia, não existe saída na imanência", portanto não existe saída no regime da natureza, não existe saída no regime da razão natural, não existe saída no regime da política, não existe saída no regime do Estado. A repetição monótona vale pela necessidade imperativa da crítica a qualquer apologética do regime da imanência.

Consequentemente, a ortodoxia não investe na ideia de história (o próprio Dostoiévski, com sua inspiração profunda na ortodoxia, foi sempre tachado de reacionário toda vez que tentou fazer algo parecido a uma filosofia da história). A própria história de Bizâncio, que é um fracasso como império, testemunha esse fenômeno de indiferença para com o regime da natureza: imperadores incompetentes, polêmicas teológicas tão inúteis quanto infindáveis etc. — ou seja, Constantinopla, na qualidade de "Império Ortodoxo", já traz em si esse mau casamento entre religião ortodoxa e Estado. A denominação mesma do patriarca da ortodoxia russa como o "Patriarca de Constantinopla" já deixa claro como a ortodoxia está distante da realidade, pois Constantinopla, na prática, já nem sequer existe. Enfim, a ideia que está por trás de todas estas considerações é a desconfiança essencial da ortodoxia em relação à imanência.

Como exemplo claro desse "horror" à imanência instrumentalizada em princípio redentor, Dostoiévski, em *Os demônios*, faz uma brilhante análise das raízes da Revolução Russa; é por causa desse texto, aliás, que passam a acusá-lo de reacionário, pois aí ele faz uma análise da atuação dos primeiros grupos revolucionários para chegar à equação: revolução igual a niilismo. Para ele, toda atitude racional que quer tomar a história do ser humano nas mãos está condenada a desaguar no relativismo e, finalmente, na tragédia do niilismo absoluto, a total falta de valores e critérios.[104] Com efeito, o que o escritor faz em *Os demônios* é igualar o relativismo histórico, sociológico e político à ação do demônio, o que já é um tanto extemporâneo e anacrônico (reacionário, vale dizer) no século XIX.

Para Evdokimov, o monaquismo é fundamental para a compreensão da ortodoxia, ou seja, a mística é fundamental para entender a ortodoxia. O monaquismo ortodoxo é marcado por uma espécie de "conflito harmônico" entre a tradição de Antão e a de Pacômio, isto é, entre as correntes eremita e comunitária. Os adeptos de Antão costumam argumentar que a vida comunitária esvazia a prece; os partidários de Pacômio alegam que a absoluta solidão esvazia, por sua vez, a percepção da presença de Deus no outro. É na dicotomia entre essas duas correntes que a tradição monástica e mística da ortodoxia procura se harmonizar.[105] O monaquismo é compreendido, no contexto da ortodoxia, dentro daquilo que Evdokimov chama de "maximalismo" da vida religiosa: o monge ortodoxo é aquele que declara guerra ao mundo, este compreendido no seu sentido mais radical. Ele declara guerra contra a fisiologia humana, contra a política, enfim, contra tudo o que existe de humano no homem, em nome daquilo que há de divino. Por isso Evdokimov vê o monaquismo ortodoxo como o oposto do que ele chama de "minimalismo religioso": uma vida religiosa fundada apenas em imperativos éticos historicamente construídos ou na crença de que o ser humano conseguirá se redimir sozinho no decorrer do processo histórico, ou, ainda, a afirmação de uma ética consensual ou historicamente construída sem o alicerce do absoluto que marca a moral religiosa — enfim, toda e qualquer tentativa de substituir a religião pela história, o que ele considera típico do Ocidente contemporâneo.

Para nós, essa oposição entre "maximalismo" e "minimalismo" religioso serve para ver, desde um ponto de vista privilegiado, a atitude radical do monaquismo e a sua posição central no seio da ortodoxia, assim como a importância daqueles monges, daqueles indivíduos "loucos" — no linguajar da ortodoxia, os "atletas de Deus", indivíduos que vivem num constante combate em busca da *metanoia*. A esse respeito Evdokimov tem uma frase muito interessante: "O monge é visto como alguém que busca o impossível", o que, em sua visão, representa exatamente o "maximalismo" do qual falamos. O indivíduo religioso que não busca o impossível ou o improvável encontra-se no contexto de um "minimalismo religioso": inútil.

Qualquer forma de institucionalização, de hierarquização, qualquer instrumento concebido com o propósito de "certificação" do sagrado sob uma argumentação ao estilo imanentista, isto é, que parte do pressuposto de que o ser humano é suficiente para dar conta do sagrado, para assegurar a presença do sagrado e a validade de suas próprias criações, é, para a ortodoxia, apenas um projeto vão no que diz respeito ao sobrenatural, o campo exclusivo da religião. Essas duas categorias definem muito bem, portanto, a oposição entre um cristianismo latino (do ponto de vista do cristianismo oriental) e o cristianismo ortodoxo.

Ainda no campo da antropologia ortodoxa, Evdokimov afirma que "o pecado mais temido pela ortodoxia é a *auto-pistis*" (literalmente, "fé em si mesmo"), que ele traduz como "suficiência". Trata-se da ideia do ser humano como um ser suficiente, concebido no contexto exclusivo da "natureza natural".[106] Para

98 Luiz Felipe Pondé

a ortodoxia, o homem é um ser sobrenatural ao qual a natureza é agregada, e não o contrário, ou seja, um ser natural ao qual a sobrenatureza seria agregada. Os ortodoxos comumente identificam tal erro teológico com o cristianismo latino, que supostamente veria a graça como algo "vindo de fora", algo sobrenatural colado ao ser humano natural. Nesse sentido, é interessante notar que a ortodoxia encara a religião e o sobrenatural como o espaço do bem, enquanto o mal encontra-se ligado ao regime da imanência, ao que é deste mundo ("o inferno é aqui"). É assim que o ortodoxo acredita na existência do demônio — não como símbolo, mas como materialidade.[107] A desgraça significa, em última instância, justamente o destino desse ser sobrenatural condenado a viver na dimensão natural que não é a dele.

O combate do monge é, assim, invisível por natureza. Segundo Evdokimov, o monge habita um mundo em que ele vê coisas que não são vistas pelos homens comuns, isto é, por aqueles privados da experiência mística. Assim, o monge está em constante combate com coisas que os outros não veem, mas que ele percebe, que ele pressente. Essas coisas que não são vistas devem ser compreendidas como figuras do demônio, uma força que a todo tempo trabalha para convencer o homem de que ele é um ser de natureza. O imanentismo naturalista ocidental é, nesse sentido, a vitória intelectual demoníaca, e Petrushka e o inquisidor, seus profetas.

Como vimos, essa ideia de que o demônio se manifesta no conhecimento que busca a objetivação do mundo e do outro é de fato muito forte, porquanto coloca no foco da crítica toda uma sociedade baseada na busca de conhecimento objetivo. Além disso, ela descarta qualquer tentativa de reintegração racional daquilo que aqui é denominado de mal. Do ponto de vista ortodoxo, a ideia de objetivação, de análise mesmo, está sempre associada à ideia de decomposição, que é em si o mal em movimento, a sua própria ação. A imagem da morte também está estreitamente associada, na mente ortodoxa, à ideia de decomposição. Objetivar o mundo significa decompor o mundo, despedaçá-lo, assassiná-lo. É por isso que Evdokimov considera Dostoiévski brilhante quando mostra seus personagens em constante decomposição, indivíduos que vão paulatinamente perdendo a capacidade da síntese sobrenatural[108] e morrem em vida,[109] à medida que buscam a objetivação conceitual de si mesmos.

Evdokimov articula, ainda, uma outra oposição entre o que ele chama de "asilo na ignorância" ou "obscurantismo" e o "obscuro apofático". O "asilo na ignorância" se refere ao estado da pessoa que, desprovida de vivência mística, tenta compreender o discurso do místico que viveu uma experiência sobrenatural. Quando alguém como Barlaam, por exemplo, critica a *cognitio Dei experimentalis* (o conhecimento experimental de Deus ou a experiência mística) e alega sua inexistência baseando-se no fato de que ela transcende os limites da razão natural, pode-se dizer, a partir de Evdokimov, que ele está num estado de "asilo na ignorância", o que significa estar na ignorância de Deus, não conhecer Deus. Outra coisa é o que ele chama de "obscuro apofático", ou *docta ignorantia*, uma apropriação do famoso conceito de Nicolau de Cusa (1401-1464), referindo-se à condição do místico como a de alguém que tem consciência de sua própria ignorância, de sua incapacidade de transmitir com precisão aquilo que experimenta, mas que conhece Deus.

Nesse sentido, a ortodoxia me parece um sistema de pensamento que coloca de forma muito concreta o seguinte problema: existe um regime de conhecimento onde ocorre uma *gnose*, um conhecimento direto de Deus, em oposição ao qual aquele que não conhece se encontra num estado de "asilo na ignorância". O "obscuro apofático" só pode ser vencido por aqueles que estão no "asilo na ignorância" por meio de uma experiência direta de Deus, como testemunha a patrística, com indivíduos como são Gregório de Nissa e outros. Só é possível ultrapassar a ignorância por meio de uma experiência direta do sobrenatural. Assim, se o indivíduo vive segundo a revelação, segundo o código, ele tem uma vivência diferente daquele que tem o conhecimento direto de Deus. É neste sentido que Evdokimov diz que o estudo da mística consiste no estudo de indivíduos que veem e exprimem aquilo que veem. O estudo da mística, portanto, não é o estudo de uma categoria geral ou universal, mas, sim, daquilo que os místicos relatam.

Essa ideia é interessante na medida em que se aproxima da ideia de ciência empírica, experimental, que concentra suas investigações fundamentalmente sobre casos singulares. Não existe um método ou uma lei que valha para todos ou para a maioria dos casos indistintamente. Assim como a ciência experimental, o estudo da mística, segundo Evdokimov, é marcado até certo ponto por um caráter experimental e não transmissível, cujos dados limitam-se àquilo que os místicos contam a respeito de sua experiência, mas sem a perspectiva de que o que vale para um valha para outro. Não obstante a recorrência dessa ideia da mística como uma ciência experimental, ela não implica na ideia correlata de "experimentalismo", categoria típica da ciência experimental moderna, segundo a qual experiências semelhantes devem necessariamente reproduzir resultados ou conteúdos semelhantes. Na ortodoxia, ainda que semelhanças formais possam ser constatadas, cada experiência está ligada a conteúdos únicos e intransferíveis; conteúdos que se constituem em variáveis sem controle epistemológico.

Evdokimov observa que essa experiência direta de Deus dispara no indivíduo uma dinâmica passível de observação e descrição. Ele considera um erro pensar que a experiência direta de Deus, qualquer que seja sua forma ou conteúdo, sirva para fornecer ao indivíduo um sistema de virtudes, um código de conduta articulado e o consequente entendimento de que ela se constituiria, desse modo, numa espécie de revelação moral. Diferentemente, ele vê como efeito dessa experiência um transtorno (no sentido de transformação radical) na economia ontológica, no equilíbrio psíquico atual do indivíduo que a ela foi submetido, exatamente aquilo que a ortodoxia vai designar como *metanoia*, um caso específico de *theandrismo*. Reduzir o resultado da experiência de Deus a um código psicológico, por exemplo, seria o equivalente moderno da redução dessa experiência a um molde dogmático, a um código moral específico. Isso não quer dizer, é claro, que a ortodoxia vise a retirar todo o conteúdo ou as implicações morais ou éticas que possam estar ligados à experiência; deseja-se apenas ressaltar as dificuldades inerentes à sistematização ou normatização do conteúdo sobrenatural que dá origem a esse transtorno, a essa transformação.

O acento de Evdokimov ao abordar a mística é, portanto, muito mais ontológico do que propriamente ético. Um *starets* certamente irá se utilizar de imagens e situações bíblicas em sua pregação ou mesmo na descrição de sua experiência. No entanto, quando se tratar de explicar, digamos, como ele entende o preceito "amar o próximo como a si mesmo", sua explicação poderá a muitos parecer completamente absurda. Seja como for, a ortodoxia tem uma antiga tradição de problemas com a normatização das "visitações sobrenaturais", seja em nome da ética,[110] da psicologia, da filosofia etc.

102   Luiz Felipe Pondé

Comentando a obra de Simeão, o Novo Teólogo, Evdokimov observa que o conhecimento de Deus jamais pode ser teórico; só é possível conhecer Deus quando se "está em Deus" (caráter experiencial e vivencial). Na realidade, pode-se dizer que a ortodoxia constitui-se de variações sobre o mesmo tema: uma reafirmação contínua do conhecimento de Deus como experiência e somente como experiência. Partindo desse princípio primeiro, Evdokimov vai afirmar que quando o indivíduo está fora de Deus, no "asilo na ignorância", ele está submetido à lei da natureza, e aquele que está sob o domínio da natureza sofre do que ele denomina "complexo de mortalidade". Esse complexo de mortalidade, de acordo com o teólogo russo, consiste numa força que leva o indivíduo asilado na ignorância a lutar para permanecer em sua condição de mortal, ou seja, continuar sob o jugo da lei da natureza.[111]

Essa reflexão me parece particularmente significativa porque ilustra de modo exemplar o caráter de maximalismo religioso da espiritualidade ortodoxa, uma espiritualidade constituída de ideias, proposições e exigências radicais, sobre-humanas mesmo, parecendo por vezes não levar em conta as limitações comumente associadas com a condição do homem. O que Evdokimov realmente quer dizer é que o problema de continuar existindo sob a lei da natureza é que o ser humano pensa, com isso, por exemplo, que a morte é o fim de sua vida, enquanto aquele que está em Deus, que vive a sua "sobrenatureza", sabe que a morte é apenas algo que está ali para ser ultrapassado, um obstáculo inerente à queda primordial, o evento mesmo que provocou a condição atual do homem de viver sob o domínio da natureza.

O maximalismo religioso é, dessa forma, uma tentativa de assumir o olhar do Transcendente — um esforço descomunal, deve-se reconhecer. Temos, assim, mais uma variação sobre o tema que se repete o tempo todo: "Fora de Deus não há solução". Fora de Deus, ao homem só é possível repetir pateticamente, numa série infinita, o caminho (sem saída) da lei da natureza. Para nós que vivemos numa época "abençoada" pelas benesses da natureza e pela multiplicação vertiginosa de técnicas desenvolvidas para manipulá-la, transformá-la, melhorá-la, é fácil constatar essa repetição do caminho da lei da natureza na preocupação exagerada do indivíduo contemporâneo com a saúde e a juventude do corpo; no projeto de manter eternamente a operacionalidade biológica do corpo, muitas vezes à custa da própria maturidade psicológica ou espiritual, um processo que termina por construir e consolidar um ambiente de retardamento mental alegre,[112] um projeto que busca, enfim, a imortalidade dentro da lei da natureza, sua eternidade podre. Considerando que, na visão ortodoxa, o natural é o reino da decomposição, o investimento contemporâneo no caminho da natureza só pode redundar na contínua reencenação de uma tragédia anunciada.

O pensamento da ortodoxia se estrutura num diálogo contínuo com a patrística. Por exemplo, Evdokimov vai buscar em Clemente de Alexandria (150-215) a proposição de que o "contato com Deus altera a inteligência", isto é, a inteligência começa a funcionar de outra forma, uma ideia correlata àquela da experiência mística como um "transtorno" da economia ontológica do indivíduo que a ela é submetido. A ideia original de Clemente dá conta de uma assimilação de todas as dimensões da vida do indivíduo ao conteúdo transcendente da experiência mística. Todas as dimensões da vida do indivíduo vão sendo paulatinamente assimiladas à experiência, passando a funcionar num outro registro, a inteligência inclusive. Não se deve entender com isso que o indivíduo, ao ser exposto ao sobrenatural, torne-se completamente inapto para a vida no mundo.

O que acontece é que ele vive num outro mundo, existindo e agindo no mundo da natureza sob um outro registro que não o registro natural.

A ortodoxia pensa a experiência do sobrenatural acima de tudo como misericórdia, misericórdia primeiro pela própria miséria e em seguida pela miséria do outro. A materialidade da experiência direta de Deus é, para a ortodoxia, pura misericórdia,[113] um outro nome para o amor. Nesse sentido, as obras de Dostoiévski parecem indicar que o amor é, de todas as coisas observáveis em meio à natureza, a única que conserva intacta sua origem sobrenatural (Sônia é um exemplo claro disso). Evdokimov, comentando Dostoiévski, diz que a condição de possibilidade de as palavras fazerem sentido é que se ame a pessoa para quem se fala. O que ele parece estar dizendo (mais especificamente sobre Aliócha, de *Os irmãos Karamázov*) é que a única possibilidade de a pessoa não ser decomposta pelo mecanismo inevitável do mal que é a natureza, tal como se encontra (a natureza não tabórica), é sendo amada. Só no amor a pessoa se constitui num sujeito para quem a ama; quando não se ama uma pessoa, ela necessariamente não existe, e o que ela fala não faz sentido, não tem significado. Na obra de Dostoiévski, essa ideia do amor é muito forte. A experiência direta de Deus, a experiência religiosa, materializa-se no mundo como amor. Tal experiência implica no reconhecimento da liberdade radical da alma, tanto a alma do próprio místico quanto as almas dos outros, o reconhecimento de que todos são sujeitos — e esse reconhecimento é amor, *caritas*, amor incondicional, o amor de Deus. A polifonia dostoievskiana encontra aí uma de suas inspirações teológicas.

A esta altura, seria conveniente reforçar algumas proposições de Evdokimov sobre a visão ortodoxa da mística: a) na mística não existe nenhum critério lógico, apenas evidencial: da ordem da experiência e não da inteligência; e b) o conhecimento direto de Deus é do tipo antinômico, isto é, um conhecimento onde não cabe *nomos*, normatização ou sistematização.[114]

Quando o ortodoxo afirma que a experiência direta de Deus se manifesta numa misericórdia gigantesca, é porque ela se caracteriza por uma sensação esmagadora de misericórdia. E o ortodoxo não faz tal afirmação porque é assim que a Bíblia prescreve ou porque é assim que se deve necessariamente inferir. A misericórdia aqui é simplesmente um sentimento que se impõe pela experiência, um conceito de ordem evidencial, no jargão de Heschel, e não um preceito lógico ou abstrato.

Resumindo, segundo Evdokimov, a razão é "deífuga", isto é, o discurso não contém e não pode conter Deus: querer enquadrar Deus ou os indivíduos que conhecem Deus ou a fala desses indivíduos nos esquemas da razão significa, na verdade, fugir de Deus.

6. A razão deífuga e a liberdade do homem

A ideia de razão deífuga de Evdokimov, isto é, de que a razão afasta o homem de Deus, é bastante recorrente na obra de Dostoiévski, e seu exemplo máximo é Ivan Karamázov, de *Os irmãos Karamázov*, embora também se apresente em Raskólnikov, de *Crime e castigo*. Ivan Karamázov representa o exercício puro dessa razão que vai enlouquecendo o sujeito e, à medida que o enlouquece, vai afastando-o de Deus.

Um autor como Evágrio, grande expoente do pensamento ortodoxo, diz que, na verdade, a relação com Deus na experiência mística, a contínua exposição do indivíduo a Deus (a ideia de que o indivíduo é continuamente exposto às "energias incriadas de Deus", não à sua essência, como esclarece Palamás), gera um abismar-se: o ser humano vivencia a si mesmo como um abismo, imagem muito presente em Dostoiévski. Ao ler suas obras, tem-se a sensação de estar, o tempo todo, indo ladeira abaixo. *Memórias do subsolo*, por exemplo, é uma verdadeira descida ao inferno; com efeito, a imagem do subsolo é uma metáfora do inferno. Apesar de ser possível aproximar a imagem do subsolo ao inconsciente psicológico, o que é feito com frequência, o homem do subsolo é aquele que tem a sua verdadeira condição sobrenatural reprimida,[115] ou, para usar um termo genuinamente dostoievskiano, é aquele que está "exilado" de sua condição sobrenatural.

Ao dar a palavra ao "homem do subsolo", Dostoiévski aponta para o fato de que essa fala já significa um processo de resgate dessa desgraça que se abate sobre o ser humano decaído. Assim, a passagem pelo subsolo do personagem de *Memórias* é a palavra dada a esse ser humano que, a partir do pecado e da queda, começa desesperadamente a busca de uma explicação do que ele é, querendo se objetivar a todo custo: a desgraça inteligente que fala. O personagem passa o livro inteiro buscando uma certeza do que é ou não necessário no mundo e na vida do homem, do ponto de vista filosófico. Em toda a sua obra, o autor tenta exatamente destruir essa ideia de que a vida e o destino do ser humano se encaixem num esquema qualquer de causa e efeito, como pretende a ciência moderna. Supor que exista um tal esquema é já uma aplicação do mal, no sentido mais puro da palavra, ao ser humano. Assim como para a mística ortodoxa, para Dostoiévski o ser humano não é "objetivável".

Uma das formas de descrever a vida pós-queda é como busca da objetivação da condição humana, uma ideia profunda e duríssima, deve-se dizer.[116] Na realidade, tanto para a mística ortodoxa quanto para Dostoiévski, o grande problema do ser humano é que ele é radicalmente livre, mas tem pavor dessa liberdade essencial e, por conta desse pavor, cria a sociedade como uma forma de garantir que ele não seja livre, uma sociedade que já nasce para o mal, como um "remédio" para a liberdade sobrenatural do homem — o conceito de liberdade incriada de Berdiaev. O problema colocado pelo homem do subsolo é exatamente a persistência dessa voz interna que permanece livre[117] e ativa num indivíduo do século XIX: indivíduo obcecado com a ciência, a lógica de causa e efeito, que vive em meio à ideologia positivista de uma vida administrada, produtivista e racional.

A exposição contínua do indivíduo místico a Deus vai

transformando o seu intelecto, a sua vontade. O abismo é uma das formas de falar dessa transformação: o processo de mergulho no abismo, outra imagem para a ideia de *metanoia*. Na presença de Deus, quando o ser humano mergulha dentro de si, ao invés de encontrar a superfície plana e familiar de seus sentimentos e emoções cotidianos, depara-se com um abismo que se agiganta cada vez mais.

Para são Gregório de Nissa, "os conceitos fazem ídolos de Deus, só o espanto apreende algo".[118] Essa afirmação aponta para o julgamento que a mística ortodoxa tem em relação ao conceito, ou seja, o conceito é como ídolo, algo que nos aliena da percepção do divino. É uma afirmação interessante, pois nos remete a uma tensão entre a necessidade de produzir conceitos, que é uma atividade do pensamento humano, e, ao mesmo tempo, desconfiar deles, já que só o espanto — categoria que Platão trabalha como a essência da filosofia, a essência do conhecimento — nos mostra alguma coisa do divino.

Dostoiévski, em sua obra, cria o tempo todo uma relação de espanto entre os seres humanos: seus personagens espantam uns aos outros constantemente, dando a ideia de homem *absconditus*. Essa ideia — da não cognoscibilidade do homem — é muito importante para a leitura de Dostoiévski. Para o autor, a forma menos pior de se relacionar com o ser humano é deixar que ele fale. Isso porque, ao tentar enquadrá-lo, o que se faz, na realidade, é aplicar a fórmula de Satanás, que, na linguagem ortodoxa, é um enquadramento contínuo. O mal trabalha a partir de conceitos, pelos quais se vai construindo o conhecimento que é perfeitamente enquadrado. Dessa forma, de acordo com a colocação de Gregório de Nissa, se só existirem conceitos, ideias claras, não há mais espanto, não há mais relação com Deus e, portanto, perde-se a condição do abismar-se. O pensamento da mística caminha, segundo essa visão, sempre à beira do abismo. E a obra de Dostoiévski, principalmente Pós-Sibéria, está sempre flertando com o abismo. O príncipe Míchkin, de *O idiota*, é um verdadeiro abismo, talvez o maior de todos os abismos de sua obra.

Para a ortodoxia, porém, não é pelo conceito que se chega ao espanto, mas somente pela experiência e pela desconfiança do conceito. Somente no espanto, de acordo com Evdokimov, pode haver a síntese, o conhecimento profundo, o verdadeiro conhecimento de Deus; uma síntese, como já se disse em outra oportunidade, antinômica, não normatizante, fora da organização racional em conceitos e categorias e fora, até mesmo, da linguagem, que está no múltiplo. A síntese sobrenatural relacionada à experiência mística diz respeito a um gozo das energias incriadas de Deus, a um *páthos* gerado pela visitação contínua — imagem muito cara à ortodoxia — do sobrenatural. É exatamente por conta disso que a mística ortodoxa raramente produziu, no decorrer de sua longa história, uma teologia, no sentido de uma sistematização de conceitos relativos à divindade, consistindo mais frequentemente em relatos de experiências, geralmente numa linguagem poética, e comentários sobre o Evangelho acompanhados de testemunhos e preceitos práticos para a realização da *metanoia*.

Segundo Evdokimov, uma característica do homem desgraçado é buscar determinismos, porquanto a liberdade essencial do ser humano, que ele experimenta como uma ideia de contingência absoluta, não tem lugar na representação. Tal ser humano sobrenatural radicalmente livre e sem lugar na representação é exatamente um dos temas centrais da obra de Dostoiévski.[119] Seus personagens parecem não conseguir falar de liberdade senão por meio de lendas, como acontece na famosa passagem do grande inquisidor,[120] em *Os irmãos Karamázov*; eles sempre desejam ser livres, mas nunca o conseguem plenamente e, quando conseguem, parecem, aos outros, idiotas ou pessoas que não se enquadram nos moldes preestabelecidos da condição humana — ou, ainda, indivíduos que proferem discursos enlouquecidos na tentativa de definir liberdade, como acontece com Ivan Karamázov ou Raskólnikov, personagens que em muito se assemelham.

Essa liberdade radical não representável se liga, na realidade, com a ideia tanto de Deus quanto do Homem como *absconditi*, a dimensão sobrenatural que transcende os limites da linguagem — os nomes divinos[121] —, que é indefinível, um tema recorrente na tradição ortodoxa e na mística ligada a várias outras denominações religiosas. Nesse sentido, toda forma de definição de liberdade equivale à tentativa vã de definir Deus, a contingência absoluta, de "prender o incognoscível em nós", um erro apontado por quase todas as tradições místicas, como nos faz ver a imagem de Ibn Arabi aqui reutilizada. A ideia por trás dessa liberdade identificada pela ortodoxia e por Dostoiévski em sua obra é, enfim, a ideia de que fora de Deus não há verdadeira liberdade.[122] Na realidade, a liberdade implica em mistério. Assim como Deus é livre, a relação ou o desejo que Ele teria no que se refere à condição humana, o grande "tesouro" que Ele teria dado ao ser humano, é exatamente a condição de ser livre, condição essa da qual o homem abdicou.

Outra ideia importante para a leitura da obra de Dostoiévski a partir de sua matriz ortodoxa, mais uma vez compreendida a partir de Evdokimov, é a de que o ser humano tem uma estrutura "deiforme". Diante dela, o conceito de autonomia naturalista para o ser humano é absolutamente impossível: não existe autonomia em relação a Deus. Qualquer ideia de autonomia em relação a Deus é apenas um outro nome do mal, mais uma modalidade da ação do mal.[123] Isso significa que, à medida que o indivíduo místico vai sendo exposto a Deus, ocorre algo semelhante à ideia da qual se fala no século XVII francês (jansenismo, Pascal, agostinismo): *delectatio* sublime — isto é, Deus causa uma atração insuperável, incontrolável, o que leva esse indivíduo a tornar-se cada vez mais atraído por Deus e a viver absolutamente em Deus.

Encontramos essa ideia também na mística ortodoxa: só conhece Deus quem mora em Deus. Nesse sentido, a alma, compreendida como núcleo da personalidade, é o lugar onde essa característica deiforme do ser humano é mais forte. Daí a imagem tradicional da ortodoxia de que a alma é uma entidade eminentemente conjugal, porquanto relacional,[124] não possuindo, portanto, nenhuma autonomia. O ser humano se mostra, assim, como um ser devorado pelo sobrenatural.

Na visão de Dostoiévski, o ser humano experimenta essa dimensão relacional de sua alma como o inferno da condição humana, como incapacidade, ao passo que os indivíduos que vivem em relação com Deus, quando inseridos no mundo, são percebidos por aqueles que vivem unicamente na sua natureza natural como estranhos, como indivíduos que parecem não ser capazes de se relacionar com o mundo tal qual ele se apresenta, sempre ineficientes e improdutivos, para dizer o mínimo. É muito claro, na mística ortodoxa, que essa visão do ser humano não deságua no fatalismo da desgraça. A mística ortodoxa não é pessimista, naquele sentido (injustamente) atribuído à tradição agostiniana no Ocidente.

Na realidade, a mística ortodoxa é marcada por um otimismo bem peculiar, facilmente perceptível, por exemplo, no olhar que o príncipe Míchkin lança por vezes a Nastácia

Filíppovna, capaz de enxergar nela uma beleza sublime, completamente encerrada na sua condição de natureza; ou mesmo na beleza da relação que Aliócha, de *Os irmãos Karamázov*, tem com as crianças. Esse otimismo sobrenatural da ortodoxia deve ser ressaltado porque Dostoiévski é frequentemente percebido como um autor pessimista, pesado, deprimente, o que é verdade no plano da natureza; seu otimismo, porém, é unicamente tabórico, sobrenatural, e se dirige à natureza transfigurada pela visitação do divino.

A experiência de Deus se dá sempre no registro da evidência, jamais no da lógica.[125] Essa ideia tem grande importância para a compreensão da obra de Dostoiévski, uma vez que ela fala o tempo todo de um mundo que se torna cada vez mais impermeável ao sobrenatural — para resgatar aqui o conceito de Eliade de "porosidade do sobrenatural".[126] A modernidade, para Dostoiévski, é um processo, muitas vezes dissimulado, de impermeabilização ao sobrenatural, de misticização da natureza natural do homem por meio do discurso de sua dignidade, numa tentativa muitas vezes imperceptível a olho nu de colocar o humano no lugar do sagrado, de sacralizá-lo enquanto fenômeno de natureza, uma espécie de arianismo[127] às avessas.

Uma característica de Dostoiévski como pensador da ortodoxia, ainda que não um pensador formal, mas um romancista, é a sua capacidade de unir à reflexão ortodoxa sobre a ação do mal na natureza não taborizada as modernas discussões das ciências humanas, identificando claramente estas últimas com a ideia de *noesis* formal na desgraça. Lembremos sempre que Dostoiévski está escrevendo às vésperas do aparecimento de um Pavlov, o arauto brilhante do materialismo psicológico, precursor do behaviorismo e da completa descaracterização da ideia de ego, conceito abstrato e despedaçado (os ortodoxos diriam:

decomposto) em pequenos fragmentos de comportamento e estratos fisiológicos.

Aos olhos de um mundo permeado pela obsessão de causa e efeito, só é possível fazer (sem nenhuma objeção *a priori*) psicologia behaviorista; o behaviorismo é a forma suprema de decomposição da realidade psicológica, porquanto somente ele capta de fato o movimento da matéria, enquanto a psicologia abstrata, aos olhos da ciência moderna, torna-se cada vez mais uma piada, uma metafísica, pura abstração, uma disciplina desprovida do rigor metodológico e conceitual próprio do modelo experimental empirista. Assim, Dostoiévski percebeu muito bem, com algum tempo de antecedência, que todas as ideias que não se enquadram facilmente no materialismo do modelo científico moderno se tornam excessivamente abstratas e vazias de sentido.

Sobre a ideia de ego da psicologia "abstrata", Dostoiévski tenta dizer que ela não descreve a verdadeira experiência interna que a pessoa tem quando olha para si mesma; quando olha para si mesma, na realidade, ela percebe um ser despedaçado que tem, não obstante, alguma unidade que é inapreensível ao próprio "eu" que se descreve, uma unidade dinâmica que é melhor percebida na polifonia das vozes, tanto interna quanto externa. Lembremos que, segundo a tradição ortodoxa, a tentativa de definição de homem é tão problemática quanto a de Deus, para não dizer impossível — uma autêntica modalidade de ação do mal.

Generalizando a crítica ortodoxa a esses pressupostos modernos, Evdokimov afirma que o egocentrismo se dissolve na personalidade *teândrica* (divino-humana), isto é, na experiência mística não ocorre somente o resgate de Deus, mas também o resgate de si mesmo. Sendo o homem essencialmente um ser sobrenatural, ele só resgata a si mesmo na experiência mística. Que não se confunda, nunca é demais lembrar, esse "si mesmo sobrenatural" com o "eu" natural do humanismo ocidental, com o ego individual moderno; esse "si mesmo" se refere ao homem *absconditus*.

O *teandrismo*, como vivência da personalidade, revela uma intimidade da psicologia do homem com Deus, misticamente falando, uma personalidade híbrida (divino-humana) que tende a dissolver o egocentrismo. Assim, a antinomia própria da experiência mística — que não é antirracional, apenas não é da ordem da razão, correndo paralela a esta — revela-se pelo sentimento de proximidade em relação a algo que não tem forma. Quando se diz "isto é" a respeito de Deus ou da experiência mística, de certo modo se está formalizando o que não tem forma — não tem ser de criatura, seguindo Marguerite Porete.[128] Assim, quanto mais apegado à linguagem o sujeito está, mais distante ele se encontra da compreensão de que Deus não tem forma. Para Evdokimov, uma das principais manifestações dessa antinomia de que falava Palamás é o constante abismar-se na falta de forma, um conceito bem próximo do pensamento de Meister Eckhart.

7. A polifonia em Dostoiévski

Discutiremos a seguir a leitura da obra de Dostoiévski feita por Bakhtin, com base principalmente em seu estudo *A poética de Dostoiévski*. A preocupação de Bakhtin é "dessubjetivar" a compreensão da linguagem e do indivíduo. Como bom autor de cultura soviética, da cultura realista socialista, seu estudo se afasta muito de qualquer ideia da linguagem baseada na noção de indivíduo, de subjetividade ou de interioridade. Para nós, Bakhtin é importante porque, apesar de sua intenção não ter sido estudar o conteúdo religioso do pensamento de Dostoiévski, todas as suas teses sobre ele vão ao encontro da teologia ortodoxa. Sua tese central se baseia na noção de "vozes equipolentes".

O conceito de equipolência, de origem grega, significa conflitos equivalentes; vem da filosofia cética, pirrônica,[129] à qual temos acesso pela obra de Sexto Empírico. O ceticismo tem duas correntes na Grécia: uma originária da academia platônica, representada, grosso modo, por Carneades (215-126 a.C.), cujo ceticismo chega à ideia da inviabilidade do conhecimento; e outra que é a pirrônica, de Sexto Empírico. Esta última é considerada, por um lado, mais radical do que a acadêmica, na medida em que nega uma posição definitiva acerca do conhecimento, e, por outro, menos radical, por não afirmar que o conhecimento é impossível, mas que "eu não posso afirmar coisa nenhuma".

Nesse sentido, sua radicalidade está no fato de ser a corrente da chamada *épochè*, a ideia de que, na verdade, o indivíduo suspende o juízo uma vez que não consegue chegar a nenhuma posição diante da realidade, nem negar definitivamente a possibilidade do conhecimento.

Como a razão e a linguagem não conseguem falar nada sobre a realidade, a postura do cético pirrônico é: "Eu vivo a vida do modo normal, mas sem aderir a nenhum enunciado acerca da realidade; a realidade para mim permanece não descritível em termos finais". É desse ceticismo mais ou menos radical, dependendo de como for visto, que nasce o conceito de equipolência. A base do ceticismo, conforme a obra de Sexto Empírico sobre Pirro, é a produção simétrica de um argumento de mesmo valor e oposto a outro, produzido anteriormente, com o objetivo de destruí-lo. Bakhtin aponta para o fato de que a raiz desse ceticismo está na sofística, nos diálogos socráticos, ou seja, que Sócrates ou Platão já haviam tentado aproximar-se da ideia de vozes equipolentes muito antes de Dostoiévski, mas apenas este conseguiu de fato realizar essa poética de forma tão bem-feita.

A obra de Sexto Empírico é um exercício constante de linguagem: alguém produz um argumento, o interlocutor produz outro, simétrico e oposto, que dissolve o primeiro e assim por diante, de forma que nesse processo a capacidade de representação do mundo da linguagem é esgotada; a linguagem como veículo de representação do mundo esvazia-se. Isso na realidade não é afirmado como um argumento, mas dado como prática da argumentação, algo que é experimentado no próprio processo da argumentação. Assim, ao afirmar que a obra de Dostoiévski é constituída de vozes equipolentes, Bakhtin está dizendo que o autor russo aproxima-se dessa corrente, na medida em que seus personagens padecem, tanto externa como internamente, dessa equipolência constante dos próprios argumentos.

Segundo Bakhtin, nas obras de Dostoiévski não existe nenhuma subjetividade, já que seus personagens não têm unidade identitária; não há subjetivismo, sua poética parte de uma visão de mundo como se este fosse um espaço essencialmente contraditório ou controverso. É a ideia de que no regime da natureza não existe síntese, isto é, não há possibilidade de unidade alguma, como já foi apontado anteriormente. Esta imagem descreve muito bem o universo de Dostoiévski: o ser humano é um ser despedaçado.[130]

A ideia de vozes equipolentes significa um ruído de vozes contínuo e interminável; é por isso que, ao ler Dostoiévski, temos a sensação de que seus livros não acabam: tem-se a impressão de que, de repente, ele simplesmente "passa um facão" na história, senão o livro não acabaria nunca; ou, ainda, de que seus livros são mal organizados, de que não há uma relação orgânica entre suas partes. Isso é mais visível em *O idiota* e *Os demônios*, nos quais o autor parece perder-se em suas próprias digressões. Por exemplo, embora Piotr Verkhoviénski seja o personagem principal em *Os demônios*, ao lado de Stavróguin, ele só aparece quase na metade do livro. Durante as duzentas primeiras páginas, aproximadamente, parece que o único personagem central do livro é o pai, Stepan, quando na realidade a história gira em torno do filho dele, que é o niilista. O pai não é niilista, é aquele liberal iludido, que acreditava que, dando uma educação moderna e contemporânea para o filho, faria dele alguém melhor do que si próprio. Nessa obra, Dostoiévski destrói a noção de projeto de educação moderna e de formação de sociedade moderna. Depois que aparece, Piotr faz a história girar ao redor de si, mas tem-se uma sensação estranha, pois, se por um lado o personagem principal só aparece na metade do livro, por outro o início parece ser uma grande digressão sobre pessoas que, no final, parecem nem ser "aproveitadas" na história.

A obra de Dostoiévski, de acordo com Bakhtin, parece não respeitar nenhuma noção de roteiro lógico — é como um quebra-cabeça que não se encaixa. Os próprios personagens não constituem unidades totais (fechadas em si mesmas) ao longo da história. Esse universo despedaçado de Dostoiévski tem sua raiz na ideia de que a natureza é completamente despedaçada e não converge para nenhuma unidade. Isso é fundamental para Dostoiévski, como reconhece Bakhtin, porque ele não tenta estabelecer nenhuma unidade no regime da natureza. Na verdade, é como se ele abrisse a ferida para fazer com que o despedaçamento aparecesse ainda mais. É como se quisesse aumentar os tons da controvérsia e da contradição humana, ao invés de tentar ocultá-las — controvérsia endêmica.

De acordo com Marcelo Dascal,[131] o conhecimento se dá sempre na base do conflito, o que o leva a afirmar que a humanidade é uma controvérsia endêmica. Temos então a noção de dialogismo, a ideia de que o conhecimento é sempre dialógico e, portanto, todo conhecimento monológico deve ser passível de dúvida. Podemos fazer, aqui, uma relação com Karl-Otto Apel,[132] para quem a linguagem só faz sentido na medida em que se tem um outro com quem se argumenta. Portanto, o sentido só se dá no diálogo, jamais no monólogo. Dostoiévski ultrapassa a ideia de diálogo e chega ao multivocalismo, à polifonia, como diz Bakhtin.

Deve-se tomar cuidado aqui com a ideia de que é possível chegar a uma conclusão sobre Dostoiévski; ele provavelmente ficaria insatisfeito com isso, na mesma proporção em que odiava a ideia de utopia histórica, a ideia de que se pode construir uma utopia na história e de que a humanidade pode chegar a uma salvação por meio de construções utópicas sistematizadas. Para o autor, toda utopia deságua em escatologia na desgraça, ou seja, toda tentativa humana de fazer história termina em erro. Daí a interpretação de que toda compreensão utópica da história, na realidade, é uma compreensão que prepara a realização do apocalipse, porque sempre vai incorrer em erro. Dostoiévski desacredita o movimento revolucionário, como mostram as análises de Bakhtin e de Evdokimov, o que é possível ver em seu livro *Os demônios*, um verdadeiro panfleto que lhe custou a proibição de suas obras na União Soviética, durante muito tempo, bem como a rejeição de seu pensamento pelos acadêmicos de esquerda do Ocidente, justamente por seu reacionarismo religioso anacrônico.

Se considerarmos a controvérsia como endêmica, a escrita de Dostoiévski apresenta-se com personagens que interpretam, o tempo todo, os outros, o mundo e a si mesmos. Não há realidade objetiva no texto de Dostoiévski, só interpretação; existem apenas consciências que falam. Quando ele vai além de uma consciência, não vai em direção ao mundo: mas a outra consciência. Assim, de certa forma, têm-se apenas duas possibilidades: o diálogo infernal e ruidoso ou o solipsismo. Ou a consciência perdida dentro da própria polifonia interna, ou a consciência em diálogo com outra consciência, o que gera a sensação de uma interpretação infinita, de que a fala dos personagens está perdida no infinito.

Se o indivíduo é por definição infinito — o homem *absconditus* da ortodoxia, o ser sobrenatural que não se sabe para onde vai, no sentido de que ultrapassa a natureza —, como se pode ter sobre ele uma palavra final? O ser humano, na realidade, é um "abismo sem fundo", para usar as palavras de Meister Eckhart;

um abismo tanto para o outro que quer abordá-lo quanto para si mesmo. Por isso, encontramos em Dostoiévski um enredo no qual vários abismos se relacionam. Essa condição de abismo, que se materializa no discurso febril das pessoas procurando a si mesmas, procurando construir teorias e definir processos morais e éticos, aparece como agonia fisiológica nos personagens, pois, para Dostoiévski, o ser humano é doente, é essencialmente disfuncional no regime unicamente natural. Ao invés de negar essa disfunção, o autor a leva ao paroxismo. Na lenda do grande inquisidor, por exemplo, vê-se uma recusa à noção de milagre, isto é, Ivan Karamázov diz que Jesus se recusa a fazer milagres porque, se o fizesse, tiraria do ser humano a angústia dos fracassos contínuos com a ciência moderna, que tenta explicar as coisas e não consegue; fazendo milagres, Jesus resolveria o problema para o ser humano.

Embora Dostoiévski não negue a história, ele a nega como lugar de salvação no regime natural. A história, para ele, tem de ser vivida como o processo pelo qual o homem atravessa o mal, que é um fator histórico por excelência. O homem tem, então, que passar pela agonia, pela febre de não conseguir se definir, de não conseguir ter a si mesmo nas mãos; ele mesmo se ultrapassa. A ressonância pascaliana aqui é gigantesca. Mas, enquanto Pascal faz uma antropologia geral do ser humano, o romancista russo, em vez de dizer "o ser humano é", apresenta-o sempre para além de uma definição. Isto é, se um personagem de Dostoiévski se olhasse no espelho, ele não veria uma imagem refletida, mas, sim, uma polifonia despedaçada.

O linguista Northrop Frye[133] identifica a literatura de Dostoiévski como um tipo específico chamado "literatura de processo", que não busca chegar ao final de coisa nenhuma — seu objetivo seria o próprio processo no qual é feita, um gerúndio constante. Nesse gerúndio, se colocarmos um espelho na frente de Aliócha, por exemplo, veremos que este só tem, como "nome único", a ideia de amor, fora da qual ele estará submetido ao mesmo despedaçamento dos outros seres humanos. Para Dostoiévski, onde há consciência humana há diálogo, há polifonia, e portanto não é possível qualquer ideia de sistematização. De acordo com Bakhtin, Dostoiévski é "assistematizável".

Ainda que o fundamento dessa ideia de polifonia interna da consciência, que faz com que o indivíduo não exista, seja religioso (isto é, esteja associado à ideia do homem despedaçado pelo pecado original), Bakhtin, enquanto linguista, parece negá-lo ao identificar em Dostoiévski um grande feito do pensamento russo.[134] Mas, em vez de uma leitura marxista, devemos fazer uma interpretação teológica, pois Dostoiévski escreve assim não por ter na sua origem somente uma preocupação socialista — que de fato possuía —, mas, sim, por acreditar que a salvação está no retorno à religião.[135] Se observarmos historicamente sua atividade como jornalista, veremos que ele sempre permaneceu numa posição ingrata: entre os radicais, que são os futuros comunistas, e os chamados "eslavófilos", que são aqueles autores e pensadores que caminham em direção a um retorno à Rússia medieval, à religião, a uma recusa absoluta do Ocidente. Nessa atividade, Dostoiévski permanece o tempo todo tentando unir os dois lados: argumenta que os radicais possuíam uma boa intenção na medida em que queriam criar uma condição de vida melhor para o povo russo — intenção essa que tem por base a intuição cristã, na sua opinião —, mas eram mal informados porque interpretavam isso como influência do pensamento ocidental moderno. Assim, sustentava a ideia dos radicais de uma sociedade mais justa ao mesmo tempo que considerava o valor dos eslavófilos em perceber que a salvação não estava no projeto moderno, mas, sim, no retorno à religião. Vê-se que a própria posição jornalística de Dostoiévski o coloca "entre vozes", tentando recuperar o que tem valor em cada lado, bem como mostrar a ambos que em algum momento eles se tocam. O que ele não aceita dos nacionalistas é sua desconsideração implícita com relação à busca de melhoria das condições de vida do povo russo. Dostoiévski nunca foi reacionário quanto a essas questões, jamais concordou com a ideia de que o povo tinha de permanecer passando fome e na miséria. Ao longo de sua obra, frisa cada vez mais a importância da religião, o que, para os modernos, é algo *a priori* sob suspeita. Porém, interpretá-lo como um reacionário é cometer um erro histórico. Vemos aqui mais uma chaga evidente de nosso analfabetismo religioso.

É preciso ressaltar que Dostoiévski abandona a ideia de que se pode construir um socialismo histórico, e não a de que as condições de vida do povo russo podem ser melhoradas. Para ele, o ser humano — embora não se possa obrigá-lo — deve escolher o bem. Escolher o bem significa amar os outros; amar os outros significa ser menos ganancioso, menos avarento. Parece quase ingênuo. Ele não está preocupado com a história como um processo em direção ao socialismo: sua preocupação é com o socialismo cristão enquanto instalação imediata do reino de *caritas*, e não com a história que marcha para uma construção onde o bem há de vencer. Para Dostoiévski, pensar em história implica cair em erro. Segundo Alexander Herzen,[136] qualquer revolução que se fizer irá desagradar uma parte da sociedade, o que vai acabar destronando a própria revolução. Ele ultrapassa a ideia de que, chegando ao socialismo, o movimento para; ultrapassa a ideia socialista clássica, pois, uma vez instalado o socialismo, algo mais à frente deverá dar errado. Para Dostoiévski, toda teoria utópica histórica só pode acabar em tragédia. A condição para que haja transformação histórica não é pensar a história como processo, mas instalar o reino da *caritas* e, como consequência imediata, o socialismo cristão.

No entanto, a utopia que Dostoiévski critica, especialmente em seus artigos de jornal, é a pré-revolucionária do século XIX, construída a partir dos movimentos sociais de indivíduos como Bakunin,[137] que passara pelo Círculo de Petrachévski. Lembremos que Dostoiévski vive no período de construção da Revolução Russa. Ele não está dizendo que a humanidade não pode viver melhor no futuro, mas que essa melhora só poderá ocorrer quando a humanidade se transcendentalizar. Para ele, não é pela luta ou pelo enfrentamento direto das forças de repressão que se consegue essa melhora, mas por meio de um processo interior e individual de transformação. Sua crítica se dirige à utopia que fala da construção de uma história com as mãos ou os conceitos, da transformação ou alteração do processo social pela lógica dialética natural etc., uma ideia do século XIX que é também, pode-se dizer, do século XX.

Da mesma maneira, Dostoiévski critica a ideia de que a ciência possa salvar o homem em algum nível; para ele, a ciência apenas o ajudaria a perceber como a matéria humana em si já é decomposta. O materialismo é a prova cabal de que o mal está dentro da matéria, ou seja, o problema não está na estrutura social, pois o mal faz parte da condição ontológica do ser humano: para onde quer que ele vá, a partir de sua razão materialista moderna, arrastará o mal consigo. Para ele, só o socialismo cristão pode dar certo, mas não pensado como uma Igreja de esquerda. Dostoiévski não é um teólogo da libertação, entendendo-se esse movimento como aquele envolvido com a transformação histórica da sociedade, com o enfrentamento das instituições injustas etc. Mas, sem dúvida, ele é um teólogo da liberdade. Para ele, as duas palavras que estariam mais próximas da síntese da condição humana seriam: amor e liberdade. Contudo, tanto liberdade quanto amor não têm lugar na representação. A liberdade é absolutamente sobrenatural; trata-se da liberdade teológica, não da liberdade construída no limite dos fatores sociais.

É nesse sentido que Dostoiévski descreve a experiência mística — inclusive quando fala dos seus momentos místicos — em termos de amor, caridade, liberdade, silêncio, o silêncio absoluto de Deus, como o silêncio de Jesus Cristo na lenda do grande inquisidor. Silêncio no sentido de que a palavra está com o outro. Como nós somos seres da palavra, imersos na polifonia, o único que nela não entra é Deus, porque a polifonia é característica do desgraçado. Deus é quieto, é silencioso. Quando Ele se manifesta ao ser humano, não faz ruído; o ruído está do lado do homem. Deus é um estranho na polifonia. A polifonia tem sua pseudo-harmonia, o que lembra muito a ideia de equilíbrio de concupiscência de Agostinho, que diz que as sociedades altamente viciadas mimetizam a ideia de ordem divina através do equilíbrio de vícios. Pascal[138] também fala que o ser humano fica em pé pela força contrária de dois vícios, não por ter alguma virtude; se um dos vícios for tirado, ele cai.

Só se tem acesso à experiência por meio do desdobramento, do relato do místico sobre o que ele viu. Míchkin é um místico, embora provavelmente não o saiba. Quando fala de êxtase, ele se refere aos momentos anteriores ao ataque epiléptico, o halo de eternidade que ele pressente, como acontecia com Dostoiévski. Em *Os irmãos Karamázov*, pensado pelo autor como a síntese da sua obra, temos Aliócha e Zósima como místicos. O momento que segue o êxtase místico, quando se tem aquela certeza absolutamente anormal e antinômica de que se está diante de Deus sem que Ele seja visto, é o da reinserção na polifonia.

Isso é fundamental para compreender Dostoiévski. Não há palavra do lado de lá. É importante essa ideia de que, do lado de cá, do lado do ser humano, há palavra, mas não há síntese, o que nos remete à ideia da produção contínua de conhecimento, eterna e infinita, pela qual literalmente não se chega a lugar nenhum, a não ser à polifonia.

Um dos elementos que determinam a polifonia é a ausência de critério de verdade, que implica em síntese. Podemos observar que Dostoiévski lança Zósima e Aliócha no meio do inferno da polifonia. Ao ler a obra, verifica-se que não é possível destacar a fala de Zósima e dizer que ela está acima do resto: está mergulhada no mesmo inferno polifônico. Nessa medida, Dostoiévski não é só um autor que fala da mística ortodoxa: ele é um autor que está inserido no século xix (século da dúvida religiosa), bem como na ideia de que o ser humano é absolutamente polifônico, contraditório, controverso. Essa controvérsia constante, essa contradição, essa polifonia, essa incapacidade de estabelecer uma síntese, representam a Providência divina. Perceber que não há síntese nem salvação no regime da natureza já é ação da Providência divina. A contradição chega ao ponto de Dostoiévski fazer com que seus personagens supostamente mais queridos, como o próprio Míchkin — apontado em suas cartas como uma tentativa de descrever o que é o bem no mundo —, vivam uma tragédia. Míchkin passa o livro inteiro dividido entre duas mulheres e sem conseguir escolher uma delas, pois, ao mesmo tempo que ama uma, não quer abandonar a outra que o ama, porque acha que ela precisa dele. No final, a que ele ama fica com outro e aquela que gostava dele vai em direção a um terceiro, que a mata. Tal contradição faz parte do texto de Dostoiévski. Bakhtin afirma que a ideia de contradição não é superável na condição humana. Esta é, por definição, contraditória e não suscetível de síntese.

Podemos aqui indagar qual seria a função de um *starets*, ou um "diretor de consciência", como se falava na França no século XVII. Em um nível temos Aliócha, que é um monge em formação, cujo diretor é Zósima, com quem debate suas angústias. Neste sentido, existe um critério que "alivia" a agonia polifônica para a Igreja Ortodoxa Russa, com sua mística do Monte Athos: aquilo que eles chamam de pais népticos, os pais teóforos, nos quais se respira o ar de Deus. Na experiência institucional ortodoxa, veremos o guia ou diretor de consciência operando como espaço referencial para o "tratamento" da experiência religiosa mística dentro de um universo dogmático cristão específico. Mas essa experiência, dentro do esquema dostoievskiano, é diferente, uma vez que é reintroduzida na polifonia. O próprio Aliócha é passível de polifonia. No final de *Os irmãos Karamázov*, Aliócha vai ter com as crianças, o que representa a ideia de Dostoiévski de que é possível estar perto de Deus, embora sua fala esteja afogada no mesmo multivocalismo. Do ponto de vista do texto, a polifonia não é vencida pelo indivíduo que traz a experiência: ele cai em polifonia, pelo simples fato de estar falando. A fala retorna à equipolência.

Para Dostoiévski, a linguagem que se pensa como objetivante é absolutamente miserável. Então, na realidade, a prática linguística que poderia ser considerada menos miserável é aquela na qual o indivíduo fala e deixa o outro falar; nunca faz do outro o objeto da sua fala. A linguagem de alguém que vem da experiência religiosa, alguém como os seus personagens religiosos, é a de um indivíduo estranho. Assim, a "verbalização do silêncio" de Deus, que parece uma contradição em termos, se dá por meio de um discurso que muitas vezes não é entendido pelo outro, ou que parece impermeável às necessidades lógicas ou ontológicas do mundo. Nesse sentido, a poesia pode ser uma forma de linguagem que não caia no erro objetivante de achar que está descrevendo o ser. Poderia ser então uma forma de expressão que padece menos da condição miserável da linguagem. Por outro lado, se tomarmos a ideia de uma linguagem que passa por uma purificação, que vai se aperfeiçoando, sofisticando-se polifonicamente, teremos a impressão de que a polifonia do escritor russo está de fato muito próxima do ceticismo pirrônico, pois permanece na contínua argumentação, levando a uma experiência de conhecimento que mostra a incapacidade da linguagem de comunicar, a incapacidade da linguagem de escrever. Esse é, na realidade, o conhecimento construído ao longo da polifonia, da equipolência.

Assim, não é que Dostoiévski não fale da perspectiva de Deus ou que ele não possa falar sobre Deus, apenas que, quando a linguagem fala, o faz polifonicamente. Não é que não haja pessoas religiosas — indivíduos como Míchkin, por exemplo, que tem espiritualidade, embora seja um epiléptico que sempre se dá mal, isto é, mesmo essa experiência, quando fala, quando se relaciona com o mundo, aparece como contradição, como polifonia, como equipolência constante. Para o autor, somente o inquisidor poderia acabar com a polifonia, mas é o fim infernal. A polifonia, para ele, já é a manifestação da Providência na condição humana. Nessa polifonia, temos a percepção de que a agonia da dificuldade em estabelecer o conhecimento se dá porque os seres humanos são seres sobrenaturais, não passíveis de serem objetivados. Se o ser humano não é objetivável, não há aonde chegar com o conhecimento natural, não há como superar a agonia. É uma ideia sutil e não muito fácil de entender, pois nosso pensamento é dominado por outra ideia que lhe é oposta: a de que em algum momento chegaremos a sair da polifonia. Isso só é possível na condição sobrenatural ou na morte, que é a decomposição total. A polifonia é algo como a tensão que mantém as partes conectadas, que faz com que a decomposição do ser humano não ocorra de uma vez por todas. Por isso, é, de alguma forma, a marca de Deus na desgraça.

A agonia, o multivocalismo, as vozes equipolentes, a contradição constante não devem ser vistos apenas como marca do mal, pois, ao tentarmos suspender um ser humano acima dos outros, mesmo que a voz desse ser humano não faça parte da polifonia, sua fala objetiva os outros e, nessa medida, cai-se no esquema do mal: a objetivação. Por isso, todos são sujeitos, falando o tempo todo — não pode haver objetivação. A ideia de objeto aparece quando, em algum momento, supõe-se que alguém de fato detém a descrição última sobre alguma coisa, isto é, que alguém detém uma palavra que não é passível de dissolução pelo outro. É nesse núcleo que Dostoiévski está se batendo. Ele não afirma que ninguém possa saber mais do que o outro, mas, sim, que há um risco enorme em assumir que alguém saiba mais do que o outro, pois, nessa medida, de alguma forma a polifonia estaria dissolvida, bem como o ruído constante de vozes.

A ideia é difícil de captar porque estamos muito presos à noção de idealismo, de identidade, de que existe uma unidade; à ideia de que é possível para o indivíduo ter uma experiência, mas que, quando se volta para o mundo e nele se insere, terá sua identidade minimamente sustentada: esse hábito é figura do hábito desgraçado. O ser humano não consegue sair desse "mau" hábito na qualidade de ser que está no mundo natural, inserido no corpo, na história; ele sempre se manifesta nesse formato. Pior do que isso, recusar a polifonia e supor que a voz de alguém se elevará é mais perigoso ainda, porque se cai na Inquisição, na ilusão de Roma, de jesuíta, como dizia Dostoiévski, de que alguém detém a palavra final, que seria de Deus. O que ele faz quando põe Deus na frente de Roma? Põe o indivíduo (Jesus) calado, em silêncio. Alguém que estivesse acima do inquisidor só poderia estar em silêncio e não temê-lo.

Usando uma linguagem pascaliana, diríamos que Dostoiévski faz um caminho por dentro da insuficiência. O "kit vaidade" aqui é aceitar que alguém possa, em algum momento, emitir alguma palavra que não seja polifônica. Isso é o que Bakhtin diz sobre Dostoiévski e que podemos perceber ao ler suas obras: não se consegue montar um quadro fixo. Na condição humana, a exclusão da polifonia é, na realidade, figura maior do mal, do demônio, na pele do inquisidor. Com isso, Dostoiévski coloca sob o registro da dúvida todo o conhecimento humano e gera esse mal-estar noético. O que está fora da polifonia é Deus, mas Deus é silencioso quando aparece. Deus não faz juízo de valor, não nos obriga a nada, o que é uma forma de silêncio. As formas de "verbalização do silêncio de Deus" são indicadas por Dostoiévski e sempre caminham no sentido de, estando presente no mundo, não objetivar o outro, não se categorizar o outro. Esse é o desdobramento, a "verbalização do silêncio de Deus" — Ele não opera com nenhum sistema de constrangimento. Na ortodoxia, a ideia de aceitar o bem por livre e espontânea vontade faz parte da definição do que é bem. Um bem que é imposto ao indivíduo não é bem. Então, qualquer sistema de constrangimento da vontade individual é mal, no sentido de que pertence à esfera de atuação do demônio. Na realidade, a polifonia estaria imersa na materialidade da liberdade, em que não há critério: a palavra vai de um lado a outro, o que é de fato angustiante. Aqui, Dostoiévski, Bakhtin e Berdiaev se encontram.

A falha, a incapacidade do ser humano em dizer a última palavra, que é de fato uma incapacidade ontológica e epistemológica, materializa-se na obra de Dostoiévski na contínua discordância, nas frequentes redescrições que os próprios personagens fazem de si mesmos e da condição humana, um interminável discurso que não chega a lugar nenhum. Essa discordância, essa controvérsia contínua é, na realidade, figura da incapacidade humana de falar definitivamente: a linguagem não é capaz de nomear coisa alguma. Isso provoca um certo desconforto, pois há uma contradição noética. Supõe-se que todo conhecimento tenha uma carga noética sintética. Aqui, a *noesis* jamais se dá fora da polifonia, seja externa ou interna ao indivíduo.

Essa compreensão de Bakhtin é fundamental, porque de fato traduz a forma da obra de Dostoiévski. Quando se mergulha nas falas dos personagens, percebemos que eles não são capazes de descrever nem a si mesmos. Trata-se de um relativismo radical. Para Dostoiévski, o único discurso que, de alguma forma, seria válido é o discurso do silêncio, que se manifesta, por exemplo, na não emissão de critérios. Nesse sentido, o erro relativista é achar que o relativismo em si é o lugar a que se deve chegar. O relativismo é a condição necessária da razão, uma vez que esta se encontra despedaçada. Na realidade, para o autor, atravessar o niilismo é uma condição humana: o ser humano está continuamente descrevendo e falando coisas sem sair do abismo. O juízo final e a desgraça já estão presentes. Uma pessoa que suponha haver uma posição humana na qual o discurso não seja polifônico, mas, sim, monofônico, estará aquém daquele que sabe que o discurso humano é necessariamente polifônico. Por isso, a aceitação da polifonia é registro da Providência.

Nesse sentido, a aceitação da polifonia é uma agonia de Deus. Em indivíduos como Aliócha, ela vai sendo perpassada pela graça, só que a aceitação da agonia é, de alguma forma, garantia de que ele sabe o que está acontecendo e, inclusive, é capaz de reconhecer quando alguém está na posição de inquisidor com relação a ele. O ser humano vive no pavor da liberdade absoluta do átomo: por exemplo, quando o inquisidor fala que Jesus errou ao achar que o ser humano queria liberdade, é a isso que se refere. O ser humano não quer liberdade; o ser humano quer um critério. Não é à toa que a ideia mais concreta de liberdade que temos na filosofia, mas também a mais terrível, é a de contingência: não existe necessidade, tudo é possível. O que é Deus, então? O único modo de Deus não se transformar numa contingência insuportável é a ideia de *caritas*, expressa por Agostinho: o amor é que dá, de alguma maneira, uma certa substância que faz com que a pessoa não se dissolva. Evdokimov diz que, para Dostoiévski, o ser humano só se constitui quando ama e é amado; senão ele não é ninguém, ele se desmancha, não existe.

Outro ponto importante a ser considerado é a demonstração do fracasso da lógica que Dostoiévski apresenta em sua obra. Como apontado anteriormente, na teologia ortodoxa, Deus é da ordem da evidência e não da lógica; a lógica é cega. Dostoiévski destrói a lógica. No caso dos personagens, destrói a lógica identitária. O leitor fica com o nome Míchkin e algumas coisas que ele faz, mas não é possível compor a pessoa. Raskólnikov, por exemplo, tenta, durante grande parte do livro, sustentar uma lógica como a da teoria do meio — uma das ideias mais detestadas por Dostoiévski —, definida pelo personagem como a teoria de que o indivíduo é produto do meio social em que está inserido. Mas Raskólnikov é salvo pelo amor: Sônia o salva. Assim, para Dostoiévski, não devemos prestar muita atenção à lógica; lembremos da observação de Nietzsche, que, embora não fale da lógica, aproxima-nos dessa ideia: o raciocínio humano compõe círculos perfeitos, triângulos perfeitos, mas na natureza não existe um círculo ou um triângulo perfeito. Na verdade,

Dostoiévski está dizendo que o ser humano não se enquadra, nem jamais se enquadrará, em qualquer teoria que queira, mesmo que com boa intenção, descrever e dizer o que o ser humano é. O ser humano está fora da linguagem. Se alguém achar que encontrou o lugar do ser humano na linguagem, estará prendendo o ser humano e fazendo o trabalho do inquisidor.

Podemos então apontar três grandes "inimigos" de Dostoiévski:

1. O *mecanicismo*, com a ideia de causa e efeito. Em Dostoiévski, qualquer teoria que algum personagem comece a montar com relação a outro duas páginas depois cai por terra, e o leitor cai junto, principalmente se achar que de fato aquela teoria parecia razoável. Observa-se em sua obra um constante movimento de explodir a cadeia de causa e efeito: toma-se algo aqui, calcula-se o que deveria acontecer lá, mas de fato não acontece. Isso é figura da intratável liberdade do ser humano, que passa a vida inteira tentando evitá-la porque, para ele, na condição de ser da natureza, é impossível, é insuportável ser livre.

2. O *fisiologismo*. É um termo muito próximo àquela ideia grega de que se vai conseguir compor a grande *physis* do cosmos, e do homem dentro dele, ou seja, de que é possível descrever uma grande fisiologia do cosmos — a ideia de naturalismo como ordem —, de que, encontrando essa ordem, seria possível dizer, por exemplo, qual o lugar do ser humano nela e, então, deduzir o que é o ser humano desse *locus* ontológico. Parece que Dostoiévski mergulha o ser humano no escuro, afundando-o num abismo, num lugar sem referência. Na realidade, a pessoa vai se esvaziando, caminhando na direção do *anéantissement*[139] (nadificação, aniquilamento), vai se desprendendo inclusive dessa mania que temos de achar que existe uma palavra última no registro do ser humano.

O fisiologismo, portanto, é essa ideia de que é possível captar a ordem. Na realidade, a intuição crítica da ortodoxia é que, ao aceitarmos que existe alguma ordem última porque existe um princípio que é Deus, essa ordem possa ser, de alguma forma, apreendida pelo ser humano. Esta é a ideia que está por trás do ódio de Dostoiévski ao fisiologismo: de que a ordem sobrenatural de alguma maneira possa ser passível de identificação, o que para o ortodoxo é helenismo. Um dos grandes pecados para a ortodoxia é a *auto-pistis*, a suficiência, a ideia de que o ser humano seja pensado como um ser autônomo com relação ao sobrenatural. Essa autonomia que o ser humano moderno pensa ter ao "matar o pai", por exemplo, é na realidade um "chute" em si mesmo, porque ele mesmo se perdeu nesse processo. Ao assumir-se como ente de natureza, o ser humano se perde. Se lembrarmos a guerra à fisiologia movida pelos primeiros padres do deserto, a intenção de romper com a fisiologia, de negar a fisiologia e, portanto, de afirmar a condição humana fora da fisiologia, perceberemos a sofisticação do pensamento religioso em Dostoiévski.

3. *A teoria do meio*. Na obra de Dostoiévski, a crítica ao mecanicismo aparece no universo da psicologia. Ele viveu alguns anos antes de Pavlov e já está pensando em materialismo fisiológico, um campo de estudo já em curso na Alemanha naquela época, bem como nas teorias associacionistas (associacionismo inglês) de que pelas palavras é possível descobrir alguma coisa que esteja lá atrás, o que de certa forma inclui a psicologia profunda contemporânea. Para Dostoiévski, quando se envereda pelas palavras não se chega a lugar algum específico, só se encontram círculos, pois palavras levam a outras, que levam a outras e, na realidade, termina-se afogado num mar de palavras. Dostoiévski não discute muito a física, ou autores como Kepler ou Newton, por exemplo, que falam do cosmos ou do lugar do

ser humano no cosmos. Sua discussão acerca do mecanicismo e do fisiologismo caminha na direção da psicologia e da sociologia; ele critica muito a ideia de ordem social, de que se possa compreender o ser humano e explicá-lo a partir de causas sociais que o determinam. Dostoiévski abomina qualquer forma de determinismo. Para ele, o determinismo até existe, mas é signo de que o ser humano está preso à gravidade da desgraça. Não é possível descrever o ser humano, categorizá-lo, prendê-lo; só se pode ouvi-lo. A única relação que se pode ter com ele é ouvir, jamais interpretar, porque, quando se interpreta, logo se percebe o erro. Essa contínua interpretação, na realidade, deve levar ao esgotamento da crença da interpretação última, à falha, ao abismo, no sentido de que se esgota a crença de que a linguagem leva alguém de fato a algum lugar. O que temos aqui é uma epistemologia encravada na teologia, na religião.

8. O fracasso da lógica

Ao considerar a teoria de Dostoiévski sobre o ser humano, isto é, uma espécie de psicologia ou antropologia de Dostoiévski, Bakhtin, além de nos fornecer a matriz da reflexão polifônica, aponta para o que ele chama de "fracasso da lógica": a lógica não é uma disciplina que descreve o que é o ser humano. Quando falávamos da mística ortodoxa, dissemos que, na ortodoxia, a lógica não é referência; não é a partir da lógica que nos referimos às coisas de Deus, mas, sim, a partir da evidência, da presença de Deus para algumas pessoas.

Retomamos aqui essa ideia, ainda que em outro contexto, porque a noção do fracasso da lógica é extremamente presente na obra de Dostoiévski. A lógica não nos leva a compreender o que se passa em sua obra; ela não é uma chave de entendimento sobre o que é o ser humano. Quando se declara guerra a essa ideia de lógica, como Dostoiévski parece fazer, indiretamente também se declara guerra a qualquer noção de que se possa usar o método geométrico filosófico clássico para discutir o que é o ser humano, ou seja, de que a partir de deduções tiradas de premissas se tenha uma chave de compreensão sobre tal universo. Essa ideia é importante porque, cada vez que tivermos a intenção ou o desejo incontrolável de dizer que determinado princípio não parece lógico, já saberemos que, de partida, a lógica não é a chave de entendimento.

Outro dado importante é a constatação de que, na obra de Dostoiévski, os personagens parecem seres aterrorizados. Esse terror é, na realidade, um terror moral, como podemos perceber na fala do personagem de *Memórias do subsolo*. Em certo momento, ele diz algo como "por que a norma deveria ser a regra?", o que parece ser uma redundância, mas o que ele quer dizer é: por que aquilo que chamaríamos de fisiologia deveria ser a regra, e não aquilo que poderíamos chamar de patologia? Ou seja, por que a desordem não poderia ser a constância? É lógico que a oposição entre patologia e fisiologia é uma oposição complicada, pois entendemos fisiologia como determinados processos bioquímicos que resultam em uma função de determinado órgão. Assim, se introduzirmos um vírus nesse órgão, ele começará a funcionar de forma patológica, ainda que, do ponto de vista do vírus, o que ele está fazendo nada mais é do que realizar sua própria fisiologia. A patologia do órgão, então, pode significar uma dimensão desdobrada da fisiologia do vírus. Com isso, quero dizer que o relativismo, embora tenha a função de demônio, é um demônio que nos compõe: diabólico é disjunção, doença para um, vida para outro, cosmologia relativista — a vida humana é mero ponto de vista atômico. Não adianta negá-lo, pois estaremos fazendo uma crítica ingênua do relativismo. Temos de atravessá-lo sem na realidade saber o que iremos encontrar do outro lado. Isso não significa que exista, no regime da razão, um oásis onde é possível chegar após essa travessia. Faço essa referência porque, diante de uma passagem como esta de *Memórias do subsolo*, pode parecer que Dostoiévski está "embaralhando as cartas". Ele não está propondo bobagens do tipo: "A doença é que é o belo"... Ele está mostrando a relatividade profunda do cosmos e que na realidade, ao se pensar, chega-se ao niilismo noético.

Dostoiévski faz relativismo o tempo todo; ele atravessa o relativismo, não o nega no sentido de evidência da existência humana. Ele não nega que o relativismo esteja presente dentro do ser humano, que este produza relativismo, ainda que diga que o ser humano anseie pelo absoluto. A fórmula que Dostoiévski dá, em poucas palavras, é que esse anseio pelo absoluto, numa criatura relativista — esta é a condição humana —, acaba produzindo os absolutos que ele considera a manifestação do mal: o absoluto como o Homem-Deus (Kirílov nos lembra isso), não como Jesus Cristo, mas que o homem possa ser elevado à categoria de Deus, o absoluto do homem. O mesmo se aplica àquelas utopias já mencionadas, quando se pensa ser possível encontrar um oásis dentro da história. O oásis está sempre fora da história, não dentro dela.

De acordo com Bakhtin, essa colocação de que a norma poderia ser a patologia, e não o normal ser a norma, consiste no terror moral, justamente o instrumento literário de que Dostoiévski lança mão para dissolver a ideia de lógica identitária. É dentro da discussão do terror moral, no qual o personagem apresenta, fala, descreve, sofre, que aparecem as fissuras da identidade, da unidade identitária ou da síntese identitária. A função da constante repetição de terror moral em todas as pessoas, em todos os níveis, dentro da poética de Dostoiévski é, segundo Bakhtin, a dissolução das pessoas como unidades nesse terror moral. Lembrando da discussão sobre a agonia e a polifonia, é como se não existisse um lugar de tranquilidade dentro dessa agonia, como se, na condição humana, não fosse possível chegar a um espaço que estivesse fora disso.

Para Dostoiévski, a condição humana de ser natural, ainda que redimida, quando falada, faz reaparecer a polifonia. Isso é reintroduzido no universo da fala agônica constante, na qual não se acha porto algum. Não devemos pensar, por exemplo, que os personagens bons como Aliódia, Míchkin ou Sônia, personagens que têm a função de trazer a presença do redimido, ou a presença da pessoa que tem algum contato com o bem, vão apresentar alguma outra coisa que não seja esse contato polifônico com os outros. É por isso que encontramos terror moral também em Alióscha; encontramos suas angústias em relação ao amor, à mulher, à situação dos irmãos diante do parricídio; encontramos o mesmo eixo de agonia polifônica o tempo todo. Quando em nós se erguer uma revolta contra a ideia de que não há lugar fora da agonia, porque senão a salvação não é lógica, recordemos que a lógica identitária não é o registro de Dostoiévski, não é o local por onde ele transita. Lógica identitária é o inquisidor.

Definição é, de acordo com Dostoiévski, sinônimo de coisificação ou de reificação, numa linguagem marxista-frankfurtiana. Ele recusa a coisificação dos personagens que cria. Digo isso para tirarmos a discussão da polifonia do sentido de que essa seria uma característica necessária do mal, o qual poderia ser evitado a partir da condição humana. A condição polifônica é a condição da queda. Contudo, ela entra na discussão da salvação dentro do registro humano, pois a polifonia é a garantia de que o outro não seja coisificado pela sua definição. Essa é uma das ideias centrais da poética de Dostoiévski: a polifonia, literariamente, está a serviço da não reificação do outro, mesmo que seja uma boa reificação, pois, ainda que seja possível dar uma boa definição para alguém, na medida em que é uma definição, continua sendo uma coisificação.

O ser humano se defende dessa coisificação, discordando constantemente de qualquer teoria que se apresente sobre ele. Isto também pode dar uma certa impressão de que os personagens de Dostoiévski seriam um tanto histéricos ou histriônicos, o aspecto febril que todos eles apresentam, parecendo nunca concordar com nada: eles não concordam não só com a definição que os outros dão sobre eles, mas também com as próprias definições que dão de si mesmos ao longo da obra. Eles mudam de opinião sobre si mesmos, o que em *Memórias* é muito claro, especialmente na primeira parte, na forma como aquela voz[140] vai ultrapassando as (auto)definições, o que, na realidade, tem um sentido bastante irônico, quase debochado. E não se deve ler isso como a atitude debochada de um infiel ou a atitude debochada de alguém necessariamente fora da possibilidade de salvação — é a atitude de um ser humano se defendendo do processo de (auto)coisificação, que pode vir da fala do outro, assim como da sua fala sobre si mesmo. Nesse processo, Dostoiévski ultrapassa a ideia do relativismo e quase adentra o universo do ceticismo, da incapacidade da linguagem de descrever o que acontece com o próprio sujeito da linguagem — a linguagem se perde dentro dela mesma.

Ao afirmar que, na obra de Dostoiévski, o homem não coincide consigo mesmo, o que Bakhtin quer dizer é: "A" é diferente de "A", isto é, não há lógica identitária aí. Em outras palavras, é aquela ideia de que, na existência natural, a figura da natureza é a decomposição. O ser humano se decompõe, e a imagem disso é a morte do indivíduo, do corpo. O corpo morre e, mesmo que ele se recomponha na barriga de uma bactéria, já não é mais o indivíduo. Podemos fazer, então, o caminho no registro existencial, no qual o indivíduo se decompõe, ou no materialismo, que é a compreensão do ser através de um processo contínuo de decomposição do ser. O que é o materialismo senão a redução do ser a suas partes mínimas?

Quando se reduz o ser ao átomo, ou à subpartícula do átomo, então o ser se torna, na realidade, aquela mínima partícula dele. Isso é interessante porque, para o materialismo se manter, ele se apoiou na ideia de que alguma definição iria conseguir resistir à decomposição. A própria palavra átomo significa isso: chega-se a uma entidade última que não é passível de decomposição. O próprio materialismo parece ter um mal-estar com relação àquilo que define a si mesmo, que é uma decomposição. O materialismo não define o ser a partir da decomposição do ser em partes mínimas? E ele não busca qual seria a parte última que não pode ser mais decomposta?

Portanto, esse movimento, essa total decomposição da identidade do indivíduo, faz sentido absoluto, pois, do ponto de vista da ortodoxia, a característica do mal é a decomposição. O mal decompõe a natureza e a natureza existe, após a queda, na condição de decomposta. O desespero do ser humano é a decomposição, à qual damos o nome de morte. O que Dostoiévski mostra em sua obra é que o ser humano está em processo de decomposição psicológica, espiritual e existencial ainda vivo. Podemos observar que alguns estão em processo de decomposição mais rápido do que outros; a decomposição pode inclusive aparecer numa fala racional, como a de Ivan. Isso é muito forte na obra de Dostoiévski porque, apesar de termos como suposto que para ele um indivíduo como Aliócha é quem tem razão, por ser um indivíduo religioso, e não Ivan, ainda assim, Dostoiévski dá a este toda carga e bateria necessárias para que ele defenda sua posição. É por isso que Bakhtin diz que Dostoiévski não assume o ponto de vista de nenhum de seus personagens: ele dá a fala igualmente a todos. Nessa medida é que surge o conflito infernal, porque ele não isola um personagem para transformá-lo em ponto de referência em relação ao qual os outros se situariam abaixo. A decomposição, metafisicamente, narra o fato de a vida não ter forma em si, de ser insustentável.

Todo indivíduo que pensa encontrar uma definição final para os seres humanos, e põe isso em prática, está na posição do inquisidor. O simétrico oposto disso, que é o bem, é a fala de Jesus, que é a "não fala": um beijo no rosto do inquisidor, ou seja, a materialização da ideia de amor mesmo. É só por meio do amor que alguém pode ter identidade; é pelo seu amor por alguém que a fala dessa pessoa deixa de ser uma coisa para você. A coisificação não acontece somente quando se fala com alguém sem querer defini-lo. A poética aqui tem função de denúncia metafísica.

Qualquer teoria que defina o ser humano, mesmo que seja boa, é inimiga de Dostoiévski. Na medida em que se define alguém, reifica-se, tira-se da pessoa a palavra, e mais: quando alguém tenta definir a si mesmo, já se encontra em processo de autorreificação. É como se Dostoiévski roubasse do ser humano a sua capacidade de definir a si mesmo. Por isso é que se tem a ideia, descrita por Bakhtin em sua obra, do homem inacabado: o homem, em Dostoiévski, é um ser necessariamente inacabado, porque infinito.

Dostoiévski não escreve uma obra filosófica sistemática. No lugar da anulação absoluta da filosofia ou da linguagem, ou ainda dos conceitos, ele joga a polifonia total. Ao invés de dizer "calem a boca", ele coloca os seres humanos falando o tempo todo: um escutando o outro, você escutando a si mesmo. É como se pudéssemos dizer que o único que pode se dar ao luxo de estar em silêncio é Deus.

Teologicamente, o impulso de coisificar, de definir, vem da parte do demônio. Há um pequeno conto de Dostoiévski, chamado "O sonho de um homem ridículo", no qual o indivíduo vai ao paraíso e lá conhece alguns seres humanos que não teriam passado pelo processo do mal como Adão — estariam vivendo lá até hoje. Quando esse homem ridículo (deslumbrado ridiculamente diante de sua própria imagem de perfeição) começa a conversar com os seres humanos que lá estão, acaba causando a queda desses seres humanos também. Ele fica deslumbrado com a beleza daquelas pessoas e quer conhecê-las; elas começam então a falar — antes nem falavam, pois tinham o dom de se comunicar entre si por uma intuição silenciosa — e, ao se comunicarem com o homem, ocorre a desgraça.

Zygmunt Bauman,[141] um sociólogo polonês, analisa, em um dos capítulos de seu livro, o que seria um castelo feito por imortais. Bauman faz este exercício: se um ser humano, mortal como ele, entrasse nesse local, ele levaria algum tempo e talvez nem conseguisse entender se havia algum princípio de lógica naquilo. É como se a lógica fosse uma definição necessária para o mortal e o imortal não lidasse com tal ideia. O que Bauman fala nesse capítulo é que a arquitetura do castelo não seguiria nenhum princípio de função, isto é, o visitante não conseguiria, por exemplo, entender por que uma escada está naquele lugar, ou por que a sala é naquele lugar, por que as janelas estão ali etc. Uma casa construída por um imortal, para abrigar um imortal, seria uma casa onde o mortal não consegue identificar o princípio lógico da arquitetura, pois lógica e função são "funções" mortais. Contrário do usual: lógica é figura do finito, do impermanente...

A obra literária ultrapassa a sistematização filosófica e quase ri dessa sistematização. No caso de Dostoiévski, à medida que o leitor se aprofunda em sua obra, tem a sensação de estar caindo em um abismo. É como se o pensamento fosse mergulhando num universo sem referências. A angústia de encontrar uma lógica é uma angústia de mortais.

Isso nos remete a uma referência de Evdokimov: a verdadeira vida da personalidade se dá exatamente nesse abismo, nesse espaço onde a definição não entra. O autor faz uma analogia bastante feliz com o lugar chamado *Santo dos santos*[142] pelas religiões abraâmicas — judaísmo, cristianismo e islamismo. Para essa tradição, existe um "lugar", no qual Abraão teria quase sacrificado Isaac, ou Ismael segundo o islamismo,[143] que fica dentro da mesquita de Omar,[144] do qual, do ponto de vista do judaísmo, só algumas pessoas seriam capazes de se aproximar no período do Yom Kippur — data máxima da manifestação de Deus. Essas pessoas são chamadas descendentes de Aarão, os *cohen*, descendentes dos antigos levitas — sacerdotes que carregam a descendência da família. Assim, o "abismo" que o ser humano tem é, analogamente, uma espécie de *Santo dos santos*, aquilo que seria o Homem no homem, o Ser Humano no ser humano. Trata-se de um lugar tão santo que lá não pode entrar a palavra, a definição ou a descrição; é neste lugar que está a personalidade, entendida no sentido sobrenaturalizado. No sentido naturalizado, só existe o "abismo" da palavra, a falta da palavra. Do ponto de vista da natureza, a vida psicológica se dá nesse lugar, cuja metáfora é o famoso "subsolo", o subterrâneo, o lugar onde o ser humano está jogado. Subsolo sem fundo, vácuo representado pelas infinitas redescrições que se propõe o paradoxalista.

A analogia feita por Evdokimov é absolutamente real, pois nada entra em um lugar santo: aquilo que é sagrado, por definição, não é alguma coisa que é radicalmente outra? Assim, existiria um ser radicalmente outro dentro do ser humano, para o qual o homem moderno se teria fechado, prendendo-se a definições. E o que se escuta, então, é a voz do subsolo, a voz do personagem de *Memórias*, aquela forma estranha de falar de si mesmo. O maior problema não é a palavra do outro sobre você: a maior tragédia é a palavra que você dá a si mesmo acreditando que ela o define. É nesse lugar, onde a personalidade não coincide consigo mesma, onde se enlouquece por nunca se conseguir ser igual àquilo que se acredita ser, pois se muda no tempo, no espaço ou no contexto, que ao mesmo tempo o indivíduo transcende a si mesmo. É como se a ideia da transcendência na natureza estivesse carregada nessa noção de agonia na qual o indivíduo vai se desfazendo; é a forma de viver a transcendência na desgraça.

Do ponto de vista psicológico, esse lugar, análogo ao *Santo dos santos*, é também aquele que vai produzir o que estou chamando, em linguagem contemporânea, de uma espécie de sintoma da personalidade. Sem entrar aqui em nenhum registro psicológico específico, uso a palavra "sintoma" simplesmente como um nome do padecimento do ser humano; trata-se de um ser doente. Quando se olha para um ser humano dessa forma e se vê alguém achando que encontrou o lugar da não doença, parece uma história de "Branca de Neve", uma história que nos daria a palavra final; e, na história dos seres humanos, a última palavra sobre o assunto será sempre a do inquisidor. Nos termos de Dostoiévski, é "aquela coisa de Roma". É a tragédia do cristianismo ao ter se transformado na história de Roma, do Império Romano.

Nesse sentido, a recomposição na unidade, da qual falamos anteriormente, é sempre um longo trabalho permanente dentro da polifonia, dentro da impossibilidade de definição, em que, se um indivíduo é um indivíduo recomposto, no sentido de que ele, de alguma forma, está tocado por Deus, a última palavra que se poderia dar é amor. A forma como esse indivíduo se manifesta é amor, é absoluto e total respeito pelo outro. Não se trata aqui do respeito lido na Declaração dos Direitos do Homem; mas respeito total e absoluto pelo ser humano, no sentido de saber que, de fato, não se pode forçar o ser humano a fazer nada. Não se pode nem mesmo educar o ser humano para ser melhor do que ele é. Eis aqui uma questão bastante complexa de Dostoiévski: ao querer fazer com que o ser humano seja melhor do que ele é, o que se faz é coisificá-lo. Este é o sentido do amor não caído: não reificar. Um dos nomes para a *imago Dei* no ser humano é a liberdade absoluta, e isto é o tormento do ser humano: ele é livre e procura, desesperadamente, formas de provar para si mesmo que não é, tentando estabelecer as causas que o levam a ser assim, pois existem conceitos que se organizam e dizem como ele é. Todavia, não devemos entender isso como uma militância pedagógica do *laissez-faire*, em que liberdade se transforma em credo conceitual: quando chegarmos a *Os demônios*, veremos que para Dostoiévski não há uma crença ingênua nas formas revolucionárias de educação.

No plano empírico não há nada absoluto: o absoluto surge sempre como um pesadelo. As imagens da liberdade absoluta são, por exemplo, dizer que o ser humano não é passível de ser convencido de coisa nenhuma. O que se fala do outro se fala de si mesmo, pois também se é um "outro" de si mesmo. Uma marca concreta do que seria a liberdade absoluta, do ponto de vista de Dostoiévski, é a compreensão da humanidade como um registro infinito de polifonia. Polifonia interminável, infinita, sem chegar a lugar nenhum; é a ideia de que o ser humano é inacabado. O indivíduo é o *Santo dos santos*, ou seja, é definido quase por ausência de definição. Podemos fazer aqui uma aproximação a Pascal e a Agostinho, quando este diz que a contingência é, de alguma forma, Providência, porque a contingência "protege" o ser humano das produções maléficas da própria razão. A contingência, portanto, entra para desfazer o esquema que a razão montou, o que na realidade é concupiscência. Não está muito longe da ideia, na obra de Dostoiévski, de que a polifonia ou a liberdade como contingência absoluta determinam o comportamento do ser humano como essencialmente errático. O ser humano é errático fora e dentro. É, de fato, uma ideia muito estranha, e se aproxima da ideia de disfunção.

A obra de Dostoiévski coloca a razão em desconforto: não é possível que ela adormeça e fique tranquila, ela tem pesadelos repetidos. A razão, na sua obra, é colocada em um lugar onde ela se bate de um lado para o outro, não chegando a lugar algum, e, se relaxar, vai desaguar no grande inquisidor. O ser humano tem uma dignidade, mas temos de tomar cuidado para não deduzir daí um projeto social de transformação absoluta, no qual eu forço o outro a ser alguma coisa que ele não é em nome de uma ideia de bem que eu tenho. Por isso é tão importante, para o autor, essa ideia de que o ser humano é livre acima de tudo. Lembremos que esse é o tormento de Dostoiévski: sou a favor da libertação dos servos ou não? Sim, porém não sou a favor da revolução, sou a favor do *tsar*.

Essa é a ideia mais difícil de compreender, pois para Dostoiévski a liberdade é sobrenatural. Quando se materializa no registro da imanência, ela necessariamente vai se manifestar como niilismo moral; isto é, quando a razão descobre que os valores são históricos, ela necessariamente coloca como postulado o niilismo moral como efeito de sua natureza escatológica. Embora isso não seja explícito, resvalamos aqui na teoria de Maquiavel. Em *Crime e castigo*, Napoleão é o Príncipe de Raskólnikov, aquele indivíduo que tem *virtù* e sabe que o resto da humanidade inteira são baratas que se batem com teorias morais que acreditam absolutas, mas que na realidade são contratuais e relativas.

Todavia, é preciso cuidado para não naturalizar o amor, porque Dostoiévski fala do amor sobrenatural. Algo que o estudo de sua obra deve nos causar é um cuidado gigantesco com a confiança na palavra. Se tem um nome — naturalizou. Não se trata da ideia de "vamos amar uns aos outros" que tudo ficará bem e fácil. Nem tampouco daquela ideia de que se pode até chegar a uma pedagogia de liberdade absoluta e do amor, pois, dessa forma, chegamos às escolas modernas nas quais as pedagogas sofrem porque pregaram liberdade, e o resultado são crianças de dez anos que não respeitam nada. Na realidade, elas entenderam que é para ser livre; o ser humano entende rápido isso. Então começa o pesadelo: não se pode reintroduzir nenhum valor religioso, porque sobre religião não se fala à mesa. De qualquer maneira, acho que há um ganho na modernidade: o estranhamento com a religião natural, essa condição de perceber que a religião enquanto instituição natural, estabelecida na sociedade, também vai dar numa inquisição.

Talvez não seja tão fácil identificar esse amor sobrenatural em Dostoiévski. Na lenda do grande inquisidor é muito claro, quando ele diz a Jesus: "Se você ama tanto os seres humanos, por que você não faz logo aquilo que eles desejam, que é parar de sofrer?". E Jesus faz tudo ao contrário. Que espécie de amor é esse? Ele é um incompetente, é um Míchkin. Se não fosse pela ressurreição, na qual alguns acreditam, o que sobraria de Jesus? A ideia de que Deus encarna em um ser humano e se dá mal desse jeito é um paradoxo. Na realidade, isso é interessante no cristianismo: o paradoxo que não tem acordo. Como vamos identificar esse amor?

Quando se pensa, por exemplo, que "o amor liberta" e se tenta definir o que é o amor, então ele já se perdeu. Parece impossível identificá-lo, como tudo o que Jesus pede ao ser humano parece impossível. Como diz Dostoiévski — e essa é uma ideia da ortodoxia —, um Deus que não pede o impossível, não é Deus. Se ele pedisse o possível, seria um líder sindical, ou algo assim. É o maximalismo de um radicalismo que tem por objetivo deixar a condição natural do ser humano em desespero total: não relaxe na natureza. Não se pode ficar tranquilo quando se pensa que se é um ser de natureza, porque, quanto mais se pensa assim, mais se afunda no mal. Por isso a ideia sobre a totalidade — por exemplo, a moda holista — é perigosa: ela parece carregar em seu bojo a ideia de que se consegue, com algum princípio, do ponto de vista natural, conter tudo e falar de tudo. Isso é o inquisidor de Dostoiévski. Freud está próximo dessa recusa da totalidade sintética, pois é um autor que está muito mais para o lado do conflito infernal da pulsão, mais perto de Nietzsche nesse sentido. Fazendo uma brincadeira com a linguagem, é por isso que acho que os termos totalidade e totalitário não são próximos por acaso. A polifonia e o fracasso da lógica são formas de duvidar da totalidade harmônica absoluta na natureza.

Quando se lê *Memórias do subsolo*, percebe-se que o autor chega às raias do deboche, da ironia, do cinismo, mas também é possível observar que o foco de Dostoiévski ali é o ser humano moderno, que acredita que a razão vai dar conta do que ele é. O personagem, por exemplo, diz que o problema dele é um problema de fígado, "mas eu não vou me tratar, não porque eu não acredite na medicina, mas não vou me tratar, porque já sou educado o bastante para não ser vítima dessas superstições que andam por aí", e muda de direção quando menos se espera. Bakhtin diz que Dostoiévski determina um "deslizamento da personalidade" continuamente. Dessa forma, o mal-estar com a questão da liberdade vai nos acompanhar o tempo todo, pois o que está posto na obra dostoievskiana é um mal-estar contínuo. Ao desconsiderar o mal-estar, desempenha-se o papel de inquisidor.

Se podemos definir bem uma palavra como "mesa", amor e liberdade são "conceitos" que na realidade parecem estar fora da linguagem. A palavra "liberdade", ao receber uma definição, parece que já não é liberdade, porque, por definição, liberdade é alguma coisa na qual não se estabelece nenhuma necessidade. É claro que podemos discutir liberdade do ponto de vista do comportamento, mas permanece um mal-estar: um resto enorme de não sentido. Não é à toa que Nietzsche e Freud, dois mestres em gerar mal-estar, adoram Dostoiévski. Não por acaso Nietzsche disse que finalmente encontrara alguém que escrevia com sangue. Obviamente, é alguém que não lhe dá sossego, pois mesmo os aparelhos noético e cognitivo não podem ter sossego. Dostoiévski é um autor — como Kierkegaard e Pascal — que consegue introduzir um mal-estar dentro do aparelho noético, e, ao se colocar uma definição no lugar do vazio do nome, na realidade, tenta-se resolver esse mal-estar. Mas esse processo da agonia de definir e compreender o que é a liberdade é um processo lento. Com certeza, não daremos a última palavra aqui, porque, se o fizermos, já não será aquilo que resiste a ser nomeado.

A liberdade pós-moderna é uma liberdade tal — e a minha crítica vai bem na linha de Dostoiévski — que caminha no eixo do niilismo. Entretanto, a ideia de liberdade pós-moderna, de alguém que tenha como projeto de vida chegar aos sessenta anos com uma cabeça de trinta (o que qualquer manual de psiquiatria define como retardamento mental, pouco importando qual o conteúdo da cabeça de trinta), é "melhor" do que a de alguém que permaneça sem perceber que o projeto utópico moderno soçobrou. Na realidade, o que critico é o bem-estar em relação à liberdade pós-moderna; a crença de que ela é uma utopia (consistente), que realizou a felicidade. Não podemos deixar de observar um mal-estar escondido na cara de quem diz que é feliz porque dança trinta horas por dia sem fazer mais nada. Ivan Karamázov, por exemplo, que é um indivíduo em que a razão está completamente despedaçada, ao menos está em outro estágio, qualificadamente mais sofisticado do que Smierdiákov — o irmão bastardo que mata o pai. Enquanto Ivan tem uma razão cristalina funcionando — é um indivíduo extremamente inteligente —, Smierdiákov, de alguma forma, está preso em um círculo quase de ameba, em que é completamente sonâmbulo dentro dele mesmo. Pode parecer estranho, mas penso que Smierdiákov está mais próximo da pós-modernidade alegre e Ivan da pós-modernidade infeliz consigo mesma, aquela que reconhece a si própria como utopia fracassada.

Dostoiévski, como todo cético, prefere a tradição. Em *Crime e castigo*, por exemplo, ele debocha da psicologia de Porfíri,[145] que acha que com sua teoria psicológica vai ser possível pegar o assassino. Nesse momento, Dostoiévski está criticando a psicologia que pensa ser possível entender o ser humano e "pegá-lo" a partir de uma teoria, quando na verdade o ser humano escorrega para outro lado. Para o autor, a lei não está baseada num sistema de direito natural. Dostoiévski questiona, por exemplo, qual é o problema, do ponto de vista da razão humana, de matar alguém, se há o desejo de matar. Se o ser humano é livre, ele tem direito de pegar uma criança e cozinhá-la, se quiser. Ao se produzir algum argumento humano contra isso, Dostoiévski responde colocando o assassino rindo, seu companheiro de Sibéria "extraordinário". Isso nos remete a um problema sobre-humano, porque o homem "é" sobre-humano. Na medida em que o moderno resolveu "vestir a camisa" da natureza, enlouqueceu ainda mais, pensando que com sua razão natural ele teria delimitado o ser humano que, por fim, iria funcionar.

Podemos, a partir disso, chegar a um pensamento perigoso. Eduardo Cruz,[146] em entrevista à revista *IstoÉ*, disse que uma das coisas que determinam a incompreensão da religião é que ela é perigosa. Eliade também fala que o Ocidente acabou com a religião quando a submeteu às declarações de direitos humanos de Robespierre: se não couber ali não é Deus, então não serve, não é sagrado, não pode. Mas é preciso cuidado. Não que ter uma religião seja perigoso, mas um pensamento como esse, por exemplo, que fala que o ser humano é sobrenatural, coloca o critério de verdade num espaço onde a razão não avança, o que obviamente, do ponto de vista da epistemologia, coloca a fala sob fogo — e tem de pôr mesmo (a linguagem é nossa ágora), pois a epistemologia é herdeira da democracia. Não é à toa que a epistemologia nasce na filosofia, que, por sua vez, nasce na pólis grega, na tentativa de construir critérios coletivos de conhecimento. Podemos até dizer que a polifonia seja uma forma de democracia, mas, ao interpretarmos assim, caímos na forma de pensamento de um Apel ou de um Habermas, para quem a existência do outro garante o significado da minha fala. Do ponto de vista de Dostoiévski — e eu concordo com ele —, a posição desses autores parece ingênua, porque posso muito bem fingir que estou ouvindo alguém, mas, na verdade, estou operando com a razão estratégica, e esse alguém se perde. Dostoiévski, Kierkegaard, Pascal, Agostinho são todos autores que, atuando na sociedade, parecem fazer uma crítica contundente à viabilidade do ser humano dentro dela.

9. O homem inacabado

Não é possível discutir liberdade em Dostoiévski sem a discussão do mal, pois uma coisa está diretamente ligada à outra, principalmente nessa nova forma de experiência da liberdade, que é a forma pós-queda. Nova experiência porque antes, supostamente, o ser humano teria uma outra vivência de liberdade. Esse tema será muito útil para aqueles que se preocupam com os desdobramentos e reenlaces, com a experiência mística, e como Dostoiévski vê esse retorno ao mundo.

Dissemos, anteriormente, que o inspetor Porfíri Pietróvitch, de *Crime e castigo*, pensava conseguir pegar Raskólnikov pela análise psicológica do criminoso. Pietróvitch representa um determinismo, no sentido de ser possível, a partir do mapeamento das causas, deduzir o comportamento das pessoas, sabendo qual seria sua natureza psicológica. Na verdade, quem acaba tendo acesso à alma de Raskólnikov não é Porfíri Pietróvitch, mas Sônia, a prostituta amada. Por que Pietróvitch não seria capaz, como não foi, de compreender exatamente o que está em jogo? Por causa do que Bakhtin chama de "homem inacabado": a antropologia de Dostoiévski seria a antropologia de um homem inacabado, e inacabado por ser um animal do infinito. Mas, depois da queda, esse infinito é vivido como uma espécie de inferno constante, cuja imagem projetada no espelho noético é o niilismo. É preciso considerar isso com bastante calma para que fique claro — e é algo que torna Dostoiévski fascinante — que, ao mesmo tempo que o infinito pós-queda é um inferno, só existe salvação ao atravessá-lo.

Dostoiévski diz, em "O sonho de um homem ridículo", que é impossível para o ser humano viver no paraíso, porque é impossível para o ser humano qualquer tentativa de sair da dimensão temporal na condição de indivíduo da natureza: ele tem de existir na dimensão temporal, atravessando esse inferno em que está. Quanto mais ele se aprofunda nisso, menos distante está da realidade. Ao se tentar construir uma forma abstrata de sair dessa situação, fazendo aquilo que Evdokimov[147] chama de "resumo" da condição humana, isto é, resumir a condição humana projetando o que ela deve ser para chegar à utopia de um paraíso qualquer, mais longe se estará da salvação do que ao atravessar o abismo identificado por Dostoiévski. É por isso que, em sua obra, o sintoma,[148] aquela ideia do sofrimento psicológico enquanto tal, é revestido de uma certa sacralidade, pois é ao atravessar o sintoma, na agonia em que o indivíduo está, nessa polifonia interna, nessa não identificação consigo mesmo (em vez de mentir sobre isso), que encontramos o sentido construtivo da travessia. É percorrendo esse caminho que o ser humano está mais próximo de ser o que ele é, um ser sobrenatural: outra forma de declinar o combate monástico contra a fisiologia da desgraça. A denegação disso tudo é a projeção de imagens resumidas, como fala Evdokimov. Por isso o homem ridículo imagina o paraíso como algo ingênuo, onde os seres humanos são infantis. O humanismo naturalista é ridículo porque é um resumo desse tipo.

Essa antropologia de um ser humano inacabado nos leva a crer que o estudo da mística, ou o estudo da religião mesmo, isto é, o estudo do indivíduo religioso, a partir da leitura que Bakhtin faz de Dostoiévski, necessariamente vai passar por um caráter inacabado, infinito, pois, como diz Bakhtin, o escritor russo não fala "das" pessoas, ele fala "com" as pessoas. Os personagens dentro da obra falam uns com os outros, e, toda vez que um tenta definir o outro, essa definição é logo depois desqualificada. Isso me leva a supor que haja uma epistemologia dostoievskiana em Bakhtin (algo a ser iluminado com mais rigor): essa epistemologia passa pela ideia de que uma ciência da religião é exatamente aquela que não define seus objetos, mas vai infinitamente dar a palavra a essas pessoas religiosas, que constituem o seu "objeto", só sendo capaz de conhecê-las à medida que falem. Daí a ideia de que é uma espécie de abordagem que pressupõe a noção de não se chegar ao fim. É uma epistemologia esquisita, num primeiro contato. Isso lembra o que Heschel diz: o filósofo da religião é uma testemunha, trabalha em cima do testemunho. É isso que entendo por ciência da religião como crítica religiosa.

Esse caráter constante de polifonia nos remete necessariamente à noção de conflito, e aí temos uma proposta de epistemologia dramática, difícil de apreender num primeiro momento, porque estamos dominados pela ideia de que a epistemologia deveria produzir um conhecimento "epistemático" — forçando a linguagem —, isto é, a partir da própria ideia de *episteme*: conhecimento necessário, universal, imutável, todo aquele projeto platônico em oposição aos sofistas. Nesse sentido, até parece que Dostoiévski está mais do lado dos sofistas. Na realidade, ele não nega o relativismo; poderíamos até afirmar que negar o relativismo, para ele, seria uma espécie de "resumo" do ser humano. "Resumo" no sentido empregado por Evdokimov, apontado acima, de lançar o conhecimento no plano do abstrato, do irreal.

Para Dostoiévski e Bakhtin, a única forma de conhecer uma pessoa, saber o que ela é, o que pensa, ou a experiência que ela tem, é deixá-la narrar-se. Tudo é provisório: uma espécie de mal-estar noético. A única voz absoluta em *Os irmãos Karamázov* é a do inquisidor. Quando ele coloca Deus para falar em sua obra, Ele não fala: Deus encarnado em Jesus Cristo não fala, só dá um beijo em quem o acusa, naquele que vai mandá-lo para a fogueira.

Discutimos anteriormente o caráter antinômico da mística ortodoxa na polêmica entre Palamás e Barlaam, na afirmação da experiência mística como algo antinômico, que está do lado de fora da razão natural, razão essa que, para Dostoiévski, é quem produz o relativismo. As ideias, para ele, são pessoas (homem-ideia dostoievskiano), não abstrações, são pessoas que têm nome. Dessa forma, uma ideia ou uma pessoa sem essa fundação, alicerce ou eixo que a segura, irá soçobrar em uma razão enlouquecida, que, em sua obra, são os personagens que estão do lado de fora dessa experiência antinômica, dessa experiência desgraçada da liberdade intratável de Deus.

Evdokimov define o nada não como a ausência de ser, mas como uma outra qualidade que vai devorando o ser depois da queda. O pensamento, isto é, a própria ideia de signo, está posto sob suspeita. Quando se tenta construir um significado, se esse significado não for, de alguma forma, rasgado pela experiência de Deus, irá soçobrar na falta de sentido. O que nos interessa aqui é que, ao mesmo tempo que mostra a desgraça de alguém correndo atrás de um significado em uma fala, Dostoiévski diz que é melhor isso — vagar, buscando um significado, tendo febre como Raskólnikov — do que a postura de alguém que sabe exatamente qual é a verdade, aproximando-se assim do inquisidor. É preciso calma diante da sutileza do lugar do relativismo e da polifonia em Dostoiévski para não jogá-los logo do lado do mal.

Avançando um pouco, qualquer definição é signo do mal, qualquer definição que não tome a si mesma como uma definição móvel, transformável, isto é, aquela que se despedaça, se refaz, se decompõe, torna a se refazer, num movimento contínuo e eterno. Mas como fazê-lo? A resposta é, antes de tudo, uma questão, mais uma vez, epistemológica, pois, sempre quando se afirmar alguma coisa, a forma como o raciocínio for construído, ou a forma como determinadas coisas forem enunciadas, deve ter por base que todo enunciado tem um valor limitado. Por isso que é relativismo: vale por um determinado tempo. Ainda que se reconheça o relativismo, não se deve erguê-lo como um totem da salvação, sob o risco de se cair na ilusão de que o absoluto não existe. Para Dostoiévski, o absoluto existe, só que do lado da evidência experimentada. Essa questão provoca um choque no pensamento, mas é saudável na medida em que nos tira de uma posição confortável. Imaginar conforto, pensando a partir de Dostoiévski, é um delírio, um erro epistemológico.

Na realidade, não é à toa que ele figura ao lado de pensadores heterodoxos, como Pascal, Kierkegaard e Nietzsche, assim considerados por colocarem a razão em dúvida, mostrarem suas falhas e, principalmente — e não há nada mais pós-moderno do que isso —, terem consciência da fragilidade do pensamento. Só que, com exceção de Nietzsche, tanto Pascal como Kierkegaard também serão pós-modernos com Deus, no sentido meio poético do termo, pois ambos colocam, ao lado do relativismo, do ceticismo, da dúvida, esta outra dimensão antinômica: a dimensão da experiência do *páthos* divino. Essa mistura, que parece estranha, implica uma espécie de agonia no plano epistemológico, a consciência de que a razão não é capaz de descrever e que há alguma coisa ao lado, que não se permite descrever, mas que mostra que o relativismo é, na realidade, um sintoma, uma condição natural: a natureza é que é a patologia.

É importante lembrar que, se há uma significação válida para Dostoiévski no plano da razão, do conhecimento e do pensamento, esse movimento da significação passa necessariamente pela febre, pelo desespero que caracteriza as almas de seus personagens — é um movimento de "desalienação", que significa aqui "descoisificação". Podemos observar isso na agonia de Ivan, em suas discussões com Aliócha; nos embates de Raskólnikov tentando sustentar a postura do Príncipe maquiaveliano na pessoa de Napoleão; no próprio indivíduo de *Memórias do subsolo*, falando na primeira pessoa. Em *Os demônios*, Dostoiévski mostra uma razão já soçobrada no campo do niilismo. Enquanto em Ivan e Raskólnikov existe um mal-estar, em Piotr Verkhoviénski já não há nenhum. Ele é um revolucionário, uma espécie de radiografia feita por Dostoiévski dos avós da Revolução Russa.

Piotr Verkhoviénski é um niilista, como o chama Dostoiévski. O niilista é um pós-moderno sem Deus, é aquele que acha de fato que a liberdade definida em termos humanos vai levá-lo a algum lugar, que o ser humano pode tomar sua condição na mão e construir o mundo tal como desejar: matar quem quiser. Se formos rigorosos, do ponto de vista de Dostoiévski, não existe o conceito de pós-moderno — ele está pensando no moderno, Piotr Verkhoviénski é um moderno. Todos os personagens aos quais me referi anteriormente, nos quais a febre, o suor, a agonia e o movimento enlouquecedor da fala polifônica estão presentes, estão mais perto de Deus do que Piotr Verkhoviénski. Ivan, com toda a sua crítica, com toda a agonia por que passa, vendo e conversando com o demônio — e isso é típico na obra de Dostoiévski —, está mais próximo de Deus, porque a salvação passa pelo sofrimento e pelo sacrifício. Não há redenção sem dor, sem sofrimento, sem agonia; quem nega essa agonia, seja lá por que razão for, é um mentiroso, seja no plano do conhecimento, da moral ou psicológico.

Nesse sentido, podemos dizer que a polifonia é um instrumento de redenção. Ao menos, ela garante o não resumo, o não esboço, a não mentira. É uma ideia importante em Dostoiévski, pois sustenta a postura do indivíduo como agente do noético, do *nous*, ou pensamento, isto é, como alguém que produz pensamento ou conhecimento, que tem uma relação com o meio externo via cognição e a transforma num material conceitual que será, portanto, esse material noético. William James[149] diz que toda experiência mística tem um conteúdo cognitivo e noético, ou seja, que há um conteúdo de apreensão do ser divino com o qual o místico se relaciona, e um conteúdo noético, aquilo que o místico apreende e se transforma em pensamento, em elaboração.

É importante ressaltar que os medievais diferenciavam razão e intelecto: o intelecto é o lugar para onde a razão vai, estando a razão, portanto, para trás do intelecto. Na linguagem contemporânea, o movimento do intelecto é o movimento da razão. Quando falo de *nous,* de agente noético, utilizo o termo no sentido contemporâneo, para o qual a epistemologia é o ramo da filosofia que discute a condição do ser humano enquanto agente noético, produtor de conhecimento. O conhecimento epistêmico é o conhecimento seguro produzido pela razão discursiva, é a dimensão pragmática da linguagem. Quando alguém enuncia a expressão "agente noético", esse enunciado pressupõe o que falamos hoje em dia, ainda que reconheçamos a carga histórica do termo e as transformações pelas quais passou. Na realidade, o movimento do pensamento ocidental vai muito no sentido da "desmetafisicação", do desmoronamento da metafísica: a condição noética, então, fica cada vez mais identificada à razão. Quando retomamos o sentido histórico da palavra *nous* e percebemos um estranhamento em seu uso, nesse momento já tivemos uma experiência de estranhamento com o conhecimento, uma experiência epistemológica, ou seja, perceber como o pensamento mudou com o passar do tempo. A carga medieval metafísica da palavra *nous* se desfez. Aqui, o estranhamento indica a perda da dimensão metafísica dos termos epistemológicos da linguagem filosófica.

Ao se instalar numa visão pragmática do conhecimento, instala-se na visão relativista: ainda que se percorram os parâmetros do uso daquele termo (relativismo), na realidade, o trabalho epistemológico é polir os diferentes usos das palavras, deixando o mínimo ruído possível. Quando se pensa que se poliu o suficiente, a ponto de não haver ruído algum, nesse momento se toma o lugar do inquisidor. O que garante essas "manchas no espelho" o tempo todo é a polifonia constante, a consciência de que o que interessa — e Dostoiévski diz em seu diário que tudo aqui embaixo não interessa — não pertence à natureza, ao que está aqui embaixo. Aquele que acha ter conseguido acabar com o ruído é o indivíduo que pensa que aqui embaixo é possível falar do absoluto. O "aqui embaixo" não é capaz de falar do absoluto: é melhor que ele fique na agonia de estar constantemente se desfazendo, pois esse movimento contínuo de se desfazer é, na realidade, o polimento. É esse movimento que cria, no plano do conhecimento, o polimento, a não ilusão, o conhecimento atormentado pelo ceticismo constante que percebe não estar descrevendo o objeto. No plano psicológico, com todas as ressalvas, tal movimento produziria o "autoconhecimento", uma função do constante desalienar-se, por meio da constante polifonia consigo mesmo.

Não se pode falar em autoconhecimento realmente porque esse "auto" faria referência ao *Santo dos santos*, que não é passível de conhecimento. Por isso é que podemos afirmar que, para Dostoiévski, não existe psicologia do místico. Ele escreve após o idealismo alemão, que, para ele, cometeu o grande crime de ter construído a ilusão, que toda a psicologia postula, de unidade psicológica: não há unidade. O autoconhecimento então não chega nunca a uma coisa terminada, é só processo. No judaísmo, a imagem de Deus no homem, a *imago Dei*, é justamente aquilo que o homem não sabe sobre si mesmo, que é oculto para ele. Quando se perde isso de vista, cai-se na ilusão idealista. No regime da natureza, o que acontece é a polifonia "desalienante", aquela imagem de uma coisa infernal, que implica em sofrimento, formando uma espécie de substância anti-identitária.

Poder-se-ia indagar aqui como conciliar a dimensão da experiência tabórica da transfiguração do mundo, pela qual o místico passa, com a queda na polifonia que está manifesta nessa agonia, nesse sofrimento. As figuras meio santas de Dostoiévski parecem não estar muito presas à gravidade, parecem ter uma ingenuidade boba, como Míchkin, que parece ser um idiota mesmo: quando olhamos para ele, parece que a gravidade não o puxa para o chão, por isso ele é um idiota — é a força da gravidade que dá consistência e forma.

Nesse sentido, lembremos que, no deserto, o combate do monge é constantemente contra a fisiologia e a natureza: o sofrimento está aí, presente o tempo todo. Da mesma forma, existe também um otimismo na obra de Dostoiévski, o otimismo da luz tabórica, de quando se tem absoluta certeza de que se conhece Deus, de que Ele está ali; é o momento no qual o ser humano sentir-se-ia elevado dessa condição de sofrimento, mas que, ao falar, seria reinserido na confusão, no caos. Portanto, essa contradição — Dostoiévski está permeado de contradições — é que dá a liga. Bakhtin chega a afirmar que qualquer autor que um dia ousar sistematizar Dostoiévski estará correndo um grave risco conceitual. Decerto, a linguagem implica a degradação da experiência interior como figura da dispersão.

A polifonia como redenção implica em polifonia como reenlace, numa determinada qualidade, e, mais, o reconhecimento da condição humana como necessariamente polifônica já é uma característica do reenlace. Condição humana polifônica no sentido dostoievskiano, não a condição polifônica que soçobra no niilismo, o pós-moderno sem Deus do qual falávamos.

Na realidade, existe uma incapacidade ontológica do ser humano de pensar, descrever, definir, compreender ou construir o paraíso no mundo. Quando faz isso, ele cai no esboço, no resumo, na ingenuidade e na utopia.

Em "O sonho de um homem ridículo", o personagem diz que não consegue amar se não for através da dor. Em seu sonho, no paraíso, ele diz que tem saudade do seu mundo, da sua terra, porque lá, no paraíso, ele não consegue amar: ele só consegue amar quando está na sua terra, onde existe dor, sofrimento, angústia — sem isso não há amor. Na minha opinião, isto é bastante cristão: essa agonia toda de paixão e de carregar a cruz. O cristianismo russo carrega muito nessa ideia de redenção, de que se é salvo pelo sofrimento. É daí que vem a suposição de que os russos são reacionários ou niilistas, o que a mim parece uma leitura redutora. Todavia, o foco aqui deve ser a sutil "mecânica" desse amor que se confessa condicionado pela dor.

Entretanto, no meio do sofrimento há também alegria, só que ela está dentro da polifonia. Quando se diz "é tudo alegria e sofrimento", já se está definindo. É por isso que, a rigor, a verdadeira palavra sobre as coisas deveria ser uma palavra silenciosa, porque, ao se falar, já se deu um sinal, já se pensou, já é um mal. É como se disséssemos que é melhor calar — falar para quê? Falamos porque estamos no universo do conhecimento. Aliócha está dizendo a mesma coisa quando critica a ideia de que os homens da sua época amam mais o conhecimento sobre a vida do que a própria vida. Porém é preciso cuidado para não cair naquela ingenuidade da celebração da vida, pois Dostoiévski diz que o ser humano é ontologicamente incapacitado para o paraíso e, quando sonha com isso, o faz enquanto "homem ridículo", ou seja, aquele que faz uma imagem dos indivíduos no paraíso como verdadeiras borboletas, de uma fragilidade tal que basta começar a falar com eles para que se despedacem todos. Parece haver uma vocação irresistível do ser humano para o risível quando delira em utopias. Por outro lado, o valor enorme do silêncio na religião é sabido.

Dostoiévski está num universo judaico-cristão, que tem sempre um certo problema com qualquer espécie de celebração da vida. Não estamos aqui em nenhum tipo de paganismo, onde a salvação se dá por meio de algum ritual hierogâmico. O que Aliócha diz não é uma celebração da vida, pois, no momento em que se diz "vamos celebrar a vida porque a vida é sagrada", já se está falando sobre a vida, portanto, definindo. A rigor, não se pode falar "a vida". Tudo o que importa — e aqui esbarramos na ideia de que o Ser é o não ser — é o que não se fala, não se descreve, aonde não se chega, o que está realmente fora da capacidade de significação. Dostoiévski faz parte da linhagem de autores que instauram no leitor uma autopercepção da ordem do estranhamento, da não identidade consigo mesmo. O si mesmo estaria nesse não ser. Lembremos que no *Diário de um escritor*, obra escrita no final de sua vida, Dostoiévski diz que na imanência tudo é menor. Isso é um grito de guerra contra o naturalismo.

Aliócha prefere a vida ao conhecimento da vida porque ele se refere à vida como algo fora da representação possível.

Os personagens de Dostoiévski sofrem de fato, mesmo nos momentos em que são felizes. A palavra "sofrer" está diretamente ligada às palavras *páthos*, *affectus*; somos indivíduos que sofrem o *páthos* de todos os lados, inclusive dentro de nós mesmos. Então somos um ser à deriva: estamos no movimento constante das paixões — paixão no sentido grego. Fugir disso é uma ilusão.

De acordo com Bakhtin, a guerra contra o individualismo metodológico está bem ligada à cultura soviética, ao pensar o ser humano como indivíduo, naquele sentido de indivíduo igual a átomo, indivisível. O ser humano é divisível internamente, infinitamente, *ad aeternum*, e é uma divisão que a pessoa sente, pois é corpórea e espiritual. Construir um pensamento sobre o conceito de indivíduo, ou ter um pensamento baseado no individualismo metodológico, significa, no plano epistemológico, "monologismo", isto é, sair da polifonia para acreditar que a sua fala é unívoca. Essa linguagem não é a de Dostoiévski, pertence ao universo agostiniano, pascaliano: é a ideia de que o conhecimento humano é necessariamente equívoco, e não unívoco. A polifonia é equívoca, porque multivocal. Univocalismo, univocidade, esse conhecimento construído sobre a ideia de "mono", ligado ao individual, à unidade sintética do ser humano, é abstração vazia.

Para Dostoiévski, basta que um ser humano cesse de mentir para si mesmo para descobrir que não vai saber quem ele é. No contexto do marketing, essa forma sofisticada de mentira que se tem hoje em dia, isto é, uma mentira científica, feita em cima de regras, que nos permite construir uma unidade para funcionar no mundo, unidade que deve projetar mais sucesso e alegria, porque o sistema todo é baseado nisso, é até possível lidar com uma noção como essa, isto é, determinar sua unidade identitária; mas trata-se de saber apenas o que se consome. No plano do conhecimento, por outro lado, do ponto de vista de Dostoiévski, acreditar numa versão dessas sobre si mesmo é criar uma lenda pessoal, ou seja, uma lenda onde se cria uma definição sobre si mesmo. Poderíamos dizer que qualquer noção abstrata de integração absoluta do ser humano já seria uma mentira, ou uma ideia de que ele estaria fazendo um resumo de si mesmo.

A imagem da "confederação de almas", de Tabucchi,[150] poeta italiano, descreve bem o que estamos discutindo. Há um trecho em seu livro no qual um médico, que está querendo estudar Freud, lança a teoria de que o ser humano, na realidade, é uma confederação de almas, sendo que não há nenhuma alma que seja melhor do que a outra. A ilusão de que se é uma pessoa surge porque, de vez em quando, uma das almas submete as outras, permanecendo ativa e fazendo com que se acredite que se é daquele jeito. De repente, ela perde o conflito para outra, que toma o lugar da primeira e começa a reger o corpo, provocando a impressão de que se é outra pessoa — descentramento identitário. Ainda que em Dostoiévski não haja nenhum momento que reflita essa situação, existe a ideia de que se está fazendo projeção toda vez que se pensa ser uma unidade. É uma ideia importante: quando se projeta uma unidade sobre si mesmo, essa projeção é sempre uma figura do mal, e é pior do que permanecer na polifonia interna. Para Dostoiévski, parece melhor ser um neurótico absoluto, numa linguagem meio vaga da psicologia, do que achar que não se é neurótico.

Restariam então a literatura e a religião, pois parece que ele inviabiliza o conhecimento científico nos moldes da ciência moderna de Descartes, Bacon, Popper. Nós só conseguimos apontar um sentido que é menos iludido, um sentido que tem consciência do limite do que está falando, tem consciência de que aquele objeto escapa por todos os lados, mas há aí uma questão a lembrar: não há equivalência amorfa das formas, no sentido de "vamos gozar das personas". O que está para além das formas é sem forma natural... Há relativismo, só que há relativismo consciente e relativismo não consciente. O máximo aonde podemos chegar, a partir de uma epistemologia de Dostoiévski, é à ideia de um estudo da religião como crítica religiosa de si mesmo e do mundo. Não se estaria postulando conhecimento enquanto sujeito do conhecimento moderno que conhece um objeto, mas falando de um conhecimento que é estabelecido no diálogo contínuo, na transformação dos sujeitos, na percepção deles por vários lados, o que é profundamente estético. É por isso que acredito que uma ciência da religião, a partir dessas considerações, é mais próxima da ideia de crítica religiosa ou crítica da arte e não de um estudo do tipo *"cultural studies"*, que devora a reflexão estética. Como fazer ciência (no sentido epistemológico clássico) a partir de um quadro como esse? Seguramente, fazendo uma ciência pragmática, artificialista. Delimita-se o objeto e tenta-se garantir de qualquer jeito que não haja aquilo que os franceses chamam de *glissement de sens*, deslize do sentido. E como se faz isso? Estabelecendo convenções claras.

O trabalho com a epistemologia deve levar o agente noético à consciência absoluta da sua incapacidade de ter certeza de qualquer coisa. Ao trabalhar com Marguerite Porete, por exemplo, deixe-a falar antes de colocar palavras em sua boca. Comece por aí: não interprete e procure não interpretá-la de forma a não fechá-la em uma categoria que ela não possa refutar dizendo que nunca pensou naquilo, não passou por aquela experiência. Se fizer isso, avise que está fazendo. É bem o conceito da epistemologia pragmática da razão local. Ouçamos Pascal: faça um recorte e fale sobre ele, para garantir que a sua palavra tenha significado enquanto estiver dentro do discurso que se quer consistente. Saindo dali, ela já não tem mais significado, vira *doxa*, opinião.

Retomando a ideia de integração, quando se diz integração do eu, unicidade do eu, "eu" é com certeza uma má palavra. Se fizermos oposição entre aquela mística que chamo de psicológica e a mística ontológica medieval, o "eu" é um peso, pensando em Simone Weil, é uma coisa que se arrasta ao longo da vida, e, quanto mais se acreditar que se deve ser fiel a ele, mais se tem de lidar com a projeção que se faz de si mesmo. Nesse contexto, a "unidade", o lugar onde está a personalidade no plano natural — quando falo natural, quero dizer psicológico —, é essa polifonia, é o multivocalismo interior. No limite, esse multivocalismo é definido como interior/exterior porque existe um corpo que separa o sujeito do meio. Se radicalizarmos, o interior/exterior passa a ser uma mera questão epitelial.

No plano psicológico, a personalidade é essa polifonia absoluta. Quando se ultrapassa o plano psicológico e se fala no plano pneumatológico, no plano espiritual mesmo, no sentido duro do termo, esse "nó" interior, esse lugar do *Santo dos santos*, que é o núcleo ou centro da personalidade, não se pode definir, pois não se tem acesso direto a ele. Bakhtin aponta para o fato de que no meio da polifonia, quando as teorias entram em choque, as próprias autodefinições, a teoria que um tem sobre o outro, a teoria que se tem sobre si mesmo, nesse nó da equivocidade das várias vozes, a personalidade é, na realidade, o atrito que têm as várias definições sobre si. Em outras palavras, o núcleo da personalidade está nesse núcleo abissal de angústia em que se está.

Não há lugar para integração. Há, em Dostoiévski, o que alguns autores contemporâneos gostam de chamar de uma "filosofia da suspeita", aquela suspeita sofística de que o que se fala não é bem isso, o que se sente não é bem aquilo. Na realidade, só é possível sair disso quando se está em experiência mística.

Ainda que essa afirmação possa soar forte, a integração não é passível de ser feita pela psicologia, pela antropologia ou pela teologia, senão se naturaliza. Por isso é que os especialistas em mística dizem que o objeto de estudo da mística é o relato e a expressão, jamais a experiência em si. Na realidade, aí temos um choque: é como se a experiência fosse um local a que não temos acesso.

O relato pode apontar na direção da dogmática ou contra-dogmática, pode estar relacionado com determinado contexto, descrever o objeto da mística de tal forma, mas ainda é um relato: são palavras, sensações transcritas em palavras. É nesse sentido que um estudioso contextualista da mística como Katz[151] vai dizer que não existe mística, existem místicos e místicas; não existe uma unidade transcendental chamada mística, existem relatos, alguns pertencentes à mesma família linguística e cultural, outros pertencentes a famílias distintas. Todo o universo wittgensteiniano permeia essa ideia de que não existe universalidade da linguagem, mas, sim, familiaridade entre termos e conceitos. A linguagem não seria capaz de inscrever universalidade nenhuma. Falamos aqui em Wittgenstein porque estamos mergulhados na época contemporânea, mas essa questão — essa dificuldade da linguagem — vem, no mínimo, desde Ockham. A linguagem só descreve nome, ou seja, indivíduo concreto, unidade, nunca descreve o universal.

Do ponto de vista de um contextualista radical como Katz, por exemplo, é preciso trabalhar com os próprios critérios autodenominativos: os próprios indivíduos se denominam indivíduos que têm experiência extática. São basicamente dois critérios: um critério de autodefinição e um critério de definição exterior, que é o reconhecimento da comunidade, semelhança de aspectos culturais identificada no relato. Há casos em que, embora a pessoa se defina como mística, mesmo que fora de qualquer continente institucional, é possível perceber em seu relato que se trata de uma mística "anômala": não se consegue encaixá-la em nenhum continente místico. As pessoas que se debruçarem sobre a Nova Era, por exemplo, com certeza encontrarão algum tipo de experiência mística anômala, que mistura Elvis Presley com Jesus, ETs, energias, estabelecendo um jogo de linguagem a princípio anômalo em relação às tradições religiosas conhecidas.

Padre Vaz,[152] em seu livro sobre mística, combate essa tendência dizendo que não se pode sair por aí aplicando o termo "mística" para qualquer coisa: ou é mística profética ou então mística psicológica extática, pois mística implica uma relação entre um indivíduo e o divino. Não se pode falar em uma mística do povo ou uma mística em determinada arte, numa reunião de rock, por exemplo. Eliade já é menos radical e procura observar se não seria possível perceber algo de sagrado mesmo em determinados shows de rock. Portanto, o conceito de mística é passível de controvérsias.

O monologismo, do qual falava anteriormente, é outro nome para reducionismo nesse universo. O conhecimento acadêmico é, por definição, um conhecimento monologal, porque é produzido por alguém que pega um objeto, fala sobre ele, e o máximo de polifonia que existe são os momentos nos quais há debates sobre tal objeto, nos momentos ritualísticos das defesas, dos congressos, seminários, mesas-redondas, aulas, seminários de pós-graduação, ou mesmo seminários de doutorado. Porém, ainda que se considere que, de alguma forma, há um diálogo, o conhecimento é monologal. Para Dostoiévski, a própria sociologia é algo monologal, porque define a pessoa a partir de um corpo teórico específico, reduzindo-a à mera noção de comportamento.

A ideia de que o ser humano parece ser sem solução é porque ele é mesmo sem solução (animal da aporia). A não solução que os personagens de Dostoiévski apresentam é figura do caráter infinito do ser humano. Qual a solução razoável para um abismo? A polifonia, enquanto espaço no qual a verdade do ser humano está mais bem posta, seria, portanto, a melhor forma de nos aproximarmos de um ser que é infinito: abordá-lo nesse eixo do diálogo, do multivocalismo, da incapacidade de se definir. O conhecimento científico corre o risco de colocar o homem numa espécie de moldura, que pode ser totalmente ridícula (no sentido dostoievskiano), na medida em que pensa estar dizendo a última palavra sobre o assunto. Daí a linguagem científica ter de apresentar esse caráter que os americanos chamam de "tentativo", um caráter do tipo "eu acho que", "tudo indica que", "provavelmente" etc. Essa linguagem, esse jargão, na realidade, aponta para certo sombreamento do objeto, é pura consciência do limite do conhecimento humano, da miséria cognitiva humana.

Um detalhe importante, decorrente da polifonia, é que o real não existe na obra de Dostoiévski: o real é sempre a fala de alguém. Do ponto de vista da poética, é impressionante como ele descreve o mínimo de traços físicos de seus personagens. Ele dá determinadas características, às vezes um bigode, uma roupa, um modo de se comportar, um modo de andar ou determinada posição do olho ou, ainda, uma beleza sublime como a de Nastácia Filíppovna, quer dizer, uma beleza tal que as pessoas se assustam ao vê-la pela primeira vez. Então, no momento em que faz essa colocação, o que transparece na sua linguagem? Que é uma beleza que assusta, que é quase não natural de tão bela; uma beleza que acaba por levá-la à tragédia, porque ela também não consegue viver bem com toda a sua beleza.

É claro que os personagens de Dostoiévski são todos mal-resolvidos de alguma forma — segundo ele, graças a Deus. Alguém bem-resolvido no domínio da natureza é alguém que, na realidade, está vivendo a partir de um esboço de si mesmo, projetando esse esboço continuamente. A obra de Dostoiévski é um trator, é uma poética que vai destruindo e decompondo as pessoas. Só que, quando se tem contato com a obra, é difícil afirmar que não existam pessoas ali; o que não se consegue é defini-las. Aí fica por conta da genialidade poética do autor. Existem pessoas ali que não têm nem nome, como, por exemplo, o narrador de *Memórias do subsolo* — é um funcionário público, isto é, alguém absolutamente comum, e, embora use a linguagem em primeira pessoa para desconstruir-se, percebemos que ali existe alguém.

Dostoiévski não nega o personagem, ele não joga a pessoa no argumento do sonho, como quem diz "eu não existo", esse tipo de loucura ou esquizofrenia clássica; mas a ilusão ou a sensação de unidade vem da dimensão sobrenatural que o ser humano tem. Portanto, há uma unidade, só que ela é sobrenatural. Essa unidade, no plano da natureza, se despedaça e pode inclusive se manifestar como loucura. Por isso é que ele diz que nunca se deve tomar o normal como regra, pois assim se pode cair na ilusão de querer tomar a natureza como regra.

Os autores aqui considerados, tais como Evdokimov e Heschel, navegam pela ideia de que o ser humano é um animal da Transcendência. O homem moderno, na realidade, é um indivíduo que estabeleceu como agenda pessoal negar a Transcendência, vivendo cada vez mais fora dela ou querendo renomeá-la, porque descobriu que ela é problemática. O acesso à Transcendência é problemático, perigoso, violento. Por isso faço esta crítica contundente à modernidade: ela teme a Transcendência, embora continue atormentada por ela.

Outra característica que se deve apontar são os dramas pessoais na obra de Dostoiévski. É interessante como a trama — por exemplo, em *O idiota* — parece sempre acontecer num certo *frisson*, uma agonia na qual a fala do personagem parece estar escorregando num abismo. Parece que a linguagem é um lugar em que se vai escorregando e afundando, e essa dissolução da linguagem implica a dissolução de qualquer parâmetro moral, na medida em que se esvaziam os critérios como efeito da desconstrução dos "nomes" dos valores — e Dostoiévski elege o universo moral como o problema humano por excelência. Teríamos aí uma hierarquia: é mais importante discutir o problema moral do que a estrutura do átomo, embora o autor critique as ciências humanas. Para ele, as ciências humanas não servem, pois fazem o jogo do pecado: o pecado gosta de categorizar. Essa afirmação é interessante porque, na compreensão do senso comum, parece o contrário: o pecado é liberdade na interpretação dos anos 1960, quando todos queriam ser livres. Uma das maiores tragédias, para Dostoiévski, é que o ser humano recuse a tarefa de discriminar entre o bem e o mal. Temos de discriminar, ainda que para ele a questão de Deus ou do Diabo (como conceitos) já seja uma discussão interna: a *noesis* desgraçada.

Em "O sonho de um homem ridículo", ele diz que no paraíso não existe fé — e aqui até parece que estamos falando de Kierkegaard —, porque a fé, assim como a personalidade e a consciência, é fruto do pecado. Só existe consciência porque existe pecado. A consciência nasce da dor, do conflito. Por isso a ideia de que, quanto mais conflito, mais consciência; quanto mais se foge do conflito, maior o torpor. A questão da moral é a questão da relação entre liberdade e mal. Os personagens de Dostoiévski são dramas morais ambulantes. Em *Memórias do subsolo*, por exemplo, fica clara essa tensão entre o homem profundo e inacabado e esse sujeito idiota da ação, aquele indivíduo mediano que projetou uma ideia, aceitou-a e passou a achar que ela é A Ideia, da qual ele tem certeza absoluta. Dostoiévski parece lançar o ser humano num "hamletismo" endêmico.

10. Liberdade: niilismo ou amor?

Para retomarmos o tema da liberdade, lembremos antes que Dostoiévski diz, em seu *Diário de um escritor*, que o sobrenatural tem primazia sobre o natural, o que reflete bastante o tom do que ele entende por liberdade. Evdokimov comenta que não podemos defini-la porque, em Dostoiévski, liberdade não é um "quê", mas um "como"; é algo que se dá em processo. Não se pode dizer o que a liberdade é, apenas "sofrer" o fato de ser livre e, por meio dessa experiência, tomar conhecimento do que significa um indivíduo ser condenado a ser livre: mais uma vez, a liberdade incriada de Berdiaev. Assim, afirmar que nada aqui serve, que tudo aqui é sem importância, é, na realidade, uma outra forma de falar da desqualificação da natureza.

Dostoiévski diz que o ser humano é livre, sendo essa liberdade uma marca de Deus: assim como Deus é livre, o ser humano também o é. Todavia, no regime da natureza essa liberdade degenera, pois o ser humano logo toma consciência da dificuldade que tem para ser livre vivendo em tal regime. Não somos realmente livres, pois temos uma série de constrangimentos sociais, de convívio, uma série de constrangimentos naturais, a fisiologia do corpo, a lei da gravidade, e uma série de constrangimentos psicológicos ou interiores — Dostoiévski entende por constrangimentos psicológicos, antes de tudo, os efeitos do pecado sobre o ser humano. E o homem moderno, por acreditar que um dia a ciência vai descrevê-lo, tem uma série de constrangimentos a mais que o homem pré-moderno: a busca de convencer a si mesmo de que é um ser determinado, um ser que vai descobrir a chave de sua autocompreensão, ou seja, um ser em busca de suas causas naturais. Dostoiévski encara essa paixão da modernidade pelo determinismo como uma marca da radicalização da condição de pecador: uma segunda queda. Por trás disso está o fato de que o homem moderno acredita demais na razão, nas próprias ideias.

Chesterton[153] ilustra tal ideia ao comentar uma conversa com um amigo: ao passarem pela porta de um manicômio, o amigo fala que os grandes homens são aqueles que não acreditam em nada a não ser em si mesmos, ao que ele responde achar isso uma grande estupidez, pois aqueles que não acreditam em nada, só em si mesmos, são exatamente os que estão dentro do manicômio. Porque, segundo ele, a pior coisa que alguém pode escolher para acreditar absolutamente é em si mesmo, pois quem não tem nenhuma dúvida sobre si mesmo é alguém absolutamente perdido. O autor inglês discute essa ilusão da postura moderna de achar que a descoberta da crença em si mesmo é a salvação do ser humano e afirma que isso é uma patologia social geral, na qual, na modernidade, o ser humano passa a eleger aquilo que é mais duvidoso, indo até mesmo contra a postura de Bacon, para quem um dos primeiros passos para alguém conhecer alguma coisa é destruir os próprios ídolos, ou seja, ir contra aquilo que o indivíduo considera a chave da verdade sobre tudo.

A imagem da dúvida sobre si mesmo, embora não seja uma citação de Dostoiévski, tem muito a ver com sua postura. O processo enlouquecedor por que passam seus personagens, que é muito claro em *Memórias do subsolo* — o abandono de posições uma atrás da outra —, é, na realidade, uma mostra de que existe uma voz ou vozes em processo contínuo de dúvida, estabelecendo uma dissonância interna contínua; daí a pessoa parecer deslizar entre sons. A ideia da crença em si mesmo, a ideia de que o ser humano deve ser um objeto de adoração, é exatamente aquilo que Dostoiévski, no *Diário de um escritor*, chama de teofagia — destruição da imagem de Deus —, o que faz o niilista achando que vai colocar o ser humano em seu lugar. Para Evdokimov, isso é a passagem de Deus ao homem divinizado; não o homem divinizado na figura de Jesus, mas o homem divinizado no lugar de Deus, um antropocentrismo radical. Só que para Dostoiévski a teofagia implica sempre na antropofagia, porque, na medida em que o ser humano perde o referencial vertical, ele se desfaz, se dissolve. Então não sobra ser humano para ficar no lugar de Deus; o que sobra é o espetáculo do niilismo, o espetáculo da dissolução da condição humana.

A discussão da liberdade está toda permeada por esse problema, pois, na qualidade de discussão racional, só há duas saídas em Dostoiévski: ou se cai no que se chama de heteronomia, ou seja, a liberdade é eliminada por causas de alguma ordem, como, por exemplo, políticas exteriores — leis sociais, acordos —, ou leis físicas — não se pode pular pela janela querendo voar —, ou o desejo, o poder que uma pessoa tem sobre outra. São todas causas externas ao indivíduo, mas que restringem sua liberdade. A metáfora maior nesse universo de causas destruidoras da experiência da liberdade, no eixo da heteronomia, é a metáfora do inquisidor em Dostoiévski. Por outro lado, temos aquilo que se pode chamar de forma autônoma de viver a liberdade, forma que, por definição, é o investimento que o homem moderno pensa fazer: o homem se crê senhor da sua liberdade. Autonomia, em Dostoiévski, é a porta para o niilismo: *auto-pistis*.

É importante deixar claro que estou falando aqui de um projeto, do homem moderno, de humanismo, o qual me parece estar mais próximo do narcisismo do que do humanismo renascentista. A ideia de divinização de Meister Eckhart,[154] ou dos místicos renanos, por exemplo, é diferente. Para ele, de alguma forma, Deus nasce no fundo da alma do ser humano; é a ideia de que o ser humano se descobre Deus. Essa descoberta acontece pelo processo de desapego, de desprendimento. É o que Meister Eckhart chama de "Nascimento do Filho" na alma, o nascimento de Deus no fundo da alma: o indivíduo dissolve a identidade, dissolve qualquer nome próprio.

Se na heteronomia a liberdade é eliminada, na autonomia ela também degenera porque, na realidade, a razão percebe que não existe liberdade, o que existe mesmo é contingência, é acaso absoluto, total. Então, no regime da natureza, a liberdade humana, que seria, segundo Dostoiévski, a marca fundamental da *imago Dei*, não tem como existir sem escatologia trágica. É uma ideia importante, embora pareça uma definição negativa. Para Dostoiévski existiria uma liberdade como que sobrenatural — aquela ideia de semelhante a Deus e, portanto, algo que não sabemos o que é, que ele chama no *Diário de um escritor* de "liberdade primeira", liberdade essencial ou liberdade sobrenatural; e há um outro tipo de liberdade — a "liberdade segunda", ou a liberdade passível de ser realizada no mundo.

Como falar de liberdade real no mundo? Para Dostoiévski só existe uma forma de viver a liberdade de forma real sem cair na heteronomia ou na autonomia, ou seja, sem incorrer nos dois erros fundamentais: trata-se, como ele diz, de exercer a liberdade "dentro", em meio ao amor. Assim, depois do pecado, o ser humano não seria capaz de ser livre a não ser amando. É uma característica da condição caída. O ser humano que procura definir a si mesmo como alguém que tem direito a ser livre a todo custo — observamos aí um rasgo reacionário de Dostoiévski —, que define o seu "eu" como um ser livre, assume uma atitude que elege a liberdade em si, o que só pode acabar em niilismo psicológico, pois ele descobre que, na realidade, não é nada, suas ideias mudam de uma hora para outra, ele não tem certeza de critério algum.

Dostoiévski está falando por detrás dos bastidores — não é à toa que estamos no subterrâneo; ele conversa com as pessoas sobre algo de que elas nunca falam para os outros. Na realidade, é como se ele ultrapassasse a barreira social e dissesse que só no silêncio é possível tomar consciência de que não se sabe o que se é, ou quem se é, não se sabe o que se quer, pois qualquer definição que se coloque para si mesmo é produto do seu próprio movimento racional. E o que é o movimento racional aqui? É o movimento que vai relativizando as suas próprias crenças. É por isso que estamos pisando num terreno pantanoso, num terreno onde estão juntas a psicologia, a moral e a epistemologia. Todo autor que trabalha com antropologia teológica acaba entrando nestes três níveis: o moral, que é o nível de certo e errado, o nível da discussão da liberdade; o epistemológico, que é o da discussão do conhecimento — o que eu sei, o que sou capaz de ter certeza que sei —; e o nível psicológico, cuja discussão é a natureza humana. Em Dostoiévski, a moral está sempre em primeiro lugar, porque ela se refere ao fato de o ser humano ser livre, que é exatamente o que ele não quer ser desde o pecado. O que diferencia o ser humano dos animais é que estes vivem em inércia moral, o que significa ausência de moral.

O que Dostoiévski entende por queda, num primeiro momento, é a história da Bíblia, do Gênesis. Mas, indo algo adiante nesse entendimento, segundo ele, uma forma de descrever essa queda é, por exemplo, cair no pensamento reflexivo — tema, por definição, kierkegaardiano —, pois a forma de pensamento que caracteriza o ser humano já é pecado. Portanto, a queda no pensamento reflexivo é um funcionamento do pecado. Quando se sai da unidade, cai-se no múltiplo, na decomposição, como diz Dostoiévski. O pensamento decompõe as coisas, porque acontece no tempo e se dá de forma decomposta, já que a própria linguagem é uma decomposição. Não só quando falamos, mas em qualquer forma de compreensão humana há decomposição, e, à medida que ela ocorre, é o funcionamento do mal que se realiza — essa é uma forma mais reflexiva de entender a ideia da queda.

Outra questão relacionada a esta, da qual Dostoiévski fala no *Diário de um escritor*, é que a raiz da consciência humana é a dor, é queda. Então, não há como negar a dor. Negá-la é querer voltar ao paraíso, o que, na condição do ser humano, só pode parecer uma ingenuidade: recuperar a harmonia da qual ele fala como a condição pré-queda, que, provavelmente, era uma espécie de harmonia entre o ser humano e o cosmos ou entre o homem e Deus. É o que pode ser traduzido, em "O sonho de um homem ridículo", pela ideia de que os seres humanos no paraíso eram capazes de saber o que as árvores pensavam.

Para o autor, uma das formas mais pecaminosas de enfrentar o pecado é negar a condição pecadora — o que define o pecado, entre outras formas, é a própria denegação; em outras palavras, a forma mais moralmente errada de enfrentar a condição do mal é não atravessá-la. Afirmar hoje que o ser humano escuta o pensamento da árvore, que ele é igual a uma árvore, segundo Dostoiévski, é fugir da condição humana, negá-la. O ser humano tem de passar pela decomposição, pela dor, não há como recusar o mundo: é preciso aceitar e atravessar o mundo. A solução não é negá-lo ou construir uma imagem de mundo que não passe pelo despedaçamento. Não adianta falar que no paraíso o homem era capaz de escutar o pensamento dos pássaros e que, portanto, hoje algum ser humano seria capaz de fazê-lo: não há comunicação com a natureza. O ser humano hoje, no máximo, poderia chegar a uma relação de amor, de respeito com o cosmos. Afirmar que ele é igual a uma árvore é fazer o que chamei de resumo abstrato, instrumento do culto da autoestima.

Para Dostoiévski, a queda é uma coisa atual. Quando se diz, por exemplo, que pessoas nascidas em climas quentes tendem a ser mais exteriorizadas e, por isso, são chamadas pela concupiscência da carne, enquanto as que nascem em climas frios tendem a desenvolver hábitos internos e são chamadas pela concupiscência do pensamento, do interior, da curiosidade intelectual — ainda que seja um relativismo antropológico fraco, é real. Relativismo é desgraça. Assim, perceber que a realidade humana é relativa é ver o pecado.

Um dos piores erros em relação ao mal, segundo Dostoiévski, é achar que ele não existe ou recusar discriminá-lo, pois negar a existência do mal é, antes de tudo, fazer o jogo do próprio mal — ele quase chega a falar em uma demonologia. Para ele, o relativismo da condição do pensamento é figura do relativismo do comportamento moral, que é figura do relativismo da razão, que, por sua vez, é figura do relativismo do átomo. O que é mais relativo do que o átomo? A ideia de que o pecado é decomposição passa pelo que acontece com a matéria: ela apodrece porque o homem pecou. O que é o apodrecimento da matéria senão um processo intrínseco de autoanálise da matéria, no qual ela vai se despedaçando? A temporalidade é uma invenção do pecado.

Todavia, ao se referir à dor como raiz da consciência humana, Dostoiévski não está dizendo que é preciso procurar a dor, pois o mal já faz isso por si só: perceber que a razão é falha, que somos moralmente incapazes, um vazio em que habitam ecos falando sem cessar, já é um sofrimento cosmológico. Na realidade, ele está num movimento de crítica contundente ao naturalismo moderno, ao humanismo moderno, à ideia de emancipação pela razão. Penso que, normalmente, nós, modernos, sentimo-nos muito mal com isso, porque o humanismo renascentista desaguou numa forma de narcisismo tal que, quando ouvimos algo assim, nós o recebemos como ofensa ontológica, uma agressão direta à nossa própria dignidade natural. Por isso disse que estamos num terreno pantanoso, pois é difícil atravessar o pensamento de Dostoiévski sem enquadrá-lo, sem dizer que ele acha que o ser humano tem de sofrer, sofrer e sofrer. De certa forma, ele acha, sim, mas não é uma tortura moral, é a condição ontológica do ser humano. Qual é o erro moral diante disso? Não há erro pior para Dostoiévski do que acreditar mais nas ideias do que olhar para si mesmo.

Chamo a atenção para a questão do sofrimento porque é uma hipótese clássica sobre Dostoiévski. Como ele vê a redenção? Pelo sofrimento. Ivan Karamázov passa por ele. Nas poucas vezes em que se tem acesso a Dostoiévski falando sem polifonia, como nas *Cartas*, ou em alguns momentos do *Diário de um escritor*, no qual mescla sua própria voz com a polifonia — e aí o resultado é mais infernal ainda —, parece que ele assume a dúvida, porém com uma fé inabalável, e no momento da fé ele vai para a sua província religiosa, para o continente cristão — Jesus, Deus e o Evangelho. Jamais chega a questionar Deus enquanto princípio e diz que a única forma de acesso a Deus é pela *metanoia*, portanto, pelo toque do sobrenatural. Quando se observa o eixo central de sua obra, é possível perceber que, para ele, fora do eixo vertical só existe decomposição. E o que é modernidade? É o investimento na horizontalidade do ser humano. Nesse sentido, uma religião humanista é uma religião que prega o homem no lugar de Deus, e horizontalidade é degradação; logo, uma religião como essa só pode implicar em investimento na ideia de uma eternidade podre...

Tomemos, por exemplo, o belo. Há uma passagem em *Os irmãos Karamázov* em que Mítia (Dimítri Fiódorovitch) pergunta por que Deus afinal só criou enigmas. Ele sofre diante deste fato: Deus é um enigma — a velha ideia de Deus *absconditus*. Mas a beleza existe e alguém disse que ela salvará o mundo (característica do cristianismo ortodoxo, a teologia redentora da beleza). "Que beleza salvará o mundo? Se o ser humano, ao se colocar a ideia de beleza, rapidamente passa da Madona a Sodoma?" De qual beleza se está falando? Para onde vai a estética? Na realidade, a beleza que salva o mundo é a beleza da santidade, não a beleza como juízo estético — é a conclusão para a qual aponta não Mítia, mas Aliócha. Daí Evdokimov afirmar, em sua obra sobre teologia da beleza, que "a arte acabou porque passou a ser a arte pela arte". Para Aliócha a beleza é a beleza de Deus. Assim como a liberdade pela liberdade degenera, o belo pelo belo também degenera — mas qual é a aventura do homem moderno? Ele dissolveu os dogmas e se tornou obsessivamente logotrópico. Contudo, no processo de questionamento logotrópico, a única ética do comportamento da razão moderna é a razão pela razão, o conhecer pelo conhecer, é chegar ao niilismo racional. Negar o niilismo de fundo é mentir.

O que Dostoiévski estaria dizendo é: a condição verdadeira, "honesta", do indivíduo que vai pelo movimento da razão é fazer o caminho de Ivan Karamázov, é chegar àquela posição de total e absoluta decomposição pessoal. Ivan não é um mentiroso, ou seja, ele é tomado pelo processo enlouquecedor da razão niilista moderna, no qual se vai dissolvendo, mas não tenta construir argumentos que neguem o fato real: a razão leva ao niilismo. Esse movimento é exatamente contrário àquela ideia de que pela razão é possível aproximar-se de Deus.

A liberdade no mundo só não é degenerada se for liberdade de fazer o bem. Porém isso só pode acontecer como escolha pessoal. Porém, ao falar de escolha pessoal, pode-se entender que o indivíduo é autônomo e, dessa forma, tomá-lo como *axis mundi*, e daí cair novamente no movimento niilista, só que em um niilismo que não é figura da Providência porque não leva o homem à percepção de sua desgraça. A razão, no limite, segundo Dostoiévski, é sempre cética, a não ser que ela construa uma "teoria-tampão" ou caia no que Evdokimov chama de "teonomia" — logotropicamente colocar-se no regime do sobrenatural. E quanto mais distante, no sentido de equivocada, for a ideia do sobrenatural em relação ao que Ele realmente é (liberdade incriada, amor), mais restará para o ser humano apenas a autonomia niilista ou a heteronomia inquisitorial.

Dostoiévski parece ser um autor pessimista na medida em que descreve o inferno existencial e diz que o grande anseio do homem moderno é mentir acerca desse inferno, mentir dizendo que ele não existe. O que garante que ainda se é alguma coisa no processo de decomposição absoluta é, em primeiro lugar, não cair no jogo da projeção negando a própria condição. A base para que se possa manter alguma integridade ontológica é, ao longo desse processo, não cair nos engodos da propaganda do demônio: dizer que é a razão que conhece o mundo, que não se está em decomposição etc. Ivan Karamázov, na verdade, faz a experiência absoluta da mística do mal, ao ponto de ver o demônio, o que seria uma espécie de última parada do niilista verdadeiro (mas que sabe que sua situação é qualificada pela desgraça): olhar no olho do demônio, olhar o nada. Segundo Dostoiévski, o nada, que é o mal, não é o oposto do ser, é uma outra forma do ser: aquele que devora, que decompõe, que destrói, que deforma as coisas. Ele trabalha no regime da antinomia, da contradição; fala como se estivesse fora da razão natural. Ele percebe, por exemplo, quando está na Sibéria, o bem absoluto em alguém que é moralmente execrável. Para ele a razão é "ácida", é má, mas não se pode concluir daí que o ser humano deve romper com a razão e construir teorias baseadas na intuição ou se submeter às teorias, porque isso também é mal. Antes de tudo, o processo é de esgotamento da razão.

Em resumo, deixada à razão, a experiência da consciência livre de si soçobra no círculo infernal do irracional e do niilismo. Dostoiévski diz que a modernidade descreve uma espécie de ciclo infernal da natureza, que o ser humano soçobra na natureza — o sinônimo de niilismo é natureza —, e a natureza é um nada. Quando o ser humano fica limitado ao que é natural, ele se transforma num nada, porque a natureza não é capaz de sustentar a si mesma. Estamos aqui diante de toda a discussão do materialismo, do biologismo. Que diria Ivan Karamázov — que me parece ser, dentro da obra de Dostoiévski, a imagem dessa razão que vai dissolvendo tudo, sem se autoiludir — diante da opinião de que não se deve usar as células-tronco porque elas são um ser humano? Imagino que ele daria altas gargalhadas diante da ideia de não usar as células-tronco para fazer remédios, de que não devemos fazer tudo o que podemos com a matéria viva em nome de boas causas — curar a dor e o sofrimento, pois o ser humano não quer sofrer, não quer dor, mas mente se fazendo de "ético".

Onde estaria aí, do ponto de vista de Dostoiévski, a atitude de um pensamento que não reconhece a sua condição verdadeira, que tenta negar a si mesmo, um pensamento que tenta negar a condição de razão má, enfim, um pensamento que não tem a decência de um Ivan Karamázov? É um pensamento que fala, por exemplo, que o uso das células-tronco é um desrespeito à vida humana. Mas a vida humana, no registro material da concretude moderna, tem nome: é fulano de tal que vai morrer, então se usa uma célula, que não é gente, para salvar a vida de alguém que já tem história, tem nome (o que chamo de nominalismo pragmático). Qual seria o olhar, o raciocínio de Ivan Karamázov em relação a essa discussão? Ele diria: vamos usar porque não há nenhuma outra razão para não usar — mas não porque ele é um niilista racional (conforme expus na Introdução, "Profecia e desgraça"), e sim porque não abraça a hipocrisia do humanismo ridículo. O argumento de que o ser humano tem uma dignidade, na condição de ser natural (só construída e por isso mesmo aberta à agressividade de uma história sofista), é uma mentira: o ser humano não tem dignidade, ele é só um parêntese dentro do universal do átomo (mantendo-nos no registro natural da discussão).

O niilismo, em Dostoiévski, é um niilismo moral, psicológico, epistemológico. Se é um niilismo moral, significa que não há nenhum argumento que se possa oferecer à razão que ela não dissolva do ponto de vista da circularidade natural — só há horizontalidade no ser humano natural, ele é uma série de átomos. Heschel diz que a natureza não é objeto de culto, não pode ser, porque a natureza, enquanto objeto de culto, não se autossustenta, não é um ser em si.

Niilismo, circularidade, materialismo, naturalismo são sinônimos em Dostoiévski. No momento em que o ser humano rompe com o sobrenatural, no pensamento, só lhe resta autodefinição como ser de natureza e, como tal, ele não tem dignidade. Porque a razão que aceita a dignidade humana como humano natural é uma razão menor, é uma razão que está se enganando: não há argumento racional que explique o comportamento humano. Ao contar historinhas de terror, como matar, cortar alguém em pedaços, pode até ser que Dostoiévski esteja dizendo que alguém que comete um crime desses pode ser, na realidade, um indivíduo mais sincero do que alguém que vive dizendo que o ser humano tem uma dignidade que lhe é natural. O paradoxalista de *Memórias do subsolo* poderia dizer que se trata de um ato de revolta do subsolo. Na loucura que é a tentativa do ser humano de negar a sua liberdade absoluta e aceitar teorias sobre ele mesmo, o seu próprio subsolo pode se revoltar e mesmo produzir uma violência desse grau.

Todas as grandes almas de Dostoiévski — Raskólnikov, Stepan Verkhoviénski, Ivan Karamázov, Míchkin, entre outros — apresentam uma decadência fisiológica absoluta ao lado da iluminação religiosa absoluta, e a separação entre uma e outra é muito tênue. Míchkin, por exemplo, descreve suas crises epilépticas (uma desordem funcional, fisiológica) com um halo místico, um sentimento místico absoluto, uma percepção da síntese cósmica de tudo, do ponto de vista de Deus, que lhe vem segundos antes da crise. Em *Crime e castigo*, Svidrigáilov, espécie de alter ego de Raskólnikov, diz que o fato de alguém só ver coisas sobrenaturais porque está louco não significa que o que é visto é produto da sua loucura. Percebemos em Dostoiévski uma proximidade espacial ou temporal gigantesca entre a ideia de decomposição absoluta e a de um momento em que a pessoa teria uma experiência absoluta, na qual ocorre essa visão, essa síntese sobrenatural.

Podemos observar, também, desdobramentos políticos, por exemplo, em *Crime e castigo*, quando Raskólnikov descobre não ser um homem extraordinário, aquele indivíduo que sabe que a moral é algo criado, que é possível criar códigos e alterar a história da humanidade, melhorando-a; quando descobre que não é tão niilista quanto necessitaria para ser de fato um Napoleão; que é apenas um homem ordinário, isto é, um indivíduo que vive no plano normal dos seres humanos, que acredita, por exemplo, nos códigos morais. Raskólnikov é um apaixonado por Napoleão, que nada mais é do que o Príncipe de Maquiavel na época de Dostoiévski. Napoleão, aliás, escreveu uma introdução à edição francesa da obra de Maquiavel. Napoleão é uma figura maquiavélica, no sentido forte do termo, é alguém que cria a si mesmo, cria uma moral. A semelhança com o Príncipe de Maquiavel é gritante: ser humano que está aqui embaixo, que é vítima das paixões, que é regrado, que tem medo das coisas.

Qual é a base do argumento de Raskólnikov, do ponto de vista de Dostoiévski? É a percepção de que a moral é de fato consensual: as pessoas entram em acordo sabendo ou não sabendo; a moral em si não prescreve coisa alguma a não ser hábitos de comportamento. E o que é interno à moral? O medo que a pessoa tem de sofrer uma punição causada por essa falsa entidade ou a crença boba de que ela representa algo maior. Um homem como Raskólnikov, que pensa ser um pequeno Napoleão, é alguém que sabe que tudo isso não é verdade. Nesse sentido, Raskólnikov está diretamente ligado ao Verkhoviénski de *Os demônios*, o niilista por excelência de Dostoiévski, embora Verkhoviénski avance, enquanto Raskólnikov é redimido, pois tem mais polifonia interna, angústia interna. O que o salva, senão a relação entre a sua agonia e o amor de Sônia? Ele não consegue se convencer da sua própria ideia. Isso cria um gancho para sua salvação: ele não acredita em sua própria teoria. Claro que a continuação dessa análise é *Os demônios*.

Na realidade, o próprio Dostoiévski pensou a si mesmo, de certa forma, como um homem extraordinário na juventude, enquanto membro do Círculo de Petrachévski, quando planejava a revolução, a libertação dos servos. O que ele diz em *Crime e castigo* é que não existe homem extraordinário. Se existe um caráter extraordinário, esse caráter é sempre sobrenatural. É o que viemos falando até aqui: só existe ser humano como ser vertical.

Resumindo, a liberdade, quando transformada em objeto de razão, ou percebemos que ela vai dar no niilismo, ou estaremos mentindo, pois estaremos abrindo mão da capacidade de pensamento da própria razão. A razão entregue a si mesma será sempre cética, pois sempre percebe que os argumentos são todos consensuais. Todo significado de palavra é jogo de palavra, tudo depende daquilo que em filosofia é chamado de "caráter pragmático" da coisa: o significado é dado pelo valor pragmático que a coisa possui. Então, no plano moral, o niilismo leva necessariamente ao darwinismo social. Por isso a crítica de Dostoiévski a todo esse evolucionismo que aparece em *Os demônios*, a essa ideia de projeto evolucionista da sociedade racional. Portanto, em Dostoiévski, a discussão sobre liberdade do ponto de vista da razão leva ao niilismo. E a única liberdade que não leva ao niilismo é a liberdade parametrizada pelo amor. Só que esse amor não é algo que se aprende por um código; é da ordem da liberdade interior, ou seja, da ordem da graça.

O grande problema para nós, seres humanos modernos, é que Deus está de fato morto e falar de sobrenatural é fazer uma simples metáfora. Estamos querendo nos salvar à custa da nossa bondade, do conceito de inconsciente psicológico, de valores bons que a humanidade teria construído. Então todo esse discurso de Dostoiévski parece absolutamente estranho, pessimista. Como alguém inteligente pode dizer que a única saída é Deus? Como um discurso racional pode sustentar algo desse tipo?

Na obra de Dostoiévski é fundamental essa experiência da desorientação da autonomia, essa agonia do pensamento vagando e percebendo que não é capaz de se autofundar. A liberdade é problemática porque é sem fundamento. E a aventura do ser humano, na realidade, é descobrir que não tem fundamento: a não ser Deus, ele não tem nenhum fundamento.

11. O mal e a liberdade

Como vimos anteriormente, para Dostoiévski há duas posições em relação à liberdade: a autonomia e a heteronomia. Uma situação na qual a liberdade se perde numa atitude heterônoma é exemplificada em *Os irmãos Karamázov*, na figura do inquisidor, quando ele cobra de Jesus um milagre, cobra que ele prove que é de fato filho de Deus. Essa passagem é o exemplo mais forte da questão da heteronomia, ou seja, da alienação da capacidade de discernimento da pessoa; a pessoa cede sua capacidade de decisão ao outro, no caso, ao inquisidor, cuja posição é a de resolver o problema da liberdade do ser humano, e o faz subtraindo-a, pois o ser humano sofre porque é livre e porque sua liberdade está misturada com o mal. A atitude autônoma, em oposição, toma a liberdade centrada em si mesma como princípio. De certa forma, as duas posições reforçam o mal.

Do ponto de vista político, como organização do Estado, a posição de Dostoiévski é contra mudanças radicais, é antirrevolucionária; para ele, o *tsar* foi escolhido ao nascer através da Providência, posição que se aproxima bastante da dos jansenistas. Mas a heteronomia no campo da religião, no campo da Igreja, ele parece não perdoar (é fato que religião para ele é assunto muito mais "sério"), pois o inquisidor é a figura do papa, é a figura do jesuíta, é a figura daquele que assume a função de tomar conta dos seres humanos. É interessante, pois parece que o inquisidor é alguém bem-intencionado, que quer evitar que os seres humanos sofram, e acusa Jesus Cristo de não entender a natureza dos seres humanos: não querem ser livres, não querem passar por sofrimentos, por angústias. Jesus Cristo podia ter todo o poder do mundo e não teve, podia acabar com a fome transformando pedra em pão, mas estranhamente insiste em deixar os seres humanos morrerem de fome; e, pior, poderia ter provado que era filho de Deus e não o fez.

Na realidade, o que a heteronomia faz com a liberdade é poupar o homem de viver, enquanto ser livre, na dúvida, na incerteza. Lembrando o conceito de polifonia, podemos perceber que o inquisidor sana o problema da dúvida, da incerteza, e dá para as pessoas a palavra final, que parece ser exatamente o que Dostoiévski não faz. Ao contrário, ele parece reconhecer como válida a elaboração que aparece na agonia pela qual os personagens passam em seu desespero moral — como na febre de Raskólnikov. Se pudermos falar de algum tipo de reconciliação, com certeza ela passa por esse processo, por essa tentativa de, pelo menos, não se entregar a nenhuma imagem, a nenhuma mentira que acalme o caminho.

No momento em que Dostoiévski coloca Jesus diante do inquisidor, parece estar fazendo uma espécie de deslocamento entre a ideia de mal e a ideia de Satanás, que é fundamental em sua obra. Além de seres humanos caídos e, portanto, mergulhados no mal, podemos ficar em condição ainda pior se, além disso, servirmos a Satanás. São duas posições distintas. Viver o mal é viver nessa agonia constante, na polifonia infernal, na insegurança absoluta com relação ao que se pensa e ao que se é — Evdokimov diz que o inquisidor representa a recusa do enfrentamento do mal na condição de ser humano livre. Na realidade, Dostoiévski defende a posição de Jesus porque, primeiro, se ele assumisse o poder no planeta, teria evitado que os seres humanos passassem por um longo e doloroso processo de descobrir em si mesmos a necessidade de conviver com outros seres humanos. Parece até que Dostoiévski está falando de uma espécie de amadurecimento político da sociedade, a ideia de que o ser humano, por meio de um longo processo de controvérsias de posições políticas e sociais, possa chegar a um convívio harmonioso com o outro.

É por isso que, para ele, faz parte da definição de bem que a escolha pelo bem seja livre. Se alguém escolhe o bem porque foi levado a isso, então esse alguém não realiza o bem. É mais ou menos a ideia de que não se pode amar alguém por decreto. É melhor continuar na dúvida sobre se vale ou não a pena ser bom do que ser bom por obrigação. Podemos observar, aqui, que Dostoiévski assimila aquela ideia da modernidade de que o indivíduo deve tomar suas decisões por si só, adotando a si mesmo como critério; no entanto, não incorre no mesmo erro de achar que por isso o ser humano seja capaz de tomar suas decisões e chegar a conclusões fechadas.

Jesus também não poderia dar pão a todo mundo porque, se o fizesse, tiraria do ser humano seu ímpeto natural de fazer coisas, sua capacidade de realizar a sua própria vida por si só: transformaria o ser humano numa criança eterna, que recebe o pão dado sempre por outra pessoa. Então, se Jesus tivesse operado milagres, ele subtrairia das pessoas a importância da incerteza com relação à capacidade de realizar coisas por si mesmas.

Mas é preciso cuidado para não cair na ideia de autonomia — é como se estivéssemos no fio da navalha. O ser humano tem a responsabilidade de criar a si mesmo, contudo não pode pensar que é, como ser de natureza, capaz de fazê-lo — temos aqui uma aporia. Quando Jesus não faz milagres, deixa o ser humano limitado à razão natural, só podendo conhecer por meio da ciência. É como se ele tivesse recusado a capacidade da razão sobrenatural. Mas mesmo que Jesus desse a alteração da natureza ao ser humano, não lhe resolveria o problema, pois a percepção do infinito e do caráter sobrenatural tem de nascer do próprio processo de polifonia: o ser humano precisa do mistério, do incomensurável, do infinito, tanto quanto precisa de oxigênio. A superação da cegueira ontológica se dá por despedaçamento das ilusões contra o muro do naufrágio da existência natural. Para Dostoiévski, é preciso superar a noção de que o ser humano é um ser natural e social.

Como seres de natureza, a espécie humana não é mais do que o círculo repetitivo do átomo. Dostoiévski representa essa circularidade em *Recordações da casa dos mortos*, na missão que os guardas davam aos presos de carregar um monte de areia de um lugar para outro. Isso destrói a pessoa, porque ela percebe que passa o dia fazendo algo que não é absolutamente nada. É nesse sentido que podemos dizer que, para Dostoiévski, o ser humano tem uma intimidade gigantesca com o mal: a razão é feita para conhecer o mal, o progresso naturalista é o mal, pois só pode levar ao niilismo.

Temos então um sistema ditatorial, moralmente falando, que é a ideia da heteronomia, que busca retirar o ser humano da agonia de viver livre no mal, e deságua em sua total anulação: retira-se sua liberdade quando, na realidade, ele tem de ser livre. É uma ideia muito próxima à de Sartre, de que o ser humano é condenado a ser livre e passa a vida inteira tentando sair disso, inventando coisas que justifiquem o fato de que não quer ser livre.

Dostoiévski é muito vertical em suas análises, por isso o consideram um psicólogo profundo. Vivemos numa sociedade onde a pura *doxa* é vendida como se fosse *episteme*, verdade e não opinião. Se perguntarmos no mundo acadêmico o que entendem por religião, a resposta será muito próxima à do senso comum. Vivemos numa cultura da opinião, portanto, num estado de niilismo noético absoluto.

Dostoiévski não sustenta o relativismo como saída, ou seja, a opinião. Mas parece que a *episteme* para ele não é um processo metodológico, sistemático, que se toma e se põe em prática; a *episteme* está na ordem do afeto agônico desse processo de não denegarmos a condição de exilados da verdade. É isso que significa pensar o mal até o fim. Embora a ideia do *affectus* ou do *páthos* como eixo de valor epistemológico seja complexa, também não devemos cair na ideia de que a verdade está na emoção. A diferença entre alguém que navega no mar da polifonia, do mal, repetindo alegremente opiniões, e alguém que sabe que está aí e atravessa esse universo insatisfeito constantemente, como resultado da sua própria razão, é que o primeiro está vivendo o conhecimento de forma autônoma, no sentido de Dostoiévski — não está realmente preocupado com o conhecimento —, enquanto o segundo está na posição do embate, do conflito, da crítica, no movimento infernal de seus personagens que não estão a caminho da desagregação absoluta. Autonomia em Dostoiévski muito se aproxima de gozo perverso em Freud.

Nesse cenário não há nenhuma garantia de que, ao fazer A, B ou C, chegue-se ao bem, pois este é objeto do sobrenatural, é divino. Não se deduz a santidade a partir do mundo. Qual é a relação que temos com o bem? A primeira relação é reconhecer que estamos no mal e não recusar essa condição. Em segundo lugar, não acreditar em nenhuma proposta da razão natural, no sentido de que não se deduz o amor da natureza — e o amor é seguramente um caminho que aponta para o bem. O amor verdadeiro é aquele que tira a pessoa do seu próprio centro. Quando se olha demais para si mesmo, só se afunda, porque não há nada, apenas vazio. O processo de cair nesse abismo é um contínuo, como podemos observar na famosa evolução da modernidade: teocentrismo, antropocentrismo, egocentrismo, niilismo perverso. Contudo, esse processo tem um valor para Dostoiévski na medida em que puder levar ao reconhecimento de que não se é causa de si mesmo, usando uma linguagem filosófica; quando fizer ver que, enquanto indivíduo que está buscando e conhecendo a si mesmo, a solução jamais será tomar a si mesmo como referência. Se essa "viagem" interna for parametrizada por tal consciência, o processo se aproxima da ideia de ascese. Por isso é necessário ser sutil com Dostoiévski.

Por sua crítica, poderíamos pensar que Dostoiévski jogaria fora a modernidade, por exemplo, mas ele não o faz, apenas a coloca sob o prisma da dúvida. Ela pode fazer um grande sentido, do ponto de vista salvífico, de redenção, digamos, na medida em que revela seu caráter niilista, pois pode ajudar o ser humano a perceber que a razão (quando levada ao paroxismo) só é capaz de produzir aporias e vácuo. Mas talvez a modernidade seja melhor do que o sistema anterior, no qual se vivia em heteronomia. Penso que Dostoiévski só recuperaria a modernidade como valor se o indivíduo moderno percebesse que o seu grande trunfo é mergulhar no abismo que ele é. Mas isso parece desumano, um pedido absolutamente impossível, o que me faz lembrar a máxima da ortodoxia cristã: um Deus que não pede o impossível não é um Deus que vale a pena.

A ideia de uma radicalidade gigantesca está presente nesse movimento de superação constante ao qual o ser humano deve se entregar. Do ponto de vista da sacralização da psicologia, é importante perceber que a solução do ser humano não é exatamente sair de si mesmo, mas esgotar a si mesmo: é o processo de esgotamento, de ultrapassagem de si mesmo. Ascese que visa a esvaziar o "eu".

A viagem interna, da qual falávamos antes, constitui-se de qualidades, sendo que a qualidade do bem começa, de certa forma, com o esgotamento da fé em si mesmo. Um dos maiores erros para a mística ortodoxa, como vimos anteriormente, um dos maiores sinônimos do pecado, é a *auto-pistis*, ou seja, a fé em si mesmo (em francês, *suffisance*, suficiência): essa é a viagem interna do mal. A viagem interna do bem seria aquela pela qual o indivíduo vai se desconstruindo, porque não há outro jeito: razão é desmembramento, despedaçamento. Por isso a ética vai para um lado, a razão para outro e a religião para um terceiro, quando, para Dostoiévski, as três são uma coisa só — a beleza e a ética só existem se sagradas, se representantes da santidade. Essa variação da qualidade é importante — variação de uma atitude de funcionamento da razão na qual o homem se despedaça, mas que não percebe o que ela é, e um funcionamento da razão que, embora "despedaçante", esteja num processo de elaboração. Todavia, para além disso, o caminho em direção ao bem é a percepção de que, enquanto o indivíduo não sair de si mesmo, continuará no inferno. E como sair? Amando. É a velha máxima de Agostinho: quer ser livre, ame. Aquele que ama é alguém que sai de si mesmo, e é esse mecanismo que, de fato, realiza o bem. Por isso a ideia de *caritas* da liberdade: só existe liberdade na *caritas*. Aqui Dostoiévski se aproxima da teologia agostiniana.

Quando falo em amor, não estou falando de qualquer relacionamento amoroso, mas do amor sacralizado — aquele amor em que o indivíduo é descentrado. Tenho afirmado que o projeto agônico é melhor que a felicidade no relativismo, que o desconforto epistemológico é signo de elaboração. Mas é preciso um certo cuidado, pois não é possível dizer que o processo da agonia dentro do conhecimento nos remeta igualmente ao processo de agonia no amor. Dostoiévski trabalha com tipos que ninguém tomaria como objeto de amor possível — a prostituta, o bandido, o aleijado —, o que me parece uma ideia bem cristã. Para ele, o mais importante é perceber que esses são indivíduos capazes do amor verdadeiro; que, do fundo de sua miséria, eles podem redimir o outro. Tomemos o caso de Sônia e Raskólnikov para efeito de exemplificação. Sônia não parece passar por um processo agônico de descoberta do amor, não parece percorrer um caminho semelhante à epistemologia da agonia. Digamos que ela parece já estar posta no lugar da graça. Quando o indivíduo está na posição de esgotar a si mesmo e perceber que ele é um deserto, que nele existem coisas sem valor, isso é ação da graça ou é algo que se pode pôr em prática aprendendo? Para Dostoiévski, o amor como manifestação sempre tem um cheiro de graça, pela ausência de lógica deduzível. O processo da dúvida e da agonia não é necessariamente um processo sobrenatural, enquanto o processo do amor, esse amor que pode acometer algumas pessoas, tem algo de divino na obra do escritor. Não parece tratar-se de uma decisão: se eu resolver amar alguém que não merece ser amado, vou necessariamente compreender o amor.

O pensamento de Dostoiévski vai no sentido de que o paradigma (embora esse termo não signifique mais nada) do conhecimento como engenharia é tipicamente niilista, isto é, pensa o objetivo do conhecimento como agente de transformação calculada do mundo. Essa ideia de que se vai transformar o mundo a partir de uma lógica do conhecimento, de que se pode olhar para a história, determinar o que aconteceu e, a partir daí, avaliar o que está acontecendo agora é comentada por Berlin:[155] "Para o russo é muito claro que a razão humana não é capaz de lidar com a quantidade de dados à qual o aparelho sensitivo humano está exposto". Isso significa que a razão humana não dá conta da experiência humana, e, toda vez que a primeira resolve descrever a segunda, ela faz resumo, faz um esboço, porque a experiência humana é intratável no formato *data analysis*. Assim, a história, como depositária da experiência humana, também é intratável. Então, desse ponto de vista, não há história científica. Na verdade, quem fica famoso com essa crítica à história não é Dostoiévski, mas Tolstói — que a destrói, pois, segundo ele, os dados são tão infernalmente minúsculos e variados que o aparelho cognitivo humano se perde e, quando isso acontece, começa a criar projeções acreditando tratar-se da realidade.

É importante ressaltar que nada na obra de Dostoiévski nos autoriza a afirmar que ao fim do esgotamento surja necessariamente Deus: asceta e místico são pessoas diferentes, ainda que semelhantes. Da mesma forma, afundar-se na relação do amor não levará necessariamente ao amor místico. Dostoiévski parece insistir em mostrar que o indivíduo que aparentemente não merece amor é justamente quem tem amor para dar.

Para o universo ortodoxo de Dostoiévski, o sagrado, a mística, o sobrenatural pertencem ao reino da experiência, não da lógica: vive-se na natureza em desconforto. Isso é materializado no plano da polifonia na constante e eterna dúvida acerca do que se pensa, naquele movimento febril dos personagens que vão deslizando nas ideias, nas opiniões, mudando de posição o tempo inteiro, aquele verdadeiro pântano que é a sua obra — ao se entrar nela perde-se o oriente. Há *episteme* em oposição à *doxa*, só que essa *episteme* não nos fornece um oásis; ao contrário, coloca-nos nesse conflito — quão confortável se está na natureza? Eu diria que, do ponto de vista geral dessa discussão da relação da liberdade com o mal, é clara a categoria de drama como condição do ser humano: sem essa categoria, não se pode perceber, naquela viagem interior, que o ser humano, na realidade, é um nada, que ele próprio não consegue se conhecer, que ele é um mistério para si mesmo — e me parece que essa ideia é mais difícil do que aparenta.

Para Dostoiévski, sem o incomensurável o ser humano não é nada, ele cai no nível do homem-macaco. Quando se define o ser humano na circularidade da natureza, ele é necessariamente macaco. Se se quiser definir o ser humano como ser de natureza, é possível, porque se pode fabricá-lo, montá-lo, combater as doenças, enfim, pode-se fazê-lo desse ou daquele jeito. Entretanto, é um caminho que vem levando ao niilismo, niilismo ontológico: é a sua vontade e, diante dela, o nada. Quem é que tem o poder de transformar tudo em nada? O mal.

Todavia, para a ortodoxia cristã, o mal não é o oposto do ser, é uma espécie de ácido, que decompõe, desfaz: a capacidade do mal é produzir o nada, portanto, ele é "produtivo". E é função da nossa vontade, como seres caídos, a capacidade de produção do nada, porque é a nossa vontade de ser feliz que o cria. Essa é uma das intuições centrais e mais difíceis de Dostoiévski — porque nós, modernos, somos a infantaria da felicidade. A ideia de que a busca da felicidade humana, no plano da natureza, implica no niilismo é porque a busca da felicidade humana é o motor do nada, é mal. Só deixa de produzir o nada quando é atravessada pelo sobrenatural — pela graça. E qual é a marca disso? São aqueles indivíduos capazes de pensar no outro, de estar totalmente voltados para o outro, nunca para si mesmos. Descentrados afetivamente, atravessados pelo *páthos* divino.

Esse nada é ausência do sobrenatural, é ausência de ser, é a perda de qualquer critério, é a própria ideia de niilismo. Quanto mais as pessoas se definirem como seres com direito a serem amados (lógica do custo-benefício afetivo), menos amor haverá entre elas, mais despedaçada e fragmentada será a sua relação.

A crítica de Dostoiévski é contundente; ela afirma que o mundo da comprovação experimental da natureza não funciona. O mundo da natureza não funciona se não for atravessado pela graça, pois ele é heteronomia, niilismo, violência — mesmo quando se pensa, como hoje, que se está construindo um mundo mais feliz. Na verdade, cada vez mais colocamos o nosso desejo no centro do cosmos, procurando essa tal felicidade.

12. O homem de ação e o homem do subterrâneo em *Memórias do subsolo*

Memórias do subsolo traz o tema do subterrâneo, várias vezes associado à ideia de inconsciente — Freud acreditava que Dostoiévski teria intuído a ideia de inconsciente a partir do subterrâneo. Não abordaremos essa analogia diretamente, porque, além de Dostoiévski não fazê-la, recusa ser classificado como psicólogo. Não que considere a psicologia um dos vilões das ciências humanas, mas porque o que ele faz é pneumatologia. Segundo ele, só é possível entender o ser humano em eixo religioso — ou o ser humano é objeto da religião ou não é nada, é pura circularidade.

Fazendo uma metáfora, podemos dizer que a fala do personagem de *Memórias* é uma espécie de dança macabra de átomos, embora ele ainda se revolte com sua caracterização como ser determinado. Para Dostoiévski, isso é sempre um bom sinal — a revolta contra a determinação causal, a cadeia de causa e efeito. A ideia de que se possa mapear o ser humano, na linha do associacionismo da psicologia dos séculos XVIII-XIX, determinando causas e efeitos, para se chegar a uma compreensão do que ele é, para Dostoiévski, é execrável.

O personagem de *Memórias*, que não tem nome, Raskólnikov e Ivan Karamázov — este último considerado pelo autor como o maior de todos os personagens que já criou, como diz em suas correspondências — formam uma espécie de trilogia dos agoniados na obra de Dostoiévski; agoniados por conta do exercício da razão levado ao paroxismo.

A primeira parte do livro consiste em um texto muito semelhante à literatura espiritual da tradição asceta, pois Dostoiévski promove uma demolição radical do ser humano. Em todo comentário espiritual,[156] na tradição medieval ou na tradição bizantina, sobre a antropologia do homem natural — o homem como produto da sociedade, pois esta é natureza, o homem como produto de mecanismos psicossociais, sejam quais forem —, aparece uma demolição do homem natural no sentido de superação dolorosa. É uma espécie de prefácio a qualquer tratamento do ser humano como ser divino: inicia-se com uma demolição do seu estatuto de ser de natureza.

Dostoiévski é mestre em mostrar que a teoria natural do ser humano não pode descrever nada além do "chimpanzé de Darwin". É interessante notar que há uma concordância entre os teólogos russos de que, se esse livro caísse nas mãos da grande tradição patrística, provocaria risos. Segundo Evdokimov, eles iriam se deliciar com a destruição que Dostoiévski faz do ser humano natural, mostrando que ele simplesmente é disfuncional, perdido na circularidade dos argumentos. Nesse sentido, a obra de Dostoiévski é, na realidade, uma espécie de comprovação experimental do caráter infernal da natureza. Essa ideia, hoje, soa muito estranha, porque somos apaixonados por ela a ponto de esquecermos, às vezes, que mesmo a doença, como um câncer, por exemplo, é natural, por considerarmos que natural é sinônimo de bom.

Outra observação importante é sobre a crueldade do texto, que salta aos olhos na fala do homem do subterrâneo. Dostoiévski faz uma oposição entre o homem do subterrâneo e o homem de ação. O homem do subterrâneo é aquele que sabe que está perdido no infinito, que, quando olha para dentro de si mesmo, não encontra nada a não ser um eterno deslizar de significado sobre significado, mas que, na realidade, não é nada: ele é o que descreve e, ao mesmo tempo, não é. Subterrâneo implica a ideia de mal infinito, infinito como tormento. O homem de ação é o homem moderno, aquele que acredita em si mesmo, que toma como causa primeira causas segundas do seu comportamento; isto é, confunde as causas a que tem acesso e as interpreta como causa daquilo que ele é, como causa primeira e eficiente, quando se trata, na realidade, de causas segundas. Exemplificando, quando se está em queda livre, na verdade não se escolhe cair, pois é a gravidade que está exercendo atração — excetuando-se, é claro, a possibilidade de alguém se jogar, em que temos uma duplicidade causal.

A base desse homem de ação é o utilitarismo inglês. Hobbes (1588-1679) discute isso magistralmente: a vontade nada mais é do que uma cadeia de causas na qual uma é causa da outra, que é causa de uma terceira, e assim por diante. A vontade é a ilusão que o indivíduo tem quando sofre uma causa que o leva a realizar alguma coisa. É interessante observar que Dostoiévski não pula para uma argumentação mística, religiosa, para dizer que o homem de ação é um estúpido, mas permanece no próprio universo da discussão causal. Para ele, enquanto se entender o ser humano como uma cadeia de causa e efeito, nunca será possível compreender quais são as causas, já que estão perdidas num infinito de causas. São tantas as causas que determinam o comportamento, que dizer, por exemplo, que "A Causa" é simplesmente "a infraestrutura dos meios de produção", para Dostoiévski, é uma piada.

Assim, há em *Memórias* duas posições: a do subterrâneo, que é um indivíduo preso na argumentação moderna, mas mostrando que a compreensão moderna do ser humano não funciona, e a do homem de ação. É importante lembrar aqui que o termo "ação" (em grego, *pragma*) vai dar origem ao termo "pragmatismo". Um pouco antes de Dostoiévski, cerca de trinta anos, Tocqueville[157] denominara a forma de conhecimento da democracia americana de "ciência da ação" e identificara o americano como um homem obcecado pela ação e, por isso, um homem que só pensa e presta atenção naquilo em que percebe um objetivo. Ainda que Dostoiévski não se refira a Tocqueville em sua obra (refere-se aos utilitaristas), existe uma grande semelhança nas considerações críticas de ambos os autores.

De acordo com Tocqueville, o homem americano não mantém a ação e a atenção quando se expõe a ele uma cadeia de raciocínio muito longa, pois não consegue abstrair; ele tem um pensamento que chamaríamos, hoje, de matriz de engenharia: busca o resultado, o objetivo, o tempo todo ele busca sua própria felicidade, entendendo felicidade como bens materiais. Essa forma de pensar, necessariamente, implica numa redução cognitiva. A preocupação de Tocqueville é que, como a sociedade americana possui uma tendência à hegemonia, seria provável que o mundo inteiro passasse a pensar do mesmo jeito. É interessante que, cerca de sessenta anos após sua observação, os americanos tenham criado uma corrente filosófica chamada pragmatismo, descendente direta do utilitarismo relativista inglês: o pensamento deve ser objetivo, buscar resultados, reduzir o sofrimento, a angústia, enfim, reduzir a zero a abstração inútil da aristocracia europeia. O homem de ação de Dostoiévski é muito parecido com o homem descrito por Tocqueville. E, segundo Dostoiévski, só pode ser um homem de ação aquele que tem a capacidade de pensamento reduzida, senão torna-se um rato do subterrâneo, um inútil, como o personagem de *Memórias* se descreve.

Todavia, Tocqueville não execra esse pensamento como o faz Dostoiévski; ele tem uma visão dialética da democracia. Mas, como isso implica em uma alteração da forma de pensamento, ele se preocupa em como resguardar a democracia, a liberdade e a igualdade sem perder a inteligência. Há uma passagem em seu livro na qual ele diz que as civilizações, até então, tinham sido destruídas por bárbaros, que as tomavam com armas — portanto, com as mãos; mas que um pensamento muito preocupado com a aplicação dos princípios logo esquece esses mesmos princípios que organizam a própria aplicação, e isso nada mais é do que destruir uma civilização com os pés: "Pisando nas luzes do espírito", como diz Tocqueville. Em outras palavras, esse processo produz uma forma de pensamento reduzida, objetiva, obcecada por resultados, como somos nós, contemporâneos. Aliás, se não formos assim, estaremos flertando com a não adaptação ao meio e, dessa forma, condenando-nos à extinção, o que pode nos transformar em ratos do subterrâneo, como o personagem de *Memórias* — um indivíduo perdido em coisas inúteis, absolutamente incompetente, que tem, por exemplo, mordomos que não servem para nada, só atormentam a sua vida.

Em *Memórias*, Dostoiévski opera com esses dois universos, não parecendo haver nenhuma saída espiritual, mística, de acesso ao sobrenatural, como encontramos em *Os irmãos Karamázov*, *Crime e castigo* ou em *O idiota*. Vale a pena fazer uma observação aqui: *Memórias* e *Crime e castigo* são obras próximas, na medida em que, apesar de termos a ação do mal, os indivíduos em questão — Raskólnikov e o homem do subterrâneo — não estão no niilismo, como Piotr (Petrushka) Verkhoviénski, de *Os demônios*.[158] Esta obra é um tratado sobre o mal na sua produção mais sofisticada, pura em si, o mal funcionando sem nenhum atrito. Verkhoviénski é, na realidade, o indivíduo produtor das revoluções, e para Dostoiévski revolução[159] só pode acabar mal, porque o ser humano não tem capacidade de construir um mundo para ele mesmo, por não saber o que está em jogo em sua vida, muito menos quando pensa que sabe usando a razão.

Temos então estas três vertentes: o mal puro no niilismo, caso de Verkhoviénski, que parece estar além da redenção; Raskólnikov e o homem do subterrâneo, que estão no movimento de agonia, como o pai de Petrushka, mas de alguma forma resistem à gravidade do mal (o que o velho Trofímovitch, pai de Petrushka Verkhoviénski, não parece fazer), resistência essa que aparece no texto como atrito com a fé no homem moderno (Raskólnikov, a partir de um certo momento); e, num grau superior, Míchkin e Aliócha, sendo que o último, em termos de realização do bem no mundo, está acima de Míchkin, que é a representação do fracasso da santidade no mundo.

A oposição entre o homem de ação e o homem do subterrâneo é importante não só para mapear essa primeira parte de *Memórias*, mas também para compreendê-la como prefácio das outras obras.

Para Dostoiévski, todos nós estamos mergulhados no mal e negá-lo é uma péssima saída. Todavia, é preciso identificar que há maneiras distintas de estar no mal: uma é o mal agindo sem nenhum atrito, como observamos em Raskólnikov quando mata, ou em Verkhoviénski, um niilista, cuja matriz psicológica é um criminoso que Dostoiévski conheceu no período siberiano. Em *Recordações da casa dos mortos*, ele narra que inveja esse sujeito pela energia e pela força que tem, parecendo estar acima de todos os seres humanos. Na nossa linguagem, podemos dizer que esse criminoso não tem nenhum superego, pois considera a moral uma coisa para baratas — o indivíduo que tem moral, para ele, é alguém que se arrasta como uma barata, porque a "gravidade" torna-se para ele muito maior. O criminoso não tem medo, não se preocupa nem com a sua sobrevivência, portanto, apresenta-se com uma coragem avassaladora. Piotr Verkhoviénski é esse herói absoluto justamente por ser um niilista, e um niilista é alguém que sabe que não há nada a ser respeitado. Nesse sentido, a agonia do homem do subterrâneo é qualitativamente distanciada do niilismo. É como se houvesse, para Dostoiévski, de um lado a santidade ou a condição mística, de outro a agonia e o niilismo.

Onde podemos encontrar o olhar fino de Dostoiévski, que até pode ser chamado de Providência? Ao perceber que a punição aplicada ao criminoso de carregar o mesmo monte de areia de um lado para o outro na penitenciária, uma atividade que o destrói moral e psicologicamente, ao mesmo tempo pode levá-lo a perceber, como fez com Dostoiévski, que a condição humana não tem sentido. De certa forma, a punição aplicada ao criminoso parece ter o dedo de Deus, que se revela quando algum instrumento na vida expõe alguém ao desespero, à falta de sentido e à agonia. E a agonia é exatamente o mecanismo pelo qual se destrói a ilusão do homem de ação, que confunde as causas. A ideia de que pelo sofrimento o indivíduo desperta está na base do cristianismo.

O mesmo raciocínio Dostoiévski faz com relação ao seu quase fuzilamento. Em vez de ler o episódio como um sadismo do *tsar*, ele o lê como um gesto de sabedoria. Porque expor os criminosos à certeza de que seriam fuzilados e, na última hora, perdoar e jogá-los na Sibéria, onde não iriam fazer absolutamente nada, a não ser carregar montes de areia de um lado para outro, significa a sabedoria de Deus passando pela mão da monarquia russa: o *tsar* e a sua polícia mostram e instauram no ser humano a percepção de que ele não tem sentido, sendo que a punição escolhida faz com que ele tenha essa experiência.

Para Dostoiévski, depois do período na Sibéria, a ideia de revolução é um engano, na medida em que a revolta contra qualquer forma de submissão inviabiliza a capacidade de perceber Deus, capacidade perdida pelo ocidental. Por isso, Dostoiévski vê a submissão do povo russo como um dedo de Deus — há algo de sabedoria na agonia constante desse povo. E é essa submissão que abre o espaço de visão do povo russo que os niilistas não tinham e que os ocidentais perderam, e a relação com Deus passa, de alguma forma, pela relação de submissão.

O niilismo, na verdade, é a destruição absoluta da tradição. E, na medida em que não se tem tradição, não se é nada além do que se projeta de si mesmo. Mas como não se é nada, apenas um átomo nas cadeias infinitas de átomos, quando o ser humano resolve acabar com a tradição — ligada à ideia profundamente religiosa de origem — e cria sem nenhuma relação com a tradição, necessariamente ele cai no vazio, no *nihil*. Por isso a modernidade, tal qual é, para Dostoiévski, só pode ser uma realização absoluta do mal, só pode dar na escatologia absoluta, no apocalipse absoluto, é a marcha em direção ao fim, à tragédia total, é a dissolução de tudo. O ser humano vai dissolvendo as relações, ele não sabe mais o que ele é, apenas "inventa". Se ele ficasse só na agonia de não saber o que é, seria um pouco melhor. Se ele parasse em Hamlet, atormentado pelos fantasmas, desesperado, e acabasse enterrando a civilização pela sua incompetência, seria menos mal do que o que vai acontecer: uma mistura de Palácio de Cristal com niilismo.

A visibilidade oferecida pelo cristal com sua transparência, através da qual tudo se enxerga, é o que torna a vida do ser humano moderno viável. Todavia, essa visibilidade/viabilidade, que o mundo do Palácio de Cristal oferece, é a viabilidade do mal; não há espaço para a dúvida, não há nenhuma área escura. Para

Dostoiévski, não existe ser humano sem mistério. Na verdade, a raiz da pessoa é o mistério, pouco importando o nome que se dê a ele. Por isso a agonia do subterrâneo é qualitativamente melhor que o niilismo, porque esse homem do subterrâneo, de alguma forma, vive o mistério, só que como sintoma — na linguagem contemporânea, como patologia psicológica.

O homem do subterrâneo é "inobjetivável". O homem de ação toma uma explicação possível dada pela razão e passa a viver de acordo com ela. O homem do subterrâneo diz estar enterrado na lama e no escarro que são jogados sobre ele pelo homem de ação. Essa imagem reflete sua inquietação e angústia. O homem de ação não tem inquietudes, pois para ele isso é inútil. Mas, se alguém provar que a inquietação é útil, que o torna mais produtivo, então ele a terá num determinado período do dia, assim, por uns trinta minutos... A vida do homem de ação se dá dentro de muros. O indivíduo do subterrâneo, embora não esteja no estágio de Aliócha, sabe que é impossível acreditar e viver como um homem de ação. Quando ele afirma que o que torna possível a consciência é o sofrimento, é a dor, ele aposta na ideia de que, quando o homem estiver encurralado pelo determinismo, ele vai dizer: dane-se o mundo, contanto que eu tome meu chá. Ou seja, não há nenhuma ética pública que se sustente no espaço privado, apenas um belo discurso em espaço público. O sintoma desse indivíduo que, de alguma forma, age por capricho, que diz não fazer determinada coisa simplesmente porque não quer, é mais sagrado do que a eficácia plácida do homem de ação — ele está mais perto da salvação.

Dostoiévski escreve *Memórias* como uma crítica a Tchiernichievski, um jovem galã da nova geração, meio poeta e espécie de ídolo do movimento intelectual revolucionário da época, autor de *O que fazer?*. Nesse livro, além de fazer a imagem do futuro como a sociedade do Palácio de Cristal, ele apresenta uma espécie de carta de intenções da Revolução Russa: o que a nova geração deveria fazer, sendo que a primeira etapa seria a destruição de tudo o que existia, destruir a tradição para daí construir o novo mundo. Portanto, a chamada nova geração não teria obrigação de construir nada — isso seria para quem nascesse depois —, apenas destruir.

Se formos bem rigorosos, Tchiernichievski, que é um personagem real, e Bazárov, personagem de Turguêniev,[160] são muito próximos. Diferentemente de Verkhoviénski, que está um passo adiante, porque, enquanto eles ainda estão na ideia da racionalidade, de construção de uma sociedade melhor, naquela ideia bem típica do positivismo da razão destruindo o passado e construindo alguma coisa, Verkhoviénski fez o caminho total: ele já sabe que a razão não serve para nada. Tchiernichievski defende a ausência de livre-arbítrio, isto é, defende a ideia de que o ser humano é causado plenamente pela sua fisiologia, psicologia e pelo meio no qual ele vive.

Mas o que é o homem natural para Dostoiévski? É um ser que se nutre e se decompõe, e cria algumas teorias para tornar essa circularidade mais "digna". Nesse sentido, o subterrâneo é uma experiência de transcendência, mas como patologia. Como diz o próprio personagem: "Quem disse que o normal deve ser o critério?". Para ele, o ponto máximo é quando alguém escolhe algo que não lhe é vantajoso, quando toma uma decisão que não implica em vantagem para si. Nesse caso, o indivíduo está mais próximo da salvação — é o paradoxo absoluto. Essa experiência de transcendência o é enquanto sofrimento, porque ele descobre que é transcendente a si mesmo, ele não consegue se objetivar. Lembrando da mística ortodoxa: a objetivação do mundo é a decomposição do mundo, é a morte. E o que há de mais exato do que a morte? Ela é absolutamente precisa. O que há de mais objetivo do que uma abelha? Então, aquele indivíduo que é absolutamente objetivo, preciso, que sabe exatamente o que quer, na verdade já morreu. Cioran[161] diz que o homem é o único animal indireto da natureza. E que nessa obliquidade do ser humano residia sua superioridade; mas, com sua obsessão pela eficácia, ele vai se tornando cada vez mais direto.

A grande tragédia da modernidade, para Dostoiévski, é o investimento na eficácia instrumental como máxima, é assumir o ser humano como natural. A consequência disso, ou melhor, o próximo passo, é a destruição da natureza, pois o ser humano, como ser de natureza, não é capaz de sustentar a si mesmo. O conflito no plano da razão é um movimento de radicalidade absoluta do ceticismo: demolição de todos os mecanismos de autobajulação da natureza humana, como o fazem Ivan Karamázov e o homem do subterrâneo. Contudo, a uma pergunta Dostoiévski não responde: Por que alguém se torna um Ivan e outro um Verkhoviénski, por exemplo? Seria pela graça?

O indivíduo do subterrâneo, ao se definir, diz que é supersticioso o bastante para acreditar na medicina. Quem acredita na ciência é na realidade um supersticioso. É a ideia de que a relação com a ciência se dá em algum grau de dogmática — alguém simplesmente se abre para acreditar naquilo e achar que funciona. A argumentação de Dostoiévski é tão sutil que ele aplica a categoria noética da superstição em relação a algo que, normalmente, nós consideramos ausência de superstição. Para Dostoiévski, o indivíduo que se diz em dia com o seu tempo, na realidade, é terrivelmente supersticioso. Sua primeira grande crença é que ele existe como continuidade no tempo, que ele faz sentido, que há uma lógica interior nele, que compreende o sentido das coisas; é como se ele fosse um princípio, e a sua vida, um modo geométrico.

Um indivíduo como o do subterrâneo sabe que está enterrado num pântano e, ao olhar para as coisas, percebe quanto é miserável, mesquinho, que não sabe nada, como ele próprio diz: "Eu tento me convencer de que fracassei porque sou inteligente". Contudo, é preciso cuidado, pois Dostoiévski não está dizendo que devemos eleger os fracassados e marginalizados como os grandes da sociedade, na medida em que podem ser simplesmente homens de ação que não conseguiram realizar o que queriam, mas permanecem homens de ação. Ao dizer que fracassou por ser inteligente, é a vaidade atuando no homem do subterrâneo, mas imediatamente ele retoma a posição da crítica contínua a si mesmo e diz "mas eu não consigo me convencer disso". Nesse momento acontece um processo de elaboração.

Memórias é, de certa forma, a obra mais importante de Dostoiévski, na medida em que nela ele inicia o que depois vai ser desdobramento, inclusive o esboço de Lisa como figura que de fato muda a vida a partir da fala supostamente de amor de alguém por ela. Penso que Lisa seja a matriz de personagens como Míchkin, Aliócha, Sônia. Como diz Zósima em *Os irmãos Karamázov*, a razão não prova nada no mundo, a única coisa que prova que as coisas existem é o amor. A única coisa que está fora do ceticismo é o amor; só o amor dá significado às coisas. Lisa acredita no discurso que o homem do subterrâneo faz para convencê-la a sair da prostituição, mas depois, quando ela o procura, ele se esconde, pois fica com medo de que ela o veja como realmente é — pobre, malvestido e sem dinheiro para o chá — e, nesse momento, ele a agride para que vá embora. Porém passa o resto do tempo pensando como teria sido viver com ela. Aplicando um raciocínio do subsolo aqui, podemos dizer que, pelo menos, ele tem essa memória que resguarda a ideia de que ele poderia ter dado certo com Lisa: talvez não desse, talvez tivesse ficado com ela e de fato ela não tivesse gostado dele porque perceberia o que ele era realmente. É o jogo do ceticismo: o círculo infernal no qual está também Ivan Karamázov.

Para Dostoiévski, não há como sair disso a não ser pela graça. É importante observar que o seu universo é poroso ao sobrenatural, que de repente o hálito de Deus pode aparecer e salvar pessoas, mas que não é passível de equação. Não se pode, por exemplo, tendo observado que o amor *caritas*, sobrenatural, pode emergir do amor caído, estabelecer as condições em que isso ocorre e fazer uma programação de como garantir que esse amor apareça. É o inesperado, é a gratuidade. O amor está sempre acima da razão. Para Dostoiévski parece claro que, de alguma forma, a razão do subterrâneo é melhor do que a razão do homem de ação ou de Piotr Verkhoviénski. Também na razão existem graus. Não que ele diga que isso seja manifestação de Deus, mas essa qualidade diferente da razão que aparece no homem do subterrâneo, bem como em Ivan, essa agonia toda, é um sinal de saúde, pois o homem do subterrâneo está dizendo: "Não, eu não sou essas leis que estão dizendo que sou, eu não sou o resultado das causas que falam que sou, não tenho a mínima ideia do que eu seja, mas isso eu não sou".

Dostoiévski insiste em considerar o bêbado, a prostituta, o desgraçado, o bandido como figuras que podem representar o dedo de Deus. Com isso, ele não quer dizer que basta ser marginal para estar próximo Dele. O homem do subterrâneo não conseguiu entrar em sintonia com a prostituta Lisa, enquanto Raskólnikov o fez com relação à Sônia. O criminoso fantástico que Dostoiévski conheceu na prisão, de alguma forma, o ajudou a despertar. O homem moderno parece ter perdido a capacidade de entender que a palavra "graça" significa contingência. Faz parte do projeto moderno negar a existência da contingência, afirmar que podemos conhecer tudo. O indivíduo do subterrâneo é como que o ser humano mostrado na sua obscenidade interior: absoluta, sem nenhum prurido, na hipocrisia necessária à convivência.

Dostoiévski diz, e isso aparece em *Crime e castigo*, que São Petersburgo é a cidade mais abstrata que já foi inventada no mundo, e abstrata justamente porque vive fora da realidade, porque é o espaço da modernidade russa, do investimento no futuro, dos projetos mirabolantes de mudança da Rússia, de toda essa hipocrisia que, para ele, é a modernidade: o sucesso, a eficácia.

Quando o homem do subterrâneo diz que a raiz da consciência é a dor, que não há ser humano que não escolha o sofrimento, até parece um postulado masoquista. Porém, para Dostoiévski, o ser humano que escolhe o sofrimento é melhor que o homem de ação, uma vez que este é um simples mentiroso, alguém que vive dentro do Palácio de Cristal, que organiza a sua vida — é o próprio inquisidor. Observemos que o grande período da Inquisição, na verdade, não é a Idade Média, mas a Idade Moderna. A arrogância da Inquisição é muito mais característica do modelo moderno. O período que Dostoiévski aponta é a virada moderna, renascentista, momento no qual ocorre o rompimento radical com Deus.

Dostoiévski consegue descrever melhor, na sua obra, o agoniado do que o místico. Míchkin é uma tragédia, Aliócha corre de um lado para o outro e acaba falando com as crianças, não consegue resolver muita coisa porque esbarra nos problemas óbvios dos seres humanos — na família, no pai, no amor romântico —, enfim, fica perdido na teia em que todo ser humano está perdido. Mas consegue, por outro lado, sofisticar a argumentação da agonia.

13. O homem ordinário e o homem extraordinário em *Crime e castigo*

É importante que façamos, ainda, algumas considerações sobre *Memórias do subsolo*, pois nos permitirão chegar à discussão sobre Raskólnikov, protagonista de *Crime e castigo*. Um primeiro ponto seria a ideia da vontade equívoca do ser humano, como já mencionado. Segundo Dostoiévski, não se trata de corrigir a vontade do indivíduo por algum tipo de pedagogia; aliás, ele olha com certo cuidado para a pedagogia. A ingratidão que caracteriza o indivíduo de *Memórias*, aquele sujeito nojento, absurdo, com aquelas manias e caprichos, na realidade é uma espécie de refúgio, no sentido teológico e não psicológico, onde a sua personalidade foi reduzida. Em outras palavras, quando se tenta corrigir a vontade de alguém pelos métodos racionais e naturais, a última coisa que lhe resta, se não tiver virado pó, é tornar-se uma pessoa ingrata. Tornar-se pó é permanecer longe da ação da graça, na condição humana, isto é, sem dar o salto qualitativo, usando a linguagem de Kierkegaard, entendendo-se salto qualitativo como salto para o estágio religioso. E, para quem permanece no estado natural, resta a ingratidão, tornar-se um indivíduo cheio de manias, insuportável, que não se preocupa com nada, contanto que possa fazer o que quiser.

Penso que Dostoiévski concordaria com a ideia de que o máximo que a educação ou a civilização consegue com o ser humano é multiplicar as experiências sensoriais que ele tem, multiplicar a visão sensorial: fazer dele um ser que perceba toda a gama e variedade de experiências que a pessoa humana possa ter. Na realidade, essa ideia de multiplicidade infinita de experiências nos põe em diálogo com toda a tradição empirista, com a ideia de que o ser humano é um *quantum* infinito de experiências, que vai alinhavando uma na outra, montando repertórios, tentando compreendê-las, verificando quais constituem uma família pela proximidade, mas que não sai desse estágio.

Nesse sentido, o indivíduo civilizado seria aquele que vive, mal ou bem, constantemente imerso nessa multiplicidade infinita e horizontal de experiências; a civilização só faz dele uma pessoa sofisticada — aquela ideia, para tomar a linguagem pascaliana, que na realidade é agostiniana, de que o máximo da civilização é um equilíbrio sofisticadíssimo de vícios. A pessoa é tão equilibrada no mundo de concupiscência, no mundo de vícios, que quem olha tem a impressão de que ela é uma pessoa de virtude, mas, na realidade, a única coisa que ela sabe fazer é manobrar os vícios de tal forma que se mantém em pé (Pascal chega a dizer que se lhe tirarem um vício o ser humano cai, porque ele tem o equilíbrio de dois vícios, um de cada lado, que o mantêm na posição ereta).

O que fica de fato como resto da sacralização do indivíduo de *Memórias* é a ideia de autotranscendentalização — uma espécie de atravessamento de si mesmo —, um mecanismo contínuo, uma transcendência sempre vivida como um tormento. Aquele vagar do personagem, a passagem de uma vontade a outra, de uma opinião a outra — ele vai ultrapassando toda certeza que tem, jamais permanece preso a nenhuma —, mostra o movimento constante de dissolução dos dogmas que ele tem acerca de si mesmo. É fundamental esse movimento: é o máximo de experiência transcendente a que chega o indivíduo de *Memórias*. É por isso que a transcendência se aproxima muito da ideia de agonia — agonia psicológica. Sem a graça, o máximo a que se chegaria é a esse estado de constante superação de si mesmo, mas superação como um pesadelo contínuo, o que é melhor do que ficar na posição de Porfíri,[162] por exemplo.

Faremos, agora, alguns comentários que, na minha opinião, são os mais importantes para o nosso percurso sobre *Crime e castigo*, que, ao lado de *Os irmãos Karamázov*, é o livro mais conhecido de Dostoiévski. Começando por Raskólnikov, pretendo, em seguida, passar por Stepan Verkhoviénski, de *Os demônios*, por Piotr, filho de Stepan, até chegar a Ivan Karamázov. A proposta é navegar por todo o veio niilista, chegar à crítica à educação liberal que o autor faz em *Os demônios*, através da figura do pai de Piotr, o intelectual liberal que ocupa a primeira metade do livro. Partiremos do niilismo, da questão do homem extraordinário *versus* homem ordinário, para entrar exatamente no mal puro e daí passar ao exemplo de perfeição, o exemplo de indivíduo divinizado na obra de Dostoiévski: o príncipe Míchkin. No final da vida, Dostoiévski diz que quem considera *O idiota* o maior livro da sua obra são as pessoas que de fato a compreenderam — essa indicação é assaz importante, pois nos remete à ideia da sacralização da psicologia, ou seja, o príncipe Míchkin como a figura da sacralização absoluta, do indivíduo que transcende a condição humana, ainda que seu fim seja um desastre. Todavia, a ideia do desastre é permanente no cristianismo.

Crime e castigo gira em torno do crime cometido por Raskólnikov. Ele comete um crime para se testar como indivíduo extraordinário — para ele, os indivíduos extraordinários são aqueles que moldam a história da humanidade. Além disso, Aliena Ivánovna, aquela velha usurária infame, suja, que não servia para nada, que era um rato, merecia mesmo a morte. Porém é obrigado a matar também a irmã dela, Lisavieta, que aparece no momento do crime. Mais tarde, ele descobre que ela havia costurado uma roupa sua, o que lhe causa uma angústia enorme. Daí começa todo o seu tormento em relação ao crime: questiona-se se há ou não uma moral no cosmos, transpira, repete o tempo todo um discurso cuja raiz ideológica está em Maquiavel. Encontra-se com Sônia, uma figura angelical que sustenta um pai bêbado e a família com a prostituição, embora permaneça intocada pela miséria na qual está inserida — este é o grande mistério da figura de Sônia. Ela, de alguma forma, será instrumento do processo de conversão (*metanoia*) de Raskólnikov, que não se dá, porém, em sua totalidade. O próprio Dostoiévski avisa ao terminar o livro: "Mas aqui já começa outra história, a história da renovação gradual de um homem, a história do seu paulatino renascimento, da passagem progressiva de um mundo a outro, do conhecimento de uma realidade nova, até então totalmente desconhecida. Isto poderia ser o tema de um novo relato — mas este está concluído".

Raskólnikov acaba indo para a Sibéria depois de se entregar, e Sônia vai junto com ele. Situação semelhante foi presenciada pelo próprio Dostoiévski quando esteve na Sibéria: as esposas dos desgraçados oficiais do exército e da nobreza russa que haviam tentado um golpe contra o *tsar*, no final dos anos 1820, acompanharam seus maridos por livre e espontânea vontade e lá fundaram uma espécie de ordem de caridade para eles e para outros presos. Esta imagem é muito marcante para Dostoiévski: mulheres que abrem mão de tudo para irem junto com os desgraçados revolucionários. Nesse momento, ele tem uma visão positiva desses oficiais exilados que doam a vida para melhorar a condição do povo russo. Uma raiz da atitude de Sônia, com certeza, está nessa experiência. Fica claro que ela será fundamental no processo de conversão de Raskólnikov, de retorno, de *reditus* ao divino.

Todavia me parece um erro dizer que Raskólnikov chega a Deus em *Crime e castigo*. Ele tem uma rotação em seu movimento, sai da posição em que estava, mas não faz o caminho todo. Seria difícil imaginar, por exemplo, que ele faria por Sônia a mesma coisa que ela fez por ele.

Uma outra referência interessante do período da prisão na Sibéria é a de um indivíduo chamado Pavel Aristov, um grande criminoso com o qual Dostoiévski fica impressionado: um indivíduo absolutamente acima da média, que não tem medo de nada, faz tudo o que quer, parece ter controle de todos os músculos de seu corpo, está acima do bem e do mal, com absoluto domínio de tudo o que acontece ao seu redor, que fala de seu crime e das coisas que fez com total isenção — parece não ter nenhuma incompetência humana —; alguém de fato extraordinário. Mas como uma figura que está além de toda e qualquer incompetência humana pode ser exatamente um criminoso?

Essa "competência absoluta" é fundamental, principalmente se comparada a Míchkin, que é o "Cristo" de Dostoiévski: um indivíduo absolutamente incompetente. Na realidade, ele é incompetente porque divinizado. O que caracteriza o príncipe Míchkin, e que se pode perceber logo nas primeiras páginas de *O idiota*, quando ele está chegando à Rússia, é a forma como ele responde às perguntas que lhe são feitas: não está nem um pouco preocupado com o que vão pensar do que ele diz ou se vão se aproveitar do que ele fala. Por isso ele parece um indivíduo sem "eu", parece uma pessoa sem personalidade, totalmente perdido, mas nem um pouco preocupado. Míchkin reage de forma aberta, inconsciente às provocações das pessoas; é o oposto de

Pavel Aristov, que, muito provavelmente, é a raiz da ideia desse homem extraordinário do qual Raskólnikov fala o tempo todo.

Também em *Crime e castigo* encontramos o homem de ação de *Memórias*, representado na figura detestável do sujeito que irá se casar com a irmã de Raskólnikov. É aquela pessoa que, hoje, poderíamos dizer que está em dia com os últimos avanços tecnológicos, com tudo o que há de novo em termos de autoestima, uma espécie de praticante de *self-marketing*, em dia com as necessidades humanas, que sabe controlar sua vida em todos os níveis e sabe muito bem que na vida só se realiza aquilo que é possível.

Há duas grandes referências para entender o universo de *Crime e castigo*: uma delas é o livro *O que fazer?*, de Tchiernichievski, a obra que mais marcou os últimos quarenta anos do século XIX na Rússia. Esse livro é uma espécie de agenda do que o intelectual russo deveria fazer para criar um novo mundo, ao operar a transposição do projeto socialista moderno para a Rússia. Não é à toa que Joseph Frank o aponta como o livro de cabeceira de Lênin. Tchiernichievski dá, nessa obra, como já apontamos, toda a agenda da modernização, a agenda dos indivíduos extraordinários, a agenda da destruição da tradição — o primeiro passo do revolucionário —, pois, enquanto isso não for feito, o indivíduo permanece assombrado pelo passado. Um moderno que vive preso à tradição é um neurótico que está sempre assustado pelos fantasmas da primeira infância — não consegue se libertar nunca.

Se compararmos Tchiernichievski com uma geração pouco posterior à sua, que é a geração de Pisariev, podemos dizer que Tchiernichievski está para *Crime e castigo* assim como Pisariev[163] está para *Os demônios*. Embora ambos fossem chamados na Rússia de filósofos radicais,[164] há uma suave diferença, mas bastante importante, entre os dois: em Tchiernichievski ainda está presente a ideia de destruição para a construção, enquanto a geração de Pisariev já está consciente da impossibilidade de construir um mundo novo num tempo de vida e por isso propõe, simplesmente, a destruição do mundo tal como se conhece. É então que se chega à essência do niilismo, retratada em *Os demônios*. A Revolução Russa, vista desse ângulo, começa com a destruição de tudo: da família, dos laços afetivos, do Estado, da relação pai-filho, da Igreja, da fé, enfim, é só destruição. Não há nenhuma preocupação em *Os demônios* com qualquer processo de construção. Já em *Crime e castigo* há um discurso acerca da construção de um mundo melhor.

As duas fontes importantes são, portanto, a filosofia radical[165] e a teoria de Maquiavel. Mas por que este último? Raskólnikov fala o tempo inteiro em Napoleão e, se há na história uma encarnação do Príncipe de Maquiavel, esta é Napoleão. Na linguagem de Maquiavel, o homem extraordinário é o indivíduo que tem *virtù*.

Maquiavel é um autor contemporâneo. Ele tem uma visão de política absolutamente pragmática; rompe a relação entre metafísica e política, rompe a relação entre metafísica e ética e desta com a política, no sentido da clássica oposição bem e mal, que ligava a ética à metafísica. Em outras palavras: ele rompe com a metafísica e, nesse sentido, causa um horror gigantesco, hoje inclusive. Dizer que o ser humano responde melhor ao medo como fonte de respeito para com o outro do que ao amor parece o mesmo que dizer que o ser humano não presta.

Todavia, não se pode afirmar que a posição de Maquiavel seja niilista, no sentido de Pisariev ou de Verkhoviénski. Na realidade, ele percebe o seguinte: o ser humano é um caos de paixões, medo, covardia, interesse, fraqueza, e qualquer outra coisa é metafísica, é ilusão, é construção, e não empiria, em se tratando da condição humana. Essa é a psicologia de Maquiavel. Um bom príncipe é, acima de tudo, alguém que sabe observar o ser humano naquilo que ele realmente é. Então, um príncipe que constrói uma ideia de ser humano melhor do que ele próprio não é um bom príncipe. Maquiavel acredita que alguém que não perceba que o ser humano é incapaz de se organizar, de se manter sozinho, não serve para príncipe, porque, se permitir que o indivíduo "seja livre" e "faça o que quiser", a única coisa que ele vai fazer é destruir(-se) sem nenhuma legitimidade.

Ainda que Maquiavel rompa com a tradição, permanece, para ele, uma referência histórica. O indivíduo que é príncipe, o indivíduo de *virtù*, deve conhecer a história, pois ela consiste no sedimento do comportamento humano ao longo do tempo. E deve também conhecer o ser humano ao seu redor, deve ser um bom psicólogo, no sentido de observar o comportamento humano para saber exatamente o que tem nas mãos. Parece não existir, em Maquiavel, a possibilidade de contrato social, pois, para fazê-lo, no mínimo, o indivíduo deve ter algum conhecimento de si mesmo, como, por exemplo, ser capaz de identificar o que é interessante para a sua sobrevivência. Para Maquiavel, isso não existe numa natureza humana plenamente inconsistente.

O que é um homem de *virtù*, então? Para Maquiavel, ou se tem ou não se tem *virtù*. Ele não está preocupado com a contingência, ela é um dado, é Fortuna, na linguagem da época. Negar a contingência é estar fora do mundo, porque ela penetra pelos poros, por todos os lados. Mas por que um indivíduo nasce com *virtù* e outro não? Um indivíduo que, por acaso, tem *virtù*, mas não está na posição de ser um príncipe, poderá ser um indivíduo de ação bem-sucedido. É aquele que está acima dos outros porque, de alguma forma, consegue se reconhecer como vítima de paixões — consegue reconhecer, por exemplo, que não deve dar muita atenção aos seus desejos, pois, se o fizer, eles o levarão à destruição. Um indivíduo de *virtù* percebe, por exemplo, que a moral nada mais é do que hábitos estabelecidos ao longo do tempo, não há nenhuma razão, nenhuma legitimidade para ela. Ele não incorre no erro de achar que a moral, de fato, seja algo legítimo, ancorado no sentido transcendente.

Maquiavel afirma que o príncipe deve ser extremamente competente no uso da violência, isto é, se ele tiver de matar alguns milhares de pessoas em determinado momento, o que determina a avaliação de seu ato não é um código moral anterior, mas o resultado desse ato em termos da manutenção do Estado. Mas o que é "estado" senão "estar" no particípio ou um "estando" contínuo, no sentido de ser igual a si mesmo durante algum tempo? É o que falta ao ser humano, segundo Maquiavel: a capacidade de ser "estado", isto é, ter e ser continuidade e estabilidade, enfim, sustentar uma "identidade".

Por que, para Dostoiévski, há um halo de niilismo nisso tudo se, como dissemos anteriormente, Maquiavel não é um niilista, assim como Tchiernichievski não se vê como niilista? A grande percepção de Dostoiévski é que a modernidade é niilista na base e o que a caracteriza antes de tudo é ela não saber disso. Seu projeto, a liberação da modernidade, é de base niilista. O ser humano vai chegar ao absoluto e total niilismo em tudo, embora leia isso como liberdade, como liberação. E, no momento em que estiver no mar da contingência absoluta, provavelmente começará a chorar, culpar os outros ou eximir-se de suas responsabilidades.[166]

Maquiavel é extremamente radical ao falar do comportamento humano, que, para ele, não faz nenhum sentido *a priori* — não há nenhum dado que demonstre qualquer sentido cosmológico. O que se vê é um balé mortal do desejo destruindo a todos e, nesse meio, caso surja a *virtù* em alguém, tal pessoa é capaz de, matando ou não, manter um "estado" precário — para Maquiavel é muito claro que a manutenção do Estado é sempre precária, é sempre perigosa; a qualquer momento ele pode ruir, e o ser humano precisa desse Estado para existir. Quando está sob a proteção desse Estado competente, o ser humano até fica menos caótico do que realmente é.

Nesse sentido, podemos indagar: por que, para Dostoiévski, Maquiavel se aproxima do niilismo? Porque, ao dizer que a plataforma de ajuizamento sobre o valor da vida humana é o resultado da morte num contexto político, o que se está afirmando é que, em si, a vida humana não é nenhuma fonte de valor. Pode-se matar algumas centenas de pessoas para se obter algum benefício a outras centenas mais, ou para se estabilizar uma determinada comunidade, sociedade ou grupo. *A priori*, o que estabelece o valor da sua atitude não é que exista um valor em si na vida humana, porque não existe; tudo o que se pode conseguir é um bom resultado. Dessa forma, Maquiavel se aproxima muito do pragmatismo, do utilitarismo, da ideia de que a linguagem (como instrumento básico de conhecimento) não descreve o mundo, delira o tempo todo e, quando não, apenas causa uma alteração útil no mundo. Na realidade, então, a condição humana é de delírio ou de utilidade, não havendo outro momento que a defina.

Isso tudo está na base do pensamento de Raskólnikov — é essa ideologia que o leva a fazer o que faz, ainda que, mesmo tentando abraçá-la o tempo todo, não consiga. A raiz da rotação do seu movimento é, antes de tudo, a agonia em que ele fica, o desespero por não conseguir se convencer daquilo que queria. Para Dostoiévski, é melhor que ele não consiga se convencer, porque se o fizesse estaria no grau de degradação absoluta do ser humano. Embora haja a questão do amor em jogo, permanece um certo halo de mistério em torno da razão pela qual Raskólnikov não consegue se convencer de sua teoria. No final, ele acaba percebendo que matou aquela mulher porque queria e acabou; não foi por nenhuma teoria, porque ele é extremamente ordinário. Para Dostoiévski isto é fundamental: reconhecer que se pode matar pelo simples prazer de fazê-lo, ou para se livrar de uma dívida, é melhor do que afirmar que se está matando pela causa da humanidade.

Da mesma forma, Raskólnikov quer se convencer de que é ateu, embora não seja. Nesse sentido, aproxima-se do indivíduo de *Memórias do subsolo*, pois, por mais que ele a combata, a metafísica está presente nele. Daí ser possível entender, por exemplo, no caso de Ivan Karamázov, que acaba se encontrando com o Diabo e percebendo a sua semelhança com ele, que é melhor para o indivíduo encontrar-se com o Diabo do que ficar achando que o mal não existe, que tudo é uma questão de contexto, que teve azar de nascer em determinada família, que se tivesse tido uma educação diferente não seria tão mau, ou qualquer outra explicação. Ou seja, é melhor o indivíduo fazer todo o trajeto da miséria e perceber que existe o Diabo, sim, e que este está falando com ele, como acontece com Raskólnikov e Ivan. Isso ao menos mostra que existe algo de sanidade, já que, por trás da ideia de recusa da substancialidade do mal (de que tudo é causado por um contexto infeliz), está a denegação do mal. Raskólnikov acaba tendo de perceber que matou porque é mau, independentemente de a mulher não prestar, de ser uma usurária, uma agiota — não foi por nenhuma causa humanística. Com tal colocação, Dostoiévski está dizendo que os revolucionários querem destruir só por prazer. A verdadeira raiz afetiva das ciências humanas é negar a existência do mal. Tal estado de *denial* (denegação) é fruto do amor-próprio.

Os grandes personagens de Dostoiévski estão sempre, aparentemente, num estado alterado, febris, numa agonia constante. Raskólnikov sua frio. O autor parece não ter em grande conta o estado da consciência não alterada. Provavelmente "daria risadas" da redefinição do conceito de morte de Hughes,[167] que afirma que o novo critério para a definição do conceito de morte e de vida será não esse conservadorismo biofundamentalista do ser humano, que o define como espécie, mas, sim, o critério liberal pragmático de subjetividade de consciência autônoma (o motivo da risada aqui é essa assunção "feliz" da autonomia bem-resolvida). Portanto, no dia em que existir uma "quimera", isto é, um ser que é a interação entre cibernética e processos neuronais, que seja autoconsciente e autônomo, esse indivíduo tem que ser passível de direitos jurídicos e políticos. Isso é o coroamento da argumentação de Dostoiévski: "Nós vamos chegar ao niilismo". Supor a biologia como legitimidade ontológica do ser humano será mero biofundamentalismo.

O que significa o niilismo aqui? Por exemplo, o ser humano biológico-natural não existir mais. Não porque somos maus e matamos o ser humano, mas porque para nós ele deixa de existir mesmo, dissolvemos a categoria "ser humano". Esse conservadorismo biológico é que deve ser combatido pelas correntes liberais pragmáticas, que sabem que a consciência pode ser um fenômeno que não tenha nada a ver com a espécie humana, pode ser algo, inclusive, que transite pela tecnologia cibernética avançadíssima. Algo semelhante a isso provavelmente vai acontecer; é uma questão de tempo. E, daí, todo o pessoal "conservador", de "esquerda", que acha que não, que está errado, que a dignidade da consciência na subjetividade autônoma do indivíduo está na capacidade de ajuizar coisas — este é que deve ser objeto de preocupação da armação jurídica, política e social da sociedade —, vai acordar ao lado de um cibernético.

Isso lembra uma controvérsia que aconteceu na Alemanha, em 1999,[168] entre Peter Sloterdijk e Jürgen Habermas. Sloterdijk percebeu, como alguns intelectuais, que não adianta ficar falando mal da biotecnologia, porque o ser humano tem de entender que foi ele quem a criou: porque deseja saúde a todo custo, felicidade definida como fruição da plataforma molecular, das funções vitais e nada mais do que isso. Ele não tem saída a não ser a biotecnologia. Na realidade, ele afirma que a biotecnologia, a tecnologia avançada, é humanismo na sua raiz mais profunda: é a dissolução de tudo para a manutenção da "felicidade" humana a qualquer custo.

Apontamos anteriormente que a discussão de Hughes coroa o argumento de Dostoiévski — e o faz fora do contexto do autor russo — porque é pragmática, isto é, mostra que a condição humana é definida por consensos: saímos do universo vago, transcendental da Idade Média, para cair no universo concreto, no nome, na identidade. O Transcendente não tem identidade, é um *flatus vocis*, palavra vazia. A obra de Dostoiévski nos dá a perceber que o projeto da modernidade se dirige para esse niilismo. Indivíduos como Raskólnikov, que fracassam, de alguma forma se salvam. Só que, para tanto, Raskólnikov vai para a cadeia — é um absurdo o que Dostoiévski pede: que se abra mão da felicidade. O que a modernidade faz aqui? Aposta na ideia de que existe um meio-termo entre a cadeia, a Sibéria de Dostoiévski, e esse horror relativista. Esse meio-termo é o niilismo racional temperado com psicoespiritualidade ao portador.

Na realidade, a rotação da posição de Raskólnikov no livro é perceber que ele não consegue se convencer de que é um indivíduo extraordinário. Ele percebe que não tem *virtù*, que não é Napoleão, que não consegue estar além da miserável condição humana de vítima de paixões, do caos que o ser humano é. Qual seria então o caminho? Negar esse caos de paixões? Para Dostoiévski, não, ao contrário: é atravessá-lo.

Esse movimento de Raskólnikov corresponde à ideia (embora Dostoiévski não fale isso em sua obra), que me parece bastante interessante, do pecado como uma instância crítica — a ideia de que a verdadeira, ou, digamos, o possível processo de elaboração da condição humana passa muito mais pela suspensão da denegação do pecado do que pela defesa do não pecado da condição humana. Trata-se da consistência pragmática do conceito de desgraça: não deveríamos levar mais a sério a ideia de uma disfunção estrutural no humano? Pelo menos deveríamos fazê-lo circular de novo entre nós e ver os frutos de uma reflexão dessa ordem. O erro do humanismo é achar que a crítica da condição humana está na denegação do pecado, isto é, afirmar que o ser humano tem uma dignidade que lhe é natural, uma infinidade de potencialidades, e que vai se superar nesse movimento. Para tal pensamento, dizer que a natureza humana é ruim é uma bobagem inculcada pela Igreja Católica, por Lutero ou Calvino, entre outros. O argumento de Dostoiévski, que é um argumento religioso da tradição cristã ocidental, é que, independentemente da iniciativa, há algo na natureza humana que sempre vai levar ao fracasso. E a modernidade é, na realidade, essa segunda e radical aposta na serpente. Só que a salvação de Raskólnikov ocorre no momento em que ele se reconhece como pecador. É importante salientar que, no contexto ortodoxo russo, é fundamental a figura do Cristo sofrido, extenuado pelo sofrimento. (Sofrimento sem razão, porque ele não era pecador.)

O pecado aqui é o exílio de Deus, é a deformidade da

natureza humana, é disfunção, é miséria, é mal. Para Dostoiévski, o mal é essa capacidade que o ser humano tem de dissolver tudo o que ele toca. Então nada mais natural do que a razão humana chegar ao relativismo, e quando não chega lá é porque está mentindo para si mesma. Com isso ele não quer dizer que o relativismo é a salvação. Se lembrarmos que Heschel diz que a filosofia da religião é essencialmente uma filosofia crítica, isto é, que a partir dos conteúdos da religião e da experiência religiosa ela faz uma crítica da condição natural do ser humano, o conceito de pecado, tal como visto por Dostoiévski, leva a uma consciência maior do niilismo como fator intrínseco, já que, à medida que a razão vai funcionando, vai gerando uma redefinição infinita dos conceitos. Trata-se de um infinito infernal.

Penso que, ao tomarmos o pecado como crítica, estaremos no centro da filosofia religiosa de Dostoiévski, que vai na contramão de todo pensamento humanista naturalizante, que investe na possibilidade de a razão ultrapassar todos os problemas e chegar a algum tipo de consenso. O conceito de ser humano "natural" (em oposição a artificial) se sustentou até hoje por ser uma "tradição biológica". Todavia, estamos nos preparando para matar a tradição do átomo,[169] assim como matamos a tradição teológica, a religiosa e tantas outras. Isso nos remete à filosofia radical dos ingleses (base do niilismo de Petrushka), filosofia da Revolução Industrial, que prega exatamente a necessidade do novo homem em oposição ao homem ultrapassado.

No capítulo dedicado a *Crime e castigo* de seu livro *Gogol et Dostoïevski*, no qual analisa o pensamento teológico dos dois autores, Evdokimov diz que a descoberta de Dostoiévski, que aparece nessa obra de modo mais acabado do que em *Memórias*, é que, antes de falar de remédio, é necessário aprofundar a dor até o fim. O erro do pensamento religioso moderno está exatamente em ter pulado o sofrimento para ir direto ao remédio. E, também, em produzir um remédio, continuando na analogia, para um vírus que se acreditava ser de quinta categoria, mas que, na realidade, é incurável, isto é, a desgraça. Há que retornar a uma reflexão acerca da desgraça como ontologia insuperável da condição humana.

Dostoiévski empurra o ser humano abismo abaixo, para o esgotamento da sua condição caída, da sua desgraça, justamente como pensador religioso que era; ou seja, leva-nos a perceber o engano que é a aposta naturalizante do humanismo moderno. É importante entender que Dostoiévski não é simplesmente reacionário, ele não assume uma postura de, digamos, nostalgia da metafísica. Sua obra faz uma análise experimental dessa queda contínua que é a modernidade; ele profetiza a repetição monótona da desgraça. Não está dizendo com isso, necessariamente, que no final vai estar todo mundo comendo enxofre, mas que o organismo humano pode se modificar e chegar ao ponto de respirar enxofre.

A lógica é a seguinte: Raskólnikov se julga extraordinário e mata, pois o indivíduo extraordinário é capaz de fazer o que os outros não fazem — não porque estes sejam melhores, mas porque são hipócritas, mentirosos, têm medo das consequências. Contudo, ele não é extraordinário (para sua sorte, segundo Dostoiévski); extraordinário é Pavel Aristov, um indivíduo que de fato está acima da moral, que conseguiu estabelecer o clímax do mal, mais próximo de Pisariev e de Verkhoviénski. Raskólnikov não chega a essa perfeição, ele está mais próximo de *Memórias*, naquela agonia do subsolo, querendo ser extraordinário, achando que poderá ser, mas permanece um desgraçado suburbano que não consegue fazer nada.

A salvação está sempre além da natureza, a razão humana nunca compõe e, quando compõe uma metafísica, sempre terá a tendência de colocar o homem no lugar da divindade. A razão humana só tem dois caminhos: ou faz do homem um macaco, um conjunto de átomos e, portanto, redefinível a partir de vocabulários biotecnológicos, ou faz dele Deus, construindo uma metafísica na qual o ego é inflado, o centro do cosmos, o que se aproxima do platonismo renascentista de Pico Della Mirandola (1463-1494) em seu *De dignitate hominis* e sua ideia de que o homem tem uma dignidade que lhe é natural, ideia que está na raiz do humanismo moderno e que compreende o sobrenatural como algo imanente à natureza humana.

Se Raskólnikov tivesse chegado à conclusão de que de fato era um homem extraordinário e que matou por uma boa causa — aquela mulher merecia mesmo morrer —, estaria com a consciência iludida. Mas é importante observar que Dostoiévski não salva Raskólnikov dizendo que a velha "não merecia morrer", que é preciso considerar a dignidade humana. Ele passa ao largo dessa discussão. O problema de Raskólnikov é a febre, a agonia de viver tentando se convencer de que é extraordinário. É por isso que, de alguma forma, ele acaba caindo na conversão; é como se fosse uma "patologia" curando outra "patologia". De acordo com Dostoiévski, por mais que o indivíduo tente ser mau — a modernidade talvez consiga, mas até então não tinha conseguido —, existe uma centelha que sempre, de alguma maneira, fica atormentando a pessoa.

Em resumo, o que discutimos até aqui foi para mostrar que a base da crença de Raskólnikov é ele querer ser um indivíduo moderno. E o que faz a modernidade? Quer fundamentar racionalmente a metafísica, como o faz Kant. Por isso, Dostoiévski achava que ele também estava errado, ainda que seja positiva sua posição de compreender que existem condições que determinam a apreensão do mundo *a priori*, portanto, a razão humana está enquadrada *a priori*. Mas, por outro lado, de certa forma, Kant realimenta essa máquina da crença de que há alguma coisa no ser humano que se pode conhecer com certeza, pois diz que o máximo que o homem pode fazer bem é epistemologia, o resto é dúvida. E o que Raskólnikov conheceu de verdade? No máximo, seu desejo de matar. Para Dostoiévski, no plano racional, não há saída para o ceticismo, só há saída no plano do amor, no amor como o de Sônia, que se prostitui para ajudar o pai e vai para a Sibéria acompanhar Raskólnikov. Mas para nós, hoje, Sônia só pode receber um adjetivo: "Idiota". Não é por acaso que ela anuncia *O idiota*.

14. A educação liberal e o niilismo em *Os demônios*

Os demônios, penúltima obra de Dostoiévski, é, de todos os seus livros, o mais engraçado, considerado pelos críticos como uma sátira. Custou-lhe, durante muito tempo, a pecha de reacionário, de resistente a qualquer ideia de revolução, pois teria feito um esboço descarado, porque falso, da inteligência russa. Boris Schnaiderman[170] considera que de fato, em *Os demônios*, Dostoiévski se volta contra a *intelligentsia* revolucionária russa. Joseph Frank concorda que ele tenha uma postura ideológica contra a revolução, mas julga *Os demônios*, antes de tudo, uma análise da fenomenologia do niilismo. Seu primeiro interesse não seria, portanto, fazer panfletagem política contra os revolucionários, embora alguns pensem que sim, porque ele é bastante severo em sua crítica ao pensamento radical russo.[171]

O livro se baseia no caso real de Netchaiev, um estudante da geração de 1860, como se diz na Rússia, que se envolveu no assassinato de um companheiro de célula revolucionária chamado Ivanov, que em determinado momento entra em choque com o grupo. Netchaiev reúne o restante do grupo que integra a célula — oficialmente pertencente a uma grande organização internacional que na realidade nunca existiu, ou não foi provado que tenha existido — e mata Ivanov. Mais tarde é descoberto e vai preso. O assassinato tem como objetivo estreitar os laços que uniam o grupo, ao tornar cúmplices os seus integrantes. Dostoiévski fica impressionado com o acontecimento, noticiado nos jornais, e passa a pesquisar e estudar o caso, pois o considera típico da geração dos niilistas russos.

Uma das teses de Dostoiévski é que o incidente real que leva ao assassinato do jovem tenha surgido a partir de um boato, pois criar boatos fazia parte do "catecismo" do revolucionário escrito por Bakunin e/ou Netchaiev.[172] Em carta escrita a amigos de Netchaiev na Suíça, Bakunin o acusa de não ser uma pessoa de confiança e chama a atenção para as manobras que Netchaiev estaria realizando contra eles. Em São Petersburgo e Moscou, Netchaiev dizia pertencer a uma organização internacional russa cujos principais líderes, exilados na Suíça, eram por ele representados, a fim de levar à frente a revolução.

Esse discurso, na realidade, fazia parte do catecismo do revolucionário: criar boatos que desestabilizassem a sociedade, que gerassem tensão dentro das próprias famílias, dúvidas entre pais e filhos, marido e mulher, de maneira a inviabilizar os laços familiares. A carta de Bakunin acusava Netchaiev de colocar em prática a teoria do catecismo: uma pessoa nunca tem valor em si, nem os amigos têm valor em si; o que define o valor de alguém é o caráter de utilidade que ele possa ter para a revolução. Podemos perceber que essa teoria liga-se à ideia de que o valor surge do contexto. Nessa chave de pensamento, a pessoa em si fica "dissolvida" entre o caráter demoníaco e o caráter libertador do pensamento contextual. A única certeza é o caráter de risco, já apontado pela tradição socrático-platônica na sua discussão com os sofistas: a pura aceitação do relativismo levaria a sociedade, necessariamente, à barbárie, à inviabilidade.

De qualquer forma, o episódio de Netchaiev é emblemático, pois a partir dele Dostoiévski cria o grande personagem niilista Piotr Stepánovitch Verkhoviénski, filho de Stepan Trofímovitch.

Em *Os demônios* há dois grandes "possuídos" — Piotr e Stavróguin — e alguns possuídos médios que acabam sendo devorados pelos principais. Stavróguin, chamado no livro de "príncipe", é um homem muito bonito, muito inteligente, absolutamente sedutor, riquíssimo — o sujeito mais rico da pequena vila. Piotr é a encarnação de Netchaiev, enquanto o pai, Stepan, fundamental na obra, encarna a chamada "geração liberal", geração que produz indivíduos como Piotr e Stavróguin. Nesse sentido, Dostoiévski faz uma crítica feroz à pedagogia liberal. É interessante que essa reflexão se dê na Rússia nos anos 1860-70, isto é, a Rússia aí parece criar uma determinada situação sobre a qual seus intelectuais pensam, e por isso mesmo se tornam capazes de criticar uma gama de problemas que serão discutidos também (e às vezes, mesmo hoje, como "novidade") no Ocidente.[173]

Sempre esteve claro para Dostoiévski que niilismo é um comportamento que implica tanto o interior, o psicológico, como as relações humanas e até uma dimensão cosmológica, como se a atitude niilista tivesse o poder de dissolver o mundo, o cosmos. Ele chega a dizer que a geração dos filhos apresentaria diferenças físicas em função da mentalidade liberal e niilista. Isso significa que o niilismo poderia alterar até a própria espécie: um novo sistema de adaptação ao meio.

Existe ao redor das figuras de Netchaiev e de Bakunin uma polêmica acerca do projeto de revolução. Bakunin, quando indagado por que não propunha nenhum modelo de sociedade, dizia que não poderia construir nada porque era fruto de uma sociedade podre; por isso, qualquer coisa que produzisse só poderia ser podre, de modo que o máximo que poderia fazer seria autodestruir-se, destruindo assim a própria sociedade na qual estava inserido.

Os estudiosos de Bakunin afirmam que sua ideia era a superação do modelo baseado no Estado, em direção à sociedade anarquista, na qual as pessoas iriam desenvolver laços sociais de outra ordem — na realidade, seria um outro tipo de ser humano. A opinião de Dostoiévski é que, do ponto de vista prático, só existe a destruição, porque não se consegue projetar nada que não seja puramente utopia, e a realidade fica por conta da destruição. A utopia permanece abstrata, enquanto o dado concreto é simplesmente destrutivo. É por conta desse olhar que ele se torna *persona non grata* entre os revolucionários. A desconfiança ortodoxa na instrumentalização da história é evidente.

A história de *Os demônios* não é igual à de Netchaiev, este é apenas uma espécie de exemplo a partir do qual o autor constrói o livro, que é mais complexo do que o fato ocorrido. Sua hipótese central é: temos jovens niilistas porque tivemos pais liberais.

Há um outro personagem fundamental na história: Stavróguin, que não aparece na história real de Netchaiev. Sua importância está no fato de que ele é produto de todo o caminho "filosófico" de Trofímovitch, seu tutor, responsável por sua educação, um homem de cinquenta e poucos anos, sem posses, que mora em uma cidade do interior da Rússia, vivendo numa pequena propriedade herdada da família de sua mulher, que já havia morrido. Na realidade, o herdeiro dessa propriedade é seu filho, Piotr, um viajante que mora em São Petersburgo, Moscou, Suíça — a imagem do intelectual cosmopolita de que fala Dostoiévski. O pai queria ser um cosmopolita, mas só o é no plano ideal, enquanto o filho o é de fato. O pai, que envia dinheiro ao filho de quando em quando, tem uma relação estranha com madame Stavróguina, mãe de Stavróguin. É uma relação estranha porque, como descreve Dostoiévski, já passou da fase da amizade, já passou do momento de virar amor. Os dois não sabem mais o que é, mas não conseguem se libertar: um atormenta o outro o tempo inteiro, um conhece tão bem o outro que sabe o que ele/ela vai pensar mesmo antes de fazê--lo. Madame Stavróguina é uma milionária que sustenta Trofímovitch há muito tempo, desde quando ele supostamente caiu em desgraça com o *tsar*.

O livro mostra a tragédia do pai, um intelectual que teria escrito um poema revolucionário — que ninguém conhece — e por isso tem de se esconder e não pode realizar aquilo para que tinha potencial. Madame Stavróguina lhe confia a educação de seu filho, justamente por ser ele um grande intelectual. É um dado importante, porque, se em *Os irmãos Karamázov* ocorre um parricídio, em *Os demônios* Dostoiévski vai descrever o que chamaríamos de infanticídio, pois Trofímovitch, na realidade, mata os filhos — o verdadeiro, Piotr, e o adotivo, Stavróguin —; não literalmente, mas porque lhes destrói a capacidade de se constituírem como seres humanos. Seria melhor dizer que ele inviabiliza a personalidade de Stavróguin, que, segundo os estudiosos de Dostoiévski, é um verdadeiro "cadáver ambulante", uma medusa solitária.

Outro fato importante é que a história é narrada por um indivíduo supostamente amigo de Trofímovitch. Ele conhece todos, faz parte da intelectualidade da pequena vila, mas não faz parte do círculo do filho. Então, de alguma forma, ele permanece ligado à geração dos liberais. É ele quem vê Trofímovitch chorar, pois este é sensível, é um indivíduo que investiga sua vida interior, que não acredita nos modos "antigos" de vida. Todavia há um problema de narrativa que alguns estudiosos de

Dostoiévski apontam como um erro que ele só teria percebido no final, quando já não dava para voltar atrás, enquanto outros dizem que foi de propósito, um lance de gênio: o narrador diz que não está presente, mas em um dado momento estará.

É preciso observar que, em seus cadernos de rascunho,[174] há personagens que convivem com Dostoiévski há muito tempo e que de repente aparecem em dois livros. Assim, por exemplo, o grande pecador, sobre cuja vida sonha escrever, parece um pouco com Ivan Karamázov, um pouco com Stepan Trofímovitch, tem alguma coisa de Míchkin, mas na realidade não é nenhum dos três em especial, é um personagem que se despedaçou em vários livros. Quanto ao "erro" do narrador, não é possível determinar, pelo estudo dos cadernos, se foi intencional ou de fato um deslize. Esse narrador fala das coisas como se lhe tivessem sido contadas por Stepan, mas em outros momentos narra coisas que este não sabia. Ficamos sem saber se ele é um mentiroso absoluto e, assim, não foi erro de Dostoiévski; se é delírio do narrador ou se de fato tudo aquilo aconteceu. Esse detalhe é importante na medida em que uma das características do niilismo pode ser resumida na frase: "Pouco importa o significado das palavras", pois entre a história e a ficção não há nenhuma diferença. Essa é uma discussão bastante contemporânea. É comum hoje a compreensão de que a história, além de ser uma narrativa do ponto de vista dos vencedores, pode ser uma espécie de ficção. No próprio livro, em Piotr Verkhoviénski, aparece a ideia de que a história não existe: não é nada além da tradição que deve ser destruída, não tem qualquer relação com a verdade, já que esta não existe. A verdade é simplesmente um conceito feito para aprisionar as pessoas em crenças e deter sua autonomia.

Se a história é ficção e pode ser mentira, pouco importa então o que o narrador conte. Ainda que jure no início que vai contar a trajetória fantástica de Stepan Trofímovitch Verkho-viénski, um intelectual do qual todos se orgulhavam, uma grande alma etc., no final ele narra coisas que não podia saber — sua fonte é duvidosa, pois ele admite que tudo o que sabia havia sido contado por Stepan. Do meio para o final da história ele se perde totalmente, chegando a dizer que em momento algum estava presente, que só ouviu tudo o que Stepan contou, mas um pouco antes da metade, de repente, ele está presente na história, está vendo as coisas acontecerem. A legitimidade "documental" do olhar do narrador, portanto, é completamente dissolvida. Contudo, se história e ficção são a mesma coisa, qual o problema de mentir, de inventar uma grande história sobre alguém?

Os demônios é a obra mais crítica de Dostoiévski, um livro no qual não há redenção em parte alguma. Em *Memórias* é possível dizer que aparece o olhar redentor de Lisa: ainda que o personagem não a abrace, ela o abraça; em *Crime e castigo* temos Sônia e a *metanoia* pela qual passa Raskólnikov; *O idiota* é a história da sacralização absoluta da alma; e *Os irmãos Karamázov* discute a redenção exaustivamente. Dostoiévski, em carta datada do período em que escrevia *Os demônios*, diz que seu objetivo era fazer um ensaio sobre o ateísmo, um ensaio acerca do mal em seu funcionamento, na sua fenomenologia absoluta. Nesse sentido, esse livro parece ser uma profunda reflexão acerca do relativismo e do niilismo. Então, faz alguma diferença se o narrador está mentindo ou não?

Quando se tem em mente a história narrada em *Os demônios* e se considera o discurso "quase" erudito da física quântica, mostrando que o átomo reage ao observador, percebe-se que nem a física é absoluta, como poderíamos pensar, já que cuida do fato concreto usando instrumentos de mensuração mais fidedignos, controlando variáveis em laboratório etc. O discurso da física quântica, na realidade, contagia a física com a imprecisão das ciências humanas. Se a própria natureza não existe, então a física também é ficção. O interessante é que nós, contemporâneos, vivenciamos isso como um sinal de libertação, pois a física newtoniana, uma física mecânica, nos prende, não é simpática a nossas imprecisões. O que importa são os discursos que se tocam, não há objeto: alguém fala com alguém e o discurso vai crescendo entre "alguéns", entre sujeitos, não existindo qualquer objeto. A matéria não existe, só existe como produção do cientista, e as leis físicas dependem do ponto de vista do observador. Então, as ciências naturais não são ciência natural, e sim ficção. A semelhança com a polifonia é evidente, e a diferença é a qualificação teológica em Dostoiévski: polifonia é desgraça, o que implica uma tensão noética específica ausente na reflexão "quase" erudita.

Essa reflexão é importante porque a física quântica é, antes de tudo, uma crise, e denegamos a crise passando direto à fábula, o que evidencia aquela imagem que Evdokimov chama de "humanismo otimista": o humanismo clássico que vem sendo construído no Ocidente, que acaba produzindo o que Dostoiévski chama de "Homem-Deus". Portanto, pouco importa o átomo; o que importa é como ou onde o físico está no momento da observação, ou seja, a física pouco importa, porque ela não passa de um ponto de vista. Assim, se a história é ficção, se tudo é ficção, o narrador pode ou não ser mentiroso: ele conta um fato e o leitor, se achar que está tendo contato com um objeto real, é um tolo, pois não existe objeto real. Quanto mais rápido percebermos isso, mais libertos estaremos. Tal ideia está diretamente ligada à figura de Stepan Trofímovitch, o pai, e a sua crença de que sua cria deve ter o direito de descobrir as coisas por si mesma, sem nenhuma forma de constrangimento externo. É a ideia de deixar o ser humano seguir o seu curso natural para, dessa forma, alcançar sua harmonia pessoal, já que não há outra. Esse é o discurso latente no pai de Piotr.

Para Dostoiévski, é muito claro que temos um problema em conhecer a realidade. Para ele, só se conhece quando se ama. Então, uma leitura de sua obra sem Verkhoviénski, sem Ivan, pode cair na interpretação enganosa de que conhecer é abraçar o objeto. Tal leitura não permite a percepção de sua análise: há esse lado, mas há outro — o caminho radical do relativismo. Em outras palavras, podemos perceber que o ser humano tem dificuldade de conhecimento e permanecermos nessa dificuldade, num embate com ela. Podemos, também, pular essa dificuldade sem percebermos, por exemplo, que, quando se penetra na ideia de que tudo é simplesmente "uma" leitura, esbarra-se no niilismo. Para sair do relativismo é necessário um critério. Só que ou esse critério é circular e, portanto, tem sua validade circunscrita a um contexto, ou é absoluto, o que nos leva à fé no Absoluto. Dostoiévski mostra que o critério relativo não funciona, pois uma crítica pode facilmente dissolver a dimensão contextual e levar à perda de sentido.

A chave da crítica de Dostoiévski nessa obra é: a grande falácia da modernidade é ver a atitude de Stepan, o pai, como libertação e avanço. Na realidade, essa atitude prepara a construção niilista, e a prova é o momento em que Piotr aparece na grande cena, mais ou menos na metade do livro, descrita pelo autor em detalhes: seus passos no corredor, o clima de mistério e a emoção do pai ao ver o filho. Mas o leitor tem a impressão de que Stepan é um mentiroso, pois, como supremo conhecedor do relativismo e da psicologia, Dostoiévski mostra que sua grande motivação para conversar com o filho era a crise financeira em que se encontrava, de modo que precisava decidir se vendia ou não a propriedade que era herança do filho. Surge então a indagação do leitor: o pai amava o filho mesmo ou, na realidade, apenas precisava dele para resolver o seu problema? No plano humano não há como decidir, não há nada que prove que o pai ame o filho. E a reação do filho é de descaso, ele vê o pai como este aparece aos olhos cínicos da hipótese irônica levantada pelo autor. Penso que esse livro, como análise social, é o mais duro de Dostoiévski, o mais urgente, pois a reação de Piotr diante do pai não está muito longe do comportamento da juventude de hoje. Mas por que essa reação de Piotr? Porque ele sabe que o pai é um sujeito fraco, que não conseguiu realizar seu projeto de vida por ser covarde, preguiçoso; ele acordava tarde, não conseguia estabelecer qualquer ordem em seu dia e entendia a sua preguiça como algo artístico, ou seja, um sujeito frouxo, no sentido ontológico, *lâche*, como dizem os franceses, uma pessoa fragmentada, que acreditava que devia fazer o que tivesse vontade e que a obrigação faz parte da tradição opressora. Piotr não tem nenhum respeito pelo pai. Dostoiévski está questionando a viabilidade da geração dos filhos que têm pais que acreditam nesse tipo de educação liberal, na ideia de que a natureza humana, entregue a si mesma, vai encontrar o seu caminho, o que para ele, na realidade, está preparando a destruição. Penso que esse é um dos seus questionamentos mais fecundos e o mais radical de sua obra em termos pedagógicos.

É importante lembrar que Dostoiévski é um homem do século XIX, ou seja, vive em uma época Pós-Revolução Francesa, Romantismo e Independência Americana — vista pelos americanos como uma revolução iluminista tal qual a francesa. Assim, seu olhar volta-se para a modernidade e, de certa forma, para a pós-modernidade, afirmando que se trata na verdade de um reinvestimento em Satanás. Dessa maneira, a única "revolução certa, nova e permanente" seria, na realidade, um retorno ao cristianismo. Para ele é muito claro que um russo do povo, um homem simples, que vive imerso e afogado na tradição, de alguma forma está menos distante de Deus, menos distante do bem do que um homem como Verkhoviénski. A condição humana mergulha no relativismo, marcha com o relativismo, e aí está a sutileza de sua leitura: uma vez nele, não há como não atravessá-lo e chegar ao apocalipse. O relativismo é o movimento do mal na história, e as pessoas estão apostando nisso, acreditando tratar-se da grande salvação, assim como no Apocalipse foi dito que todo o mundo se encantaria com o anticristo. Sua leitura é escatológica, isto é, no final é que se percebe o sentido. Então, o relativismo é um movimento de radicalização do pecado, e, fazendo-se uma leitura teológica, Verkhoviénski até pode funcionar para dar um empurrão no ser humano ladeira abaixo — há aí um toque da Providência divina. Tal forma de leitura arrancaria risos das inteligências dogmaticamente antirreligiosas: com Dostoiévski, diria eu, discutamos a empiria, e vejamos a consistência das descrições. Quem denega mais? O pessimismo de Dostoiévski é o nome dado pelo humanismo ridículo ao caráter insuportável de sua intuição empiricamente fundamentada. Sua teologia é, portanto, uma hipótese razoável... a menos que o ateísmo seja uma hipótese falseável...

Podemos observar, em *Os demônios*, de um lado, uma certa nostalgia da situação pré-relativista e, de outro, uma compreensão muito fina do relativismo, que leva ao sarcasmo de perceber como o relativismo seduz, como encanta, pois, como novo interpretador, o indivíduo acha que sua interpretação significa um avanço em relação à anterior e, nessa medida, ela é a interpretação salvadora. O engano do indivíduo nessa situação, segundo Dostoiévski, é que ele não percebe que qualquer interpretação, para quem a faz, sempre tem sentido. Então, na realidade, ele é um cego ao pensar que sua interpretação seja a correta; é um cego dentro de uma polifonia total que, por ingenuidade absoluta e por desconhecimento total da epistemologia, pensa deter a verdade.

O relativismo é algo que surge como uma peste, e a geração dos liberais o coloca em prática como um avanço na sociedade. A ingenuidade está em não se perceber que o relativismo não tem retorno e que nunca permanece apenas no plano do diálogo teórico, mas deita raízes no concreto, bastando ver para tanto o relativismo materialista biotecnológico. O que *Os demônios* diz é que, uma vez que se abre o diálogo, este está sempre sujeito às tempestades dos interesses e nunca se chega a nenhuma posição. É por isso que na Rússia dessa época os indivíduos liberais são identificados com aqueles intelectuais poetas que falam, falam, mas não fazem nada — os intelectuais aristocráticos, que discursam sobre as ideias da revolução e permanecem apenas nas ideias. Contudo, é preciso perceber que esse discurso causa um efeito real: a destruição de qualquer critério. E, como bom sociólogo, Dostoiévski diz que a criança que nasce num meio assim rapidamente aprende que, se não há critério, ela é livre, portanto o único critério é a sua vontade. O relativismo, na qualidade de mero diálogo, fracassa, pois os filhos percebem que se trata de fraqueza dos pais, da sua incapacidade de dar as respostas pedidas...

A educação liberal, a partir dos anos 1960, produziria uma sociedade altamente complicada. Do ponto de vista de *Os demônios*, o relativismo não cria as condições de possibilidade da salvação humana. Assim, a obra não nos diz que devemos voltar à hierarquia, mesmo porque o ser humano não anda para trás. O que ela está dizendo é apenas que esse modelo não funciona. O grande erro do relativismo, e da modernidade, é ter negado a condição trágica do ser humano (sua desgraça), é ter apostado na ideia de que o ser humano é *a priori* funcional. Piotr diz, num determinado momento do livro, que a melhor coisa que foi feita para a revolução foi os seres humanos terem concluído que o mal não existe. Uma vez que o mal não existe, que é um mero problema da educação, ele pode atuar da forma que quiser e ninguém nunca vai identificar se, na realidade, ele está querendo, por exemplo, matar alguém ou qualquer outra coisa. A negação do mal é a negação de sua consistência pragmática. Mal é, antes de tudo, um *a priori* que descreve uma disfuncionalidade ontológica insuperável pela natureza.

O outro personagem "possuído", Stavróguin, é um sujeito sonâmbulo, que bate nas pessoas sem qualquer razão, casa-se sem qualquer motivo, tem atitudes, como ficar sentado no quarto, aparentemente sem sentido, mas, ao mesmo tempo, é uma pessoa normal, que come, dorme, conversa — ele é o mal que dissolveu sua personalidade por dentro. Embora continue vivo, não tem mais nenhum ruído interior, é totalmente esvaziado de sentido. Ele não tem mais angústia, não sabe por que faz as coisas, contudo não enlouqueceu, o que seria uma bênção para ele. Já Piotr não foi dissolvido internamente; colocou o mal para fora e, nessa medida, percebeu que é melhor para ele que os indivíduos acreditem no relativismo, na educação liberal, pois assim ele pode apresentar qualquer coisa como bem-intencionada que os indivíduos o seguirão. Para ele é fundamental que as pessoas não acreditem mais no mal, que a relação entre pais e filhos não exista. Os filhos têm de desconstruir os pais, pois, dessa forma, o caos se instala, não havendo possibilidade de hierarquia, tradição e conhecimento.

Dostoiévski está dizendo, então, que a relação simétrica não funciona, que tem de haver uma hierarquia — um indivíduo de quarenta anos não pode abdicar desse fato e fazer parecer que está na mesma situação de um de quinze, por exemplo. Através de Piotr, o autor mostra que a geração dos liberais, como o pai, Trofímovitch, faz isso por não suportar a responsabilidade de assumir o que pensa, o que sabe e o que conhece. Parece-me que essa crítica de Dostoiévski é bastante séria. Ele inicia e desenvolve grande parte do livro com a figura do pai, como responsável pela construção do niilismo.

Trofímovitch tem seu afeto totalmente desorganizado, passa a vida inteira com uma mulher sem saber o que fazer com ela — cada vez que brigam, um escreve cartas para o outro, nas quais ele pede desculpas, escreve poesias dizendo o que pensa, chegando mesmo a escrever quatro cartas num único dia. Piotr o acusa de viver preso a ideias abstratas e, ao mesmo tempo, diz que isso é fundamental para a revolução, pois graças às pessoas que construíram o mundo das ideias abstratas foi possível chegar ao niilismo revolucionário, pois aqueles que permanecem em uma relação objetiva com a vida, na labuta diária, são mais difíceis de ser atingidos.

Segundo Dostoiévski, essa relação concreta com a vida parece proteger o indivíduo da corrosão niilista, pois ele não entra no inferno de questionamentos, não se perde nas fantasias internas. Trofímovitch é um sujeito que parece apaixonado por si mesmo, pelo que escreve, pelo amor que diz sentir pelo povo russo, ainda que nunca o tenha conhecido. Aliás, ele fala francês o tempo todo, debochando da língua russa porque ela não conseguiria dizer as coisas tais como são, e o francês, sim. Contudo, diz-se implicado com a causa russa. É esta inconsequência, esta incongruência, que o filho lê como prova concreta de que as ideias não dizem nada: "Tudo é mentira, as palavras não significam nada", diz ele.

Piotr, ao contrário, investe na ação, ele é Netchaiev. Quando chega à vila, apresenta-se como alguém que faz parte de uma organização internacional de revolucionários russos, que recebeu a missão de disparar a revolução naquele lugar. Desse grupo faz parte Stavróguin, pois, de acordo com o catecismo, deve-se cooptar pessoas da nobreza, da elite, para a revolução. E, principalmente, aquelas pessoas que têm dúvidas acerca do seu pertencimento à elite. Todavia, Dostoiévski não cria um príncipe bondoso, que tem dúvidas por querer ajudar as pessoas, mas um ser que tem tanta dúvida que já não é mais nada, é simplesmente um sonâmbulo sem personalidade. Também faz parte do grupo Chatóv, o indivíduo que irão matar, que se revolta com o comportamento autoritário de Piotr.

As pessoas que compõem o grupo foram escolhidas, segundo Piotr, por serem de grande caráter e, assim, poderem ajudá-lo na revolução. Mas, na realidade, são todos deprimidos, infelizes, invejosos. Piotr diz que a verdadeira arma para se transformar em um revolucionário é ser invejoso, fracassado, alguém que nunca conseguiu realizar nada, porque, dessa forma, o verdadeiro afeto da revolução — o ódio — está presente. O ódio consiste na máquina que faz com que se entre em ação, e entrar em ação significa matar Chatóv, envolvendo o grupo todo, como havia feito Netchaiev. Significa, também, agir em todos os âmbitos da pequena sociedade: ele faz amizade com o governador local, o representante do *tsar* na região, com a jovem moça apaixonada por Stavróguin — metade das personagens femininas é apaixonada pelo jovem príncipe sedutor. Assim, Piotr reúne as pessoas para realizar a sua revolução, que nada mais é do que o caos, pois ele não quer fazer nada além disso, já que a única coisa que pode fazer é destruir. Destruição essa cuja chave que a torna possível está no fato de as pessoas não saberem o que fazem, não terem certeza de nada, uma vez que mentem o tempo todo umas para as outras.

Nesse sentido, Piotr está um passo adiante delas, pois percebeu que a chave da revolução é o niilismo, é buscar o estado em que, diante de um universo totalmente devastado de sentido, acaba-se destruindo toda possibilidade de sentido. Então, não é que ele não esteja preocupado em construir um governo, ele não está preocupado em construir sentido, pois sabe que isso não é possível. Sua preocupação é acabar de destruir os significados restantes — o que o pai ensaiou, mas, na incompetência da geração dos "inúteis", como os niilistas os chamavam, não realizou plenamente, a exemplo de Turguêniev, um indivíduo bem de vida, elegante, bom escritor, famoso, que faz um discurso simpático ao Oeste, à ocidentalização da Rússia, mas que era na realidade um preguiçoso.

A ideia de que a Rússia deveria se modernizar, assemelhar-se à França, à Inglaterra, romper com os laços tradicionais anteriores, representa a figura do pai. Este, ao perceber o comportamento do filho, diz não saber o que aconteceu, pois amou tanto o filho, dedicou-se a ele, procurou educá-lo com o que de mais novo e correto conhecia — como teria se transformado naquilo? Aos olhos de Dostoiévski, aqui, o mal está em operação, e é interessante notar como os "pequenos pecados" — prostituição, embriaguez, pequenos furtos — passam despercebidos na sua obra. Isso porque, para ele, o mal está agindo de forma muito mais radical no mundo do que através desses "deslizes". É essa forma silenciosa do mal que o preocupa — o mal é um parasita de uma ordem desgraçada que se pensa autônoma.

O objetivo de Dostoiévski, nessa obra, parece ser denunciar o mal na medida em que as pessoas estão apostando nele como libertador, quando, na realidade, estão destruindo tudo. É este o seu panfleto, sua ideia de fenomenologia do mal, ou fenomenologia do niilismo: mostrar como o discurso destrutivo do mal se traveste do discurso da construção, e as pessoas o leem como libertador. Sua suspeita é que o caráter revolucionário, assim como a revolução, tem início no pai, isto é, as raízes da revolução estão na geração dos liberais — faz parte da revolução ser anômica. O caminho do racionalismo naturalista produziu anomia ao recusar sistematicamente a experiência antinômica de Deus.

O moderno não consegue construir tradição porque faz parte de seu caráter a ruptura. Já que o discurso da modernidade pressupõe a razão, é um questionamento constante, que nunca consegue se estabelecer, não tem solo. Na medida em que o mal se traveste do discurso da construção contínua, somos constructos, somos todos construídos e vamos construir. Piotr ri disso, para ele estamos desconstruindo e vamos descobrir, no final, que não somos nada. Por que um filho educado nesses padrões não vai aplicar sobre o pai a mesma lógica? É a questão de Piotr. Aqui está o engodo: se lhe foi ensinado que tudo é contextual, que tudo depende do caso, por que ele não vai aplicar essa mesma lógica contextualista ao pai e aos outros seres humanos?

Ao ensinar a uma criança que ela deve se defender contra toda e qualquer crítica, que deve sempre procurar o ponto de vista pelo qual ela sustenta o que faz, o que pensa e o que quer, na realidade, está se construindo a autoestima. Como se pode dar um salto de uma posição (egoísmo construtivo) para outra (altruísmo construtivo)? A obra mostra que esse salto não ocorre, a evolução natural é a continuação do jogo relativista e a entrada do indivíduo no niilismo epistemológico, afetivo, político, enfim, niilismo em todos os níveis. E o caminho de Dostoiévski é mostrar que não há solução a não ser radicalizar a dúvida, porque pelo menos se chega ao ceticismo em vez do niilismo racional. Todavia, o ceticismo só leva a uma suspensão do juízo: sei que minha forma de descrição do mundo é falha, que não descreve o objeto, mas como sair desse abismo? Evdokimov, ao comentar *Crime e castigo*, afirma que o moderno sai muito rápido da dor, ele quer logo uma solução, e a pedagogia de Dostoiévski é: enquanto o indivíduo não atravessar a dor inteira, não tem condição de saber o que é a solução.

Um certo ceticismo pode viabilizar o niilismo, mas um ceticismo como ascese epistemológica pode inviabilizá-lo enquanto atitude quando se percebe que o próprio fundamento da ação revolucionária não funciona, ou seja, quando se é cético em relação ao próprio fundamento. O revolucionário niilista é alguém que não aplicou o ceticismo à condição humana. Ele continua acreditando na capacidade humana de construir alguma coisa. Ainda que a primeira fase revolucionária seja de destruição, ela pressupõe uma construção posterior. Por isso Dostoiévski diz que Piotr é o exemplo sublime do mal, porque ele não está preocupado com nenhuma construção (ele ultrapassou o "revolucionário"), ele só quer destruir. Seu prazer é ver pais e filhos desentendendo-se, marido e mulher desconfiando um do outro, o governador sentindo-se inseguro em exercer sua função, o servo odiando seu senhor; enfim, o objetivo de Piotr é disseminar a absoluta e total discordância entre todos com o objetivo de dissolver o tecido social e desfazer a criação.

Dostoiévski define a modernidade como um projeto de virtude sem Deus, isto é, os modernos apostam na ideia de que o ser humano vai construir uma virtude meramente humana. Em *Os demônios*, ele afirma que a virtude humana acaba em Piotr Verkhoviénski — é a virtude humana entregue a si mesma. A intenção do autor não é fazer com que o ser humano se sinta apenas um desgraçado, pois ele também mostra a graça a todo momento, como no caso de Míchkin. Criticar a razão humana não significa ser um defensor do relativismo, não é acreditar que este seja a salvação. Um dos erros na compreensão humana de Deus, segundo Dostoiévski, é acreditar que Deus é um ser simétrico a nós e que age sobre a natureza para dominá-la. A incapacidade de aceitar a hierarquia inviabiliza qualquer forma de critério, pois não pode haver critério na horizontalidade. Assim, se o homem vê sua relação com Deus na horizontalidade, Deus se torna um invasor. Na realidade, o homem perdeu a capacidade de perceber que Deus é uma instância que se relaciona com ele em outro nível. O naturalismo implica cegueira e monotonia noética e cognitiva.

15. O sagrado e a desagregação da natureza em *O idiota*

O idiota é considerado, ao lado de *Os demônios*, o texto mais mal escrito de Dostoiévski. Enquanto neste último o problema da narrativa se refere ao fato de o narrador contar ora o que testemunhou, ora o que lhe foi relatado, como comentamos no capítulo precedente, em *O idiota* não encontramos uma linha narrativa lógica e ordenada, como em *Crime e castigo*, talvez por ter sido escrito numa época bastante conturbada de sua vida, período de grandes dificuldades financeiras em função de dívidas contraídas no jogo. Dostoiévski inicia o romance em Genebra, onde está vivendo com sua segunda mulher, Ana Grigórievna (que o incentivava a jogar por acreditar que o jogo o acalmasse), e o termina em Florença. Isso explicaria parcialmente a incoerência da narrativa: de uma parte para outra há meses de distância.

O livro começa com o retorno do príncipe Míchkin à Rússia; a segunda parte trata da herança que ele recebe e da visita do pequeno grupo de niilistas. É importante lembrar que *O idiota*, cronologicamente, está entre *Crime e castigo* e *Os demônios*, e já encontramos nele uma pequena aparição dos niilistas. Um deles, Hippolit, é outro grande personagem do romance, um tuberculoso que discute a questão da morte: a consciência da morte com nome próprio. A terceira e a quarta partes são uma espécie de consumação da história, na qual assistimos, acredito que é legítimo dizer, a uma catástrofe da perfeição no mundo.

Na primeira parte da obra, Míchkin é uma figura iluminada. Logo no início, no trem, ele conhece Rogójin, um sujeito parecido com Mítia, de Os irmãos Karamázov, um temperamento sensorial, colérico. Já se nota então um traço importante da personalidade do príncipe: ele parece sofrer de uma absoluta e total falta de autoconsciência, parece não ter nenhuma preocupação com algo que consideramos, hoje, fundamental — a autoestima. Nossa cultura está baseada na ideia do cultivo da autoestima, no self-marketing, no culto do "eu". Míchkin não apresenta qualquer preocupação com o seu eu. Aliás, chama a atenção o fato de que ele parece não saber quem é, não ter plena consciência de si mesmo. De alguma forma, é como se sua essência permanecesse um mistério para ele mesmo. É uma ideia bastante importante no livro: a concepção de alguém que passa pela vida sem saber exatamente o que é e, mais, sem se preocupar em saber o que é, ou seja, sem essa cultura do autoconhecimento.

Todavia, isso não implica que ele não tenha vida interior. Ao contrário, como é característico dos personagens de Dostoiévski, Míchkin é só vida interior. Sua forma de reagir ao meio, sempre espontânea, desarma as pessoas. Ele é, por definição, não categorizável: não segue nenhuma fórmula, não se enquadra, é uma espécie de míssil no ego de todos os personagens do livro.[175] Não que ele ofenda as pessoas, mas seu comportamento cria uma desarticulação; como dizem os scholars, Míchkin representa de fato uma desarticulação do eu. É importante ressaltar que, quando Dostoiévski finalmente resolve colocar a sua teologia, ou seu pensamento religioso, numa obra, cria o príncipe Míchkin, espécie de encarnação do Cristo, porém sem nenhuma ressurreição: Míchkin, no final do livro, tem uma grande crise epiléptica da qual não volta mais.

O livro começa, portanto, com o regresso do príncipe Míchkin da Suíça, onde havia morado por quatro anos por motivo de saúde, em tratamento com um especialista em epilepsia. Ele chega à Rússia sem conhecer ninguém, sem dinheiro, apenas com a roupa do corpo. Durante a viagem de retorno, conhece Rogójin e ao chegar vai procurar a família do general Iepántchin, casado com uma parente sua. O casal tem três filhas, sendo uma delas, Aglaia, a mulher por quem ele vai se apaixonar. Ela é a mais bela das três, uma jovem cheia de vida, voluntariosa e independente, que se apaixona pelo príncipe porque o vê como uma espécie de revolucionário.

A outra figura feminina que Míchkin conhece, também fundamental na história, é Nastácia Filíppovna. Ainda mais voluntariosa que Aglaia, Nastácia é uma personagem fortíssima, a ponto de alguns scholars aproximarem-na de Madame Bovary ou da Dama das Camélias — o final trágico é o mesmo —, embora seja uma heroína com maior mobilidade que estas. Aglaia e Nastácia são as figuras femininas mais fortes da sua obra no período Pós-Sibéria.

A relação de Míchkin e Aglaia será uma tragédia exatamente em função da não realização da fantasia dela: ele não cumpre o papel que ela queria que cumprisse. Aglaia espera que o príncipe seja aquele revolucionário que vai questionar a sociedade russa. É uma mulher cheia de ideias e quer que seu amado seja um revolucionário transformador. Contudo, no momento em que ele recebe a visita dos niilistas, que o provocam e o agridem, ao invés de reagir ele se mostra uma pessoa humilde, extremamente pacífica, como aliás ao longo de toda a história, o que provoca a revolta de Aglaia. Ela acaba se casando com um suposto revolucionário polonês, um herói do tipo que ela imaginava: jovem, forte, agressivo, a favor da independência da Polônia, mas que no final das contas não é nada disso, nem tão nobre nem tão revolucionário quanto parece, muito menos preocupado com a causa polonesa. Na realidade, sua preocupação era o dinheiro acima de que qualquer outra coisa.

Tanto Aglaia como Nastácia são apaixonadas pelo príncipe, que por sua vez é apaixonado por Aglaia, mas tem um sentimento de responsabilidade moral, um amor no sentido de *caritas* por Nastácia Filíppovna, porque percebe que ela está completamente perdida, sendo destruída pelo meio no qual está inserida. Míchkin quer tomar conta dela, cuidar dela o tempo todo, e permanece neste jogo: ao mesmo tempo que quer Aglaia, não consegue abandonar Nastácia. No final, Aglaia acaba se casando com um completo farsante, acaba infeliz, e Nastácia, mesmo sabendo que Rogójin quer assassiná-la, vai ao seu encontro e acaba morrendo. É sobre o cadáver de Nastácia que tem início a última grande crise de Míchkin, da qual ele não volta mais. Trata-se, portanto, de uma tragédia, e no entanto é o livro de que Dostoiévski mais gostava, sua obra mais querida, na qual pôde mostrar o que pensava: o comportamento de alguém sobrenaturalizado, divinizado — um comportamento inefável. Daí o problema, pois Míchkin não se dá bem no final; o Cristo de Dostoiévski não dá certo, não consegue realizar a missão que tinha tomado para si: salvar Nastácia Filíppovna.

Percebemos, então, que o autor mergulha seu herói na mesma inviabilidade em que mergulha todos os outros — na polifonia. Míchkin não é um herói vitorioso. Em *Os demônios*, Dostoiévski critica o niilismo, a educação liberal, afirmando que isso não dá certo, como dissemos anteriormente. Raskólnikov, de *Crime e castigo*, na figura do homem extraordinário, também é um fracasso. É daí que vem a ideia de que ele é um escritor pessimista, porque não consegue em nenhum momento da sua obra encontrar uma solução razoável para o ser humano. *O idiota* é um exemplo claro do que se poderia chamar de "tensão escatológica": a obra vai num crescendo de uma atmosfera de certa forma graciosa para outra quase gótica, à maneira de Edgar Allan Poe, leitura que Dostoiévski apreciava — a ideia do sobrenatural como algo aterrorizador, algo que está completamente além da razão humana, mas encravado na sua cognição e percepção sensorial. Se Míchkin é o sobrenatural da graça, caminhamos ao longo do livro em direção a uma espécie de história de terror — não porque existam fantasmas, mas a história marcha rumo a uma dissociação ou desagregação total dos personagens. Portanto, do ponto de vista de uma narrativa histórica, a graça se dissolve em desgraça, caminho da queda.

Alguns scholars acham que o fato de Dostoiévski ter escrito *O idiota* num período de muita dificuldade financeira, fugindo dos credores, é a razão pela qual o livro se apresenta tão confuso, a narrativa com tantos buracos, parecendo às vezes abandonar completamente o eixo central. Mas há também os que propõem que tudo teria sido muito bem pensado, afinal a obra consegue causar um mal-estar constante e crescente. Observamos que o livro flerta com a incoerência, forçando os limites da forma; a trama é irregular, e mesmo o personagem principal é, por si só, alguém fora da forma. É este tipo de associação que leva os estudiosos a pensar que o autor teve a intenção de forçar o limite da cognição e da *noesis*: como se as letras desenhassem a dinâmica da dissolução da forma.

Vale a pena também fazermos uma referência à epilepsia, pois há uma profunda reflexão na obra acerca desse fenômeno, uma doença muitas vezes apontada como sagrada. Dostoiévski a define, em uma carta, como a "mão de Deus torcendo a alma da pessoa", que é exatamente a imagem da convulsão. Desde a

Sibéria, ele fala dos momentos que antecedem a crise como de êxtase — é o que os epilépticos descrevem como um aguçamento das percepções: ouvem-se sons muito altos, veem-se muitas luzes ou um exagero nas cores; as pessoas falam e não se ouve nada e, de repente, parece que estão gritando; é uma desordem no sistema perceptivo-sensorial, uma desordem cognitiva acompanhada de uma perda de consciência. É interessante observar que algumas pessoas, quando saem da crise de epilepsia, ao recordarem-se de alguém que amavam muito e que já morreu há muito tempo, sentem como se recebessem a notícia da morte pela primeira vez. Por isso, penso não ser gratuita essa associação entre epilepsia e a mão dura do Sagrado: uma desordem que ele imprime, um desarranjo total. E aqui estamos no ponto central de O idiota, que é exatamente essa ideia de que a manifestação do Sagrado pode estar intimamente relacionada a uma desordem da natureza.

Uma das grandes cenas do livro acontece na primeira parte, quando Míchkin aparece como ele é: ao perceber que Gânia olha para ele como se estivesse pensando "mas esse sujeito tem uma cara de idiota!", ele responde: "Eu sei que você acha que eu sou um idiota". Isso é característico do príncipe Míchkin; ele parece ter uma intuição avassaladora e sabe exatamente o que as pessoas estão pensando, além de ser capaz de compreender o ponto de vista do outro, de se colocar totalmente no lugar do outro. E esse comportamento desarma, pois, se as pessoas têm a tendência de se fechar quando alguém bate, como diz Dostoiévski, Míchkin, ao contrário, se abre e as envolve — e esse movimento desarticula o mundo. Evidentemente é algo fora da forma do mundo ou da natureza.

Essa cena é muito clara porque ele diz: "Eu sei que você acha que eu sou um idiota, muitas pessoas acham a mesma coisa que você, talvez por causa da minha doença". A ideia de que a epilepsia torce o seu rosto, deixando-o deformado, aparece na sua fala: "Provavelmente por causa das constantes crises que tenho, meu rosto pode já apresentar um ar de idiota". E ainda: "Mas posso garantir a você que não sou nem um pouco idiota". Seu comportamento, ao longo da obra, é o de alguém que possui absoluta consciência de tudo o que está acontecendo consigo. Sua capacidade noética é tão espontânea, que ele parece não fazer qualquer esforço, é como se fosse sua respiração. Ele compreende o que as pessoas pensam e sentem, como no sentido original da palavra "simpatia", isto é, sentir junto com o outro. Como acontece, por exemplo, quando conhece Nastácia Filíppovna: Míchkin diz saber que ela não é quem finge ser. Ou na cena em que Gânia vai esbofetear a irmã e ele se coloca na frente, levando o tapa no lugar da moça. No mesmo instante, ele leva a mão ao rosto e diz: "Meu Deus, como você vai ter vergonha do que fez!". É como se não tivesse levado o tapa, pois seu comentário espontâneo é sobre o que o outro vai sentir, a vergonha do papel que fez tentando esbofetear a irmã na frente da família e da futura esposa, Nastácia, que, nesse momento, relata ter sentido algo de muito estranho, algo que jamais havia sentido. Esta é uma característica do príncipe Míchkin: ele é um estranho exatamente por ser capaz de "penetrar" no ego das pessoas e desorganizá-las totalmente, não pela agressão, mas porque parece ter uma percepção do outro como se lhe fosse transparente; ele consegue enxergar o que o outro está sentindo e desarticula seus mecanismos de defesa. Como dizem Evdokimov, Frank e Harold Bloom, Míchkin tem a capacidade de ser uma luz que brilha por contraste, pois cria, por onde passa, uma sombra ao seu redor. Todavia, essa luz não está exatamente nele, mas é sua forma estranha de se relacionar com o mundo que a produz.

Míchkin desagrega as pessoas interna e externamente. É como se Dostoiévski estivesse tão tomado pela patologia na qual estamos inseridos que sua preocupação é sempre mostrá-la, sem, no entanto, apontar qualquer saída. Mas essa ideia é errada: para ele, a saída é Deus. Em uma de suas cartas, ele observa que, para dar um remédio, antes se deve conhecer muito bem a doença. E uma das características da modernidade, do humanismo moderno, é a recusa absoluta de pensar o ser humano como um ser doente. É nesse sentido que ele parece um autor pessimista, porque varia sobre os tons da doença, discute e não oferece saídas, ou, quando as oferece, são muito sutis. Por exemplo, ao longo de toda a história, Míchkin tenta transmitir sua percepção da vida, dessa harmonia cosmológica divina que ele percebe no êxtase que experimenta minutos antes dos ataques de epilepsia. Ou no episódio que narra do criminoso que vai ser fuzilado — episódio vivido pelo próprio Dostoiévski —, em que a morte se mostra iminente: nesse momento é possível perceber de fato o sentido da vida. Isso está ligado à tensão escatológica, que comentamos anteriormente, ou seja, só na tensão escatológica se percebe o sentido da vida, porque, quando se sai dela, mergulha-se na *diversio* pascaliana.

Cabe aqui uma indagação: por que Dostoiévski passa tantas páginas descrevendo a doença e não diz logo que está apresentando todos esses detalhes porque, na realidade, quer falar da salvação?

A obra de Dostoiévski, principalmente *O idiota*, parece marchar sempre no sentido de um investimento noético na desagregação, enfatizando a sua importância. Nesse sentido, o enredo aterrorizado de *O idiota* aproxima-se de Piotr Verkhoviénski, pois sua polifonia e tragicidade acabam desorientando as pessoas — causando um efeito semelhante ao niilista de *Os demônios*.

Sua obra como um todo provoca uma desarticulação do eu, uma desarticulação dos valores, lança um olhar extremamente duro sobre o mundo. E, o que é fundamental, não sabemos qual a solução.

No entanto, é preciso cuidado, pois, se Dostoiévski pode parecer um Piotr Verkhoviénski porque de fato cria desorientação, sua postura difere na medida em que está ancorada, antes de tudo, na ideia de que, quando o sobrenatural se manifesta, ele desfaz o que é natural, ele desorganiza, e nossa ideia de organização é natural. Assim, não resta dúvida de que o príncipe Míchkin é um indivíduo tocado por Deus. E justamente por ser tocado por Deus é que ele provoca toda essa desorganização no mundo, pois parece arrastar o sobrenatural consigo, e, ao fazê-lo, a natureza vai se desmanchando, se desorganizando. Míchkin faz com que todo mundo faça alguma coisa, ninguém parece se manter neutro diante dele; ele está sempre fazendo com que as pessoas se mexam, troquem de lugar, que se estabeleça alguma alteração, mesmo que essa alteração leve a um final gótico, no sentido do terror, do trágico. O *idiota* não é "confuso", é antinômico.

Outra situação interessante é que, para o autor, uma mulher como Nastácia Filíppovna é muito mais nobre do que Gânia, um sujeito pobre que é constantemente maltratado pelo chefe. Este, marido da parente distante do príncipe, chega ao cúmulo de insinuar que Gânia deve, sim, casar-se com Nastácia, mas deixá-la ser sua amante, pois ele era apaixonado por ela. Contudo, isso não aparece de forma tão objetiva — Dostoiévski o coloca de maneira bastante sutil. Gânia poderia aceitar essa situação, pois manteria o emprego, casar-se-ia com uma mulher rica, ganharia o dote e recuperaria uma certa posição social que o pai, bêbado e vagabundo, perdeu. Nastácia diz "não". Ela é claramente mais nobre, seu movimento é o de uma heroína: recusa qualquer acordo e vai de encontro à morte.

A questão de Dostoiévski é que ele identifica no projeto moderno, o qual chama de "a virtude sem o Cristo" ou "a salvação sem Deus", um projeto de aposta na natureza. E o que significa apostar na natureza? Apostar na natureza não é só tomar remédios para não ter doenças. Apostar na natureza é apostar no ser humano como tal: na sua viabilidade ontológica. É aquela ideia de que o ser humano pode estar no lugar de Deus, que o ser humano basta a si mesmo. Este é o foco da crítica de Dostoiévski: ela vai exatamente, lembrando Nietzsche, "ao humano, demasiadamente humano". O que nos remete a um autor inglês que diz, referindo-se à sua época, que uma das características dos teólogos modernos é negar o pecado e dizer que o homem basta a si mesmo.

A ideia de que haja algum sentido no sofrimento, na desgraça, na dor, é totalmente absurda para a modernidade, pois para o homem moderno o valor está na autoestima, no direito à felicidade etc. No entanto, no momento em que se coloca o humano no lugar de Deus, que se toma o homem como única referência, abre-se a porta a Verkhoviénski: ele dá gargalhadas porque aí ele pode entrar em cena e promover uma total desconstrução, pois o humano não se sustenta, nem biologicamente. Eis aqui a diferença fundamental do olhar de Dostoiévski. Por quê? Porque somos filhos de uma época do otimismo do homem. E o otimismo do homem moderno, para o autor, é a falácia que leva ao niilismo de Verkhoviénski, bem como um outro nome para a atitude de Adão, um grande otimista que, virando as costas e se tornando causa de si mesmo, acreditou que ele próprio era viável. O que significa isso no plano do pensamento? Significa supor que a razão natural compreende o que acontece. O humanismo niilista ridículo é o modo atual do pecado.

Ao contrário, o otimismo de Dostoiévski é o otimismo da ortodoxia, o otimismo de Deus. Então, *O idiota* é o grande romance do mistério na sua obra. O príncipe Míchkin é um mistério ambulante; ele é um mistério que fala com as pessoas, interage, que se relaciona e, no entanto, não tem os mínimos pruridos que uma personalidade normal deveria ter. Ele responde de forma imediata. Talvez houvesse mais espaço para ele na Idade Média. Em nossa época, na qual o investimento é na racionalização absoluta de tudo, ele é praticamente inviável. Penso que seja importante darmos atenção, quando se pensa a obra de Dostoiévski do ponto de vista religioso, ao seu olhar crítico para a construção da sociedade moderna. E me parece que isso é um ponto doloroso para nós, uma grande ofensa. É um discurso que facilmente pode ser compreendido como um discurso da morbidez. Isso me faz lembrar uma entrevista de um filósofo francês[176] que dizia que "seria melhor que começássemos o século XXI um pouco mais pessimistas, porque o otimismo já testamos e não deu certo". Temos sido otimistas desde a Revolução Francesa, achando que o projeto racional vai dar certo, que a natureza humana não é uma aporia ontológica.

Contudo, não podemos esquecer que a modernidade é sedutora e ninguém quer abrir mão dela. Ainda que os fundamentalistas critiquem a modernidade, isso não significa que alguns deles não trocariam a sua religião por um tênis Nike. O que prova que os fundamentalistas estão corretos quando dizem que, em contato com a modernidade, o processo de degeneração é inevitável.

Com sua *meditatio mortis*, Míchkin quer nos dizer, então, que, se o ser humano tivesse absoluta consciência de que pode morrer a qualquer momento, de que está nas mãos do acaso, no sentido de que é mortal, ele teria uma apreensão da vida totalmente outra. O ser humano se esquece o tempo inteiro de que é mortal. Ele só quer sobreviver, e isso é o mal funcionando nele, porque faz com que perca o foco. Daí a ideia de que a modernidade é um investimento em Satanás.

16. O parricídio e a morte da tradição em *Os irmãos Karamázov*

Há uma passagem de *Gogol et Dostoïevski* em que Evdokimov[177] indaga qual seria a religiosidade de Dostoiévski, isto é, que tipo de religioso Dostoiévski era ou tinha em mente quando pensava nesse assunto. Penso que Evdokimov é muito feliz quando sugere tratar-se de uma "religiosidade do amanhã", ou "religiosidade apocalíptica". Quer dizer, Dostoiévski fala de e para um indivíduo religioso que contempla o espetáculo do humanismo ridículo que nascia diante de seus olhos e que hoje está à nossa volta, porque somos nós os ridículos: por exemplo, quando sai uma manchete[178] do tipo "finalmente clonamos um ser humano" e o representante oficial do país reafirma que é contra, todos ficam horrorizados e tem início uma enorme discussão ruidosa. A importância de Dostoiévski como "teólogo" (entre aspas, porque Dostoiévski nunca se chamou de teólogo), como alguém que projeta essa espiritualidade pré-apocalíptica, é ele não fazer concessões às idealizações que o humanismo faz a si mesmo. A manchete de hoje é fruto dessa ridícula mentira que caracteriza a antropofagia humanista, não é obra de algum bandido que caiu do céu querendo destruir a espécie humana. É produto do desejo de emancipação do ser humano, emancipação do sofrimento e da violência que a natureza representa para ele.

A preocupação de Dostoiévski, como vimos ao discutir *Crime e castigo*, é aprofundar a reflexão sobre a doença, já que uma das características do humanismo é ocultá-la o tempo todo, esconder o seu verdadeiro desejo para realizar seu sonho em silêncio: cinismo ético. O autor então parece colocar o dedo na ferida ao dizer: "É você quem quer isto" ou "É você mesmo quem está produzindo isto". Ivan é um representante daquele estágio que podemos denominar de "estágio intelectual" por excelência, o estágio da agonia intelectual, o embate com Deus o tempo todo, o questionamento a partir do qual ele acaba aceitando Deus, mas não aceita a realidade tal como é — "como Deus pode ter criado uma realidade como essa?", pergunta ele. O que é a realidade senão uns comendo os outros para se manterem vivos, como afirma o gnosticismo? Mas os que são comidos sentem dor. Que criação é essa então?

Nesse sentido, podemos observar que Dostoiévski prevê uma espécie de fracasso do projeto humanista-naturalista, um fracasso da história como figura da imanência. Por outro lado, o que salva a história, o que salva a natureza, não é a própria dimensão natural do ser humano, e sim aquilo que é sobrenatural. Então, temos em sua obra uma certa "ultrapassagem" da história. Sua crítica é direta ao humanismo naturalista, ao projeto que se desdobra a partir do Iluminismo. Quando o ser humano escolhe a liberdade como princípio da vida, ele acaba destruindo a própria possibilidade de liberdade, porque cai no caos, no total arbitrário. Isso nos remete àquela discussão de Nietzsche sobre a linguagem, a verdade e a mentira: a mentira nada mais é do que o uso arbitrário de uma palavra. Arbitrário porque a palavra é usada fora da convenção que define o seu sentido. Embora as pessoas até possam dizer que estão preocupadas com o uso arbitrário da palavra, não estão; sua maior preocupação é com as consequências que esse uso lhes traz, ou seja, estão preocupadas com os efeitos pragmáticos desse uso. É a mecânica fina do critério no niilismo racional pragmático. Então, se a mentira nada mais é do que o uso arbitrário, porque fere a convenção, na realidade a linguagem não descreve coisa alguma. A linguagem é como uma espécie de caixa de ferramentas que se usa para lidar com o mundo, para se relacionar com o mundo, para fazer o mundo funcionar.

Esse olhar de Nietzsche sobre a linguagem, essa ideia de que somos insetos que produzem conhecimento — mas um dia o planeta explode e o conhecimento acaba junto com ele —, é outra forma de falar do niilismo[179] que Dostoiévski aponta, no qual as palavras já não significam mais nada e no qual não se tem mais nenhum objeto, só restando o desejo humano em funcionamento para realizar coisas. Por isso a percepção de Evdokimov de que a religiosidade de Dostoiévski é pré-apocalíptica, "é uma religiosidade para uma época na qual a existência, o ser existente, não é mais capaz de reconhecer a si mesmo"; significa que o ser já está totalmente esvaziado, não há mais qualquer conteúdo.

Em *Os irmãos Karamázov*, a figura por excelência que praticamente não tem mais alma é Smierdiákov, o filho bastardo. É ele quem, na realidade, mata o pai, porém do ponto de vista mecânico, pois de alguma forma todos estão envolvidos no parricídio. Dostoiévski mata os filhos em *Os demônios*, depois mata o pai em Karamázov; destrói a geração seguinte com a educação liberal, como já comentamos anteriormente. Todavia, quando se mata o pai, mata-se a lei. Apesar de Freud ter cometido erros em suas interpretações psicobiográficas da obra de Dostoiévski, por lidar com dados biográficos errôneos, ele acertou ao falar da questão da intuição profunda do autor russo sobre o parricídio. Embora em carta de quatro dias antes de sua morte Dostoiévski tenha manifestado que havia nele uma grande energia vital, e que estava enlouquecendo com tantos projetos, em *Os irmãos Karamázov*, o último de seus livros, ele constrói uma figura — Smierdiákov — que representa a total dissolução do eu, parecido com Stavróguin, de *Os demônios*, embora não seja um galã milionário como este, mas um sujeito feio e bastardo.

No livro, Mítia — Dimítri Fiódorovitch — quer matar o pai por causa de uma mulher. Ele chega a ir até à casa do pai para alcançar seu objetivo, mas desiste no meio do caminho. É uma figura da existência sensual, representante do estágio estético de Kierkegaard,[180] no qual o ser humano vive pelos sentidos. Mítia é alguém que parece não ser capaz de sustentar nada, ele é a espontaneidade sensorial a toda. Ele quer o dinheiro de sua mãe, que estava com seu pai, e então resolve não mais matá-lo, porém avisa a todos que irá fazê-lo, o que o torna o primeiro suspeito quando o pai aparece morto. Entretanto, o leitor percebe uma absoluta e total incoerência no discurso de Mítia — ele passa por um processo de conversão, mas nunca foi ateu; sua função primordial não é a noética, mas a estética. Assim, de alguma forma, ele participa do parricídio, do "ritual da horda primitiva", como dizia Freud, pelo menos na medida em que manifestara o desejo de matar o pai. Em algum momento ele sente dor na consciência, que aparece no fato de ele querer assumir o crime, reconhecer a culpa: "Eu quis matar, então sou culpado".

Ivan (de quem já falamos muito ao longo do trabalho), outro filho, é o mentor intelectual, é quem empurra Smierdiákov, "provando" para o meio-irmão infeliz que na realidade a alma é mortal, que Deus não existe e, logo, que tudo é permitido. Se Raskólnikov mata a velha usurária, Smierdiákov mata o pai. Ivan também reconhece a culpa no final, e Smierdiákov morre antes de confessar, depois de um ataque epiléptico. Dostoiévski sacraliza a epilepsia em Míchkin e a mergulha no inferno absoluto em

Smierdiákov. Ou seja, o autor, mais uma vez, não faz concessão. É nesse sentido que a preocupação do leitor, que está buscando a redenção na obra, é uma preocupação desgraçada, porque num momento parece que vai haver redenção e, de repente, não há mais. Digo isso porque em Míchkin a epilepsia é quase sagrada, é uma espécie de porta para o êxtase, apesar de no final do livro também ele entrar num torpor não diferente de Smierdiákov. Mas Dostoiévski toma a mesma epilepsia e a coloca em uma pessoa que é, na realidade, um "zumbi". E com isso quer dizer algo como: "Só porque eu disse um dia que a desordem está associada ao sagrado, não pense que basta alguém enlouquecer, ou dizer alguma coisa que não faça sentido, para ser santo". A epilepsia também é polifônica: uma hora fala em Deus, outra, no inferno. Assim, alguém pode perder o eu tanto porque se transformou em um "zumbi" como porque teve um êxtase.

Esta é a questão do "critério de verdade", que é tão duro na obra de Dostoiévski — ele não faz concessão ao desejo humano de encontrar um porto seguro. Isso nos remete a Heschel, ao apontar que uma das características da filosofia da religião é lidar com os fatos religiosos sem trabalhar necessariamente com a fórmula queda/redenção. Na medida em que a filosofia da religião não utiliza nenhum sistema fechado a supor que, porque existe a queda, existe Deus, existe a experiência religiosa e, portanto, existe uma forma de redenção que possa ser escrita numa cartilha, então podemos fazer uma reflexão pré-apocalíptica na qual se está o tempo todo em tensão escatológica. É nesse sentido que Evdokimov fala que vivemos numa época pré-apocalíptica. E o que observamos hoje? Todo esse avanço da biotecnologia, o homem brincando de Deus, e os humanistas ridículos "exaltados". Como se a nossa história não fosse brincar de Deus — até no Gênesis está escrito isso. Estamos aqui para brincar de Deus mesmo, estamos no lugar Dele; é essa a nossa aposta. Quando se sacraliza o corpo, o ser humano, o que se pode esperar? Que o humano jogue fora o direito à sua pequena eternidade podre?

Essa visão de Dostoiévski como uma espécie de filósofo da escatologia provoca um certo desconforto. Míchkin, por exemplo, na medida em que, de certa forma, não possui um eu, ou não está preocupado com o eu, pois não se preocupa em se definir, em se conhecer, representa a ideia mais radical da sacralização da psicologia em Dostoiévski, mais até do que Aliócha ou Zósima. Entendendo "psicologia" não como a ciência, mas como o processo humano, a alma humana ou a psique, a sacralização da psicologia surge no momento em que qualquer estrutura psicológica que se tenha é percebida como estranha, não como um objeto natural, mas radicalmente descontínua com relação às categorias da subjetividade psicológica e social — uma "psicologia" que transcende a psicologia.

Cabe aqui um esclarecimento: a psicologia como ciência, ou melhor, a psicoterapia, é um *locus* fundamental em nossa cultura na medida em que nela a pessoa não precisa mentir — porque mentimos o tempo todo para sobreviver. Todavia, a crítica feita ao longo deste trabalho, seguindo o afastamento proposto por Dostoiévski, que não gostava de ser identificado como psicólogo e, por isso, afirmava ser pneumatólogo, refere-se ao reducionismo psicológico — o que é muito perigoso, pois a psicologia, de todas as ciências humanas, parece-me a que está mais perto de ser capaz de falar da experiência religiosa. Enquanto o reducionismo sociológico ou o econômico são claramente grosseiros, o psicológico pode não ser tão óbvio. Penso que há reducionismo psicológico quando a estrutura psicológica com a qual se trabalha para interpretar o ser humano não é passível de susto.

Quando não emerge o estranho na estrutura psicológica que se utiliza para analisar a experiência religiosa, quando se vai por uma estrada tranquila, na qual não há susto, não há incapacidade de interpretação, onde não existe o radicalmente outro, aí está o reducionismo psicológico. É quando só há continuidades hermenêuticas. Nesse caso, faz-se da religião um problema da vida psicológica, da estrutura psicológica do ser humano, como observa Evdokimov.

Isso me faz lembrar de um comentador de Meister Eckhart, Tauler,[181] que diz: "Quem quiser ter uma experiência religiosa e não perder, em boa parte, a sua saúde espiritual (mental, como falamos hoje) está iludido com relação à experiência religiosa". O que Tauler está querendo dizer com saúde da alma? Para um medieval, alguém da mística renana — responsável por um ruído no modelo de alma aristotélico, digamos assim —, ele quer dizer que a experiência, a *unio mystica*, não se dá dentro do intelecto, e sim no fundo da alma, quando o intelecto se desfez. Não há dúvida de que Tauler está pensando em algum processo de "desimaginação" (*Entbildung*), no sentido de desconstrução da imagem no ser humano.

Na obra de Dostoiévski observamos que os personagens vivem em constante tensão escatológica interna, daí a febre: eles estão se despedaçando internamente o tempo todo; é como se houvesse algo dentro deles produzindo um processo enlouquecedor. A apaixonante Nastácia Filíppovna é fantástica para mostrar isso: uma mulher que sabe que poderia viver em paz em sua vidinha, com seus amantes, seu dinheiro, seu lugar na sociedade, acaba por escolher uma desgraça, insiste em uma situação que a leva à destruição. Como comentamos no capítulo precedente, Nastácia não pode ser tratada como um ícone da discussão da liberação feminina, porque, na condição de personagem, ela não participa da mentira, que é o projeto emancipatório moderno. Da mesma forma que Ivan Karamázov, ela leva a emancipação humana em geral para o abismo.

Como um homem do século xix, Dostoiévski, de alguma forma, coloca a dúvida ao lado da sacralização, ao lado da experiência religiosa. Na discussão anterior sobre as duas epilepsias, o lado de Míchkin representa a sacralização porque simboliza esse absoluto mistério da personalidade. É quase como se o autor tentasse criar um ser humano que escapa a qualquer psicologia, já que escapa a qualquer forma humana. E, nesse sentido, pode-se até encontrar uma redenção nas falas do personagem, na forma como ele se relaciona com o mundo. Entretanto, não se pode encontrar aí uma redenção do tipo confortável, porque a história do personagem já não o permite. A sacralização da psicologia em Dostoiévski está, antes de tudo, nessa opacidade que Míchkin representa; é aquela relação que podemos fazer entre Deus *absconditus* e homem *absconditus*.

Zósima, por outro lado, dá uma aula sobre redenção, mas, quando morre, seu corpo apodrece e começa a feder. Aliócha, mesmo sabendo a data e hora do crime, também não impede o assassinato do pai. Ele fica correndo de um lado para outro e não consegue responder, por exemplo, à crítica que Ivan faz a Deus. É como se Dostoiévski dissesse que em algum nível não dá para responder a essa crítica. Assim, ele está fora do eixo teológico, o qual propõe que, no final, há evidentemente uma reconciliação.

O que podemos perceber é que Dostoiévski não deixa de ser polifônico ao falar da redenção. Não resta dúvida de que há momentos em sua obra em que a fé está posta; não há dúvida, também, de que Míchkin representa alguém que tem a experiência do sagrado. Da mesma maneira, não há dúvida de que Zósima, Aliócha e as crianças também representam isso. Mas a dúvida aparece porque ele não apresenta um final que permita dizer algo como "finalmente a fé venceu" ou "deu tudo certo", mesmo porque se trata de uma fé na qual a agonia e o tormento estão presentes o tempo todo. Contudo, não podemos dizer que Dostoiévski não vê a mão da Providência, pois ele a vê até no niilismo.

Aliócha não responde à crítica que Ivan faz a Deus no plano intelectual, ele responde com um beijo, assim como Cristo responde ao inquisidor com um beijo. E em que âmbito do nosso sistema racional de sociedade, hoje, há lugar para alguém desse tipo: alguém que não se defende, que não produz sua autoestima, que não se preocupa com seu direito à felicidade? Aí aparece o maximalismo da ortodoxia do deserto na obra de Dostoiévski. Quer dizer, Jesus Cristo ouve aquele horror de crítica, e ainda ouve que é incompetente porque achou que o ser humano queria a liberdade. O ser humano não quer ser livre, e a maior prova disso é ele perseguir o tempo todo uma ideia que justifique a si mesmo: "Eu estou indo bem", "Vai dar certo o que estou fazendo", ou coisa que o valha. O ser humano está sempre abrindo mão da liberdade porque quer garantias, e o inquisidor é a garantia. Em outras palavras, o acalento da razão com ideias que a tranquilizem pode fazer com que ela se transforme num inquisidor.

Dostoiévski é um autor que não subestimou a força niilista da razão ocidental; ele viu claramente o que estava acontecendo. Por outro lado, Deus, para ele, é um Deus do detalhe, é um Deus que não faz milagres, que não subverte as leis da física, isto é, não faz a água do rio subir quando deveria descer, por exemplo. No final do livro, Aliócha está com as crianças. Existe um ser mais efêmero e frágil do que a criança? Ainda que Dostoiévski tenha falado de infanticídio em *Os demônios*, em sua última obra coloca um anjo; essa metáfora de Aliócha como criança percorre o livro todo: ele é o caçula, o mais jovem, um anjo, como o chamam os outros personagens. Apesar de a criança ser uma criatura extremamente frágil, ela é uma espécie de termômetro do amor: murcha quando ele falta e cresce quando ele existe. A criança tem cheiro de Deus.

É preciso tomar um certo cuidado porque a ideia de fé, principalmente em uma reflexão filosófica acerca da religião a partir da obra de Dostoiévski, pode funcionar como um dogma que acalente a razão. Há saídas para o ser humano em sua obra? Ele mostra pessoas que de alguma forma se relacionam com Deus, experimentam Deus. Aliócha não perde a fé. Por outro lado, Jesus e o inquisidor são personagens de Ivan, que é o autor da lenda do inquisidor, e não Aliócha. Ou seja, são personagens do homem racional por excelência na obra de Dostoiévski. E qual é o objetivo do inquisidor? É acalentar a razão, é dar-lhe fôlego; ele quer acalmar a razão, fazer com que ela respire. E quem tira o fôlego da razão é aquele inferno que o autor cria dentro da obra. Em um momento o sobrenatural aparece como aquela coisa gostosa, como queremos imaginar, em outro é um terror absoluto. Ou seja, a emergência do sobrenatural pode aparecer com o terror e com esse caráter de risco que lhe é próprio, como na cena em que Aliócha sente-se ofendido e irritado ao constatar que o corpo de Zósima cheira mal: "E aquele que deveria ter sido, segundo sua esperança, elevado acima de todos, achava-se rebaixado e coberto de vergonha!... Onde estava, pois, a Providência? Com que fim se havia ela retirado 'no momento decisivo', parecendo submeter-se às leis cegas e impiedosas da natureza? pensava Aliócha".

Essa cena descrita por Dostoiévski nos remete à questão do merecimento — Zósima não merecia aquela humilhação —, que é a ideia infernal de Agostinho de que o merecimento não entra na economia da graça. O que também nos lembra a crítica de Eliade, que observa que o cristianismo está acabando, entre outros motivos, por ter submetido a religião e o sagrado à Declaração dos Direitos do Homem de Robespierre. O que não acontece ao Deus dos judeus, que, de alguma forma, fica fora da declaração iluminista, pois é paradoxal, é injusto (na medida em que elege "um" povo).

Podemos observar, então, que Dostoiévski está o tempo todo em polêmica com a modernidade, com o Iluminismo, está brigando com o que ele chama de "ocidentalização", está numa relação de amor e ódio com o Romantismo alemão — pois quem mexe com religião depois do Iluminismo tem sempre uma relação de amor e ódio com o Romantismo alemão. Todavia, ele não está querendo provar alguma coisa, ele não escreve com o objetivo de provocar; mas escreve como quem respira, escreve como quem anda. Mesmo assim, não resta dúvida de que sua literatura serve, a partir de um dado momento, para criticar a sociedade, o *status quo*, e com o tempo vai ficando cada vez mais claro que serve para que ele faça essa crítica à razão ocidental, ao processo modernizador iluminista dessacralizante.

Uma característica do pensamento ocidental é negar Deus por não conseguir chegar a uma ideia racional sobre Ele. Se não estiver dentro dos limites da compreensão racional, nos limites da linguagem, então não é Deus, não é religião; pode ser qualquer outra coisa, por exemplo fundamentalismo, mas não é religião. Para a ortodoxia — e não nos esqueçamos de que Dostoiévski é ortodoxo —, ao contrário, é fundamental a tradição apofática, que implica em antinomia, isto é, num movimento oposto ao de dar nome às coisas. Assim, quando eu falava anteriormente que Alióchna encontra repouso junto às crianças, é no sentido ortodoxo, ou seja, é o repouso da alma em Deus, e não na razão. São duas coisas distintas. E isso é muito forte em *O idiota*: ao lado do caráter apaixonante da obra, aparece aquilo que Joseph Frank chama de *impending doom*, uma maldição que permanece pairando sobre ela. Frank, num ensaio sobre a mesma obra, aponta que o início é divinizado e, ao longo da história, é como se nuvens fossem se formando no céu, isto é, uma maldição iminente que pode cair, a qualquer momento, sobre a cabeça de todos. Também observamos isso em *Os demônios*, embora seja uma maldição satirizada. É que, para Dostoiévski, um dos grandes enganos da nossa época é ter chegado à conclusão de que o mal não existe. Sem dúvida o mal existe e não é o resultado de uma aritmética de fatores sociais.

Todavia, há momentos sutis na obra de Dostoiévski nos quais encontramos o repouso místico. Por exemplo, no amor de Sônia por Raskólnikov; na visita de Lisa ao indivíduo do subsolo; na cena de Míchkin olhando para Nastácia e dizendo a ela: "Você não é isso que finge que é", e ela lhe falando: "Você me fez sentir algo que nunca havia sentido"; na visita de Aliócha à criança que está morrendo, no seu encontro com as crianças no final do livro; no beijo que Jesus dá no inquisidor. Só que, quando há repouso, não existe atividade nômica, isto é, não há uma atividade que organize a evolução justa. É o repouso apofático, teóforo, pneumatofórico, como falam os gregos; é o repouso em Deus. E, quando se repousa em Deus, não se está repousando em um discurso racional teológico acerca da bem-aventurança da história.

É importante que fique claro que a resposta de Dostoiévski para o niilismo, para o ceticismo, é sempre o amor. É como se a resposta à aporia[182] essencial, à aporia do conhecimento, que é o ceticismo, a dúvida constante, na sua obra, só fosse encontrada no amor. Dizer que só há saída para o ceticismo no amor é dar uma resposta que, obviamente, no plano do intelecto, não tem sustentação. Mas para Dostoiévski é fundamental, porque representa que a solução para o problema humano não está no eixo da razão. Mística ortodoxa: *theósis*.

Evdokimov diz que qualquer pessoa que tenha uma experiência religiosa radical deve esperar, em algum momento, o conselho do tipo "procure um médico". Acredito que aqui se situe o problema real da nossa época: religião compreendida ou como refém daqueles que nós consideramos ignorantes e coitados, ou como refém daqueles que defendem Jesus, falando em um universo cristão, contanto que ele reze na cartilha do humanismo ocidental, senão não serve. E não há muita saída além disso, a não ser considerar a religião como ópio ou neurose obsessiva. Nesse sentido, a importância, entre tantas outras, de um autor "canônico" do ponto de vista da literatura, como Dostoiévski, no século XIX, ou seja, já no outono da religião no Ocidente, é esse seu alerta para a incapacidade do ser humano de compreender sua sobrenaturalidade. E essa incapacidade não é só dos ateus (existem uns que são até bem atormentados, apesar de ateus), mas inclusive dos indivíduos religiosos que, na realidade, operam o ateísmo descrito por Evdokimov:[183] ética sem religião é sempre uma ética condenada a acabar, pois é circular.

É o que Dostoiévski está indicando com o parricídio: a morte da lei, do absoluto, da tradição. Ele tem uma consciência muito clara de que, com a perda da tradição, algo gigantesco se perdeu, e, quando se perde a tradição, o que resta é uma produção contínua do novo. Só que é interessante perceber que a tradição está morta, por exemplo, na mão de Stepan Trofímovitch Verkhoviénski: um indivíduo que deveria portar a tradição, um homem de cinquenta e poucos anos, alguém que foi pai, que foi professor, mas a enterra e, com isso, enterra a geração que depende dele. Já em *Os irmãos Karamázov*, Dostoiévski mostra um pai que, embora seja insuportável, confessa a Zósima que não é tão mau e que, se não tivesse tanto medo de como as pessoas o receberiam, ele não seria aquele bufão que é. Nesse momento aparece o homem divino: consciência de sua desgraça.

A intuição do autor é que os seres humanos mentem o tempo todo para se sustentar, para se manter.[184] Alguns acabam acreditando nessa mentira, mas aqueles que são redimidos pela agonia, que funciona como uma espécie de trava para o processo de mentira, já não conseguem continuar mentindo. E, quando não se consegue mais mentir para si mesmo ou se confessa a mentira para alguém, é esse o instante do repouso. Entretanto, a mentira está a serviço da construção da autoimagem. É aí que Dostoiévski aparece como um "profeta", ao falar da nossa era pré-apocalíptica, tomando apocalipse como a ideia de fracasso absoluto de uma era. Para Evdokimov, Dostoiévski está falando da "religião do amanhã", ao descrever perfeitamente o que sobrou a uma alma religiosa em nossa época. Míchkin, por exemplo, uma pessoa sacralizada, uma alma ou uma psicologia sacralizada, é um ser incompreensível, é alguém que desorganiza a natureza. É como se Jesus não combinasse com a natureza, pois não é razoável, não participa da razoabilidade da natureza ou da história. Aparece aqui, mais uma vez, o caráter de antinomia da ortodoxia, ou seja, para se repousar em Deus ou saber o que significa isso, não se pode esperar fazê-lo pelo caminho da natureza.

É importante observarmos que o pai é assassinado, mas ele "mereceu" ser morto, ainda que Dostoiévski mostre que ali há uma alma, há um ser sobrenatural presente. Como em *Crime e castigo*, a velha usurária também merecia ser morta. Mas, enquanto Raskólnikov entra naquele processo febril, enlouquecedor,

Smierdiákov, o assassino do pai Karamázov, não é uma figura muito capaz de culpa, é um Stavróguin feio e pobre. Karl Barth[185] diz que a religião é alguma coisa que fala de sofrimento, culpa, mal, medo, desespero, mas não resolve nada disso. Essa dimensão de uma certa morbidez sagrada da religião que Dostoiévski traz em sua obra é importante para a nossa época, porque é uma época que denega isso, denega inclusive a serviço da religião que se faz oportunista. A falha está exatamente na tentativa de tirar do universo do ser humano a loucura de Tânatos, ou os medos, as sombras, para usar uma linguagem da psicologia profunda de Freud ou de Jung, que não só faz com que não entendamos o ser humano, do ponto de vista básico da psicologia, rasteiro da natureza, como inviabiliza a vivência religiosa, que também passou pelo processo de civilização.

Dostoiévski nos mostra o que é um ser humano antinômico, sejam aqueles infernais ou os que são sagrados. E esse funcionamento antinômico gera sempre uma agonia noética em quem tenta desfazer a antinomia. Bakhtin, numa tentativa de se salvar dessa dificuldade, afirma que a polifonia é que faz com que o personagem seja antinômico, como recurso literário. E, como de fato ele é infinitamente antinômico, não é abarcado por nenhuma lógica com a qual se tente abordá-lo. Bakhtin oferece, então, uma discussão fora da raiz teológica, mostrando que a polifonia pode ser um nome literário da ordem da lógica discursiva, para falar de uma imagem da antinomia concreta do ser humano. Contudo, a antinomia, bem como a polifonia, na obra de Dostoiévski, é redentora. Isso nada mais é do que dizer que o despedaçamento pode ser taborizado.

Afinal de contas, o que fazer com um pai como Karamázov? Os filhos tinham ou não o direito de matá-lo? Um bufão, como ele mesmo se definia, um indivíduo insuportável, cuja preocupação era só o dinheiro, o seu próprio bem-estar, que abandona os filhos, que maltrata os empregados, enfim, um boêmio, bêbado, debochado e desonesto, merecia ou não a morte?

O parricídio, mais uma vez, significa a morte da lei. Não se trata aqui de leis que decoramos para pôr em prática; trata-se antes da ideia de tradição, de ancestralidade. No judaísmo, por exemplo, essa ideia é muito importante, porque, na medida em que não existe o verbo "ser", os judeus falam da origem e, ao falar de onde se veio, ancestralmente se está dizendo quem é. Assim, o pai diz muito do que o filho é. Mas há coisa mais insuportável do que existir um "ser", se a salvação é não existir "ser"? Considerar que há um ser é platonismo! Não temos ser, somos fruto de um contexto. O indivíduo moderno, e o pós-moderno, percorre esse caminho e conclui que os dogmas e as crenças não passam de coisas infantis. O parricídio é um estágio necessário na revolução do niilismo racional.

Atualmente, quando o indivíduo está com vontade de assassinar o pai, coloca-o numa casa de repouso, para que ele tenha horas de diversão, converse com as pessoas da sua idade, jogue cartas, enfim, para que se ocupe, porque uma das características do crescimento da miséria humana, na nossa época, é a incapacidade de não ficar ocupado. Você tem de se ocupar, caso contrário você não suporta a si mesmo. É a noção de temporalidade que temos: uma temporalidade medida a partir da carga produtiva do ser humano. Quando não se é uma pessoa produtiva, necessariamente se é um indivíduo patológico. E, o que é pior, o indivíduo será de fato extinto. A pragmática existencial nos autoriza a destruir o passado, mesmo que ele tenha nome próprio.

É um raciocínio dostoievskiano, e, na cronologia dessa reflexão, quem produziu o filho parricida foi um pai liberal, foi este quem produziu o niilista. É claro que Dostoiévski está dizendo que foi o indivíduo, enquanto geração que cria uma teoria, que ensinou o filho a ser um parricida. O que é a vida senão uma tradição do átomo? E, se o átomo está acostumado a funcionar de determinada forma e tudo é hábito, então é possível mudar a tradição. Daí o "direito de decidir", que é fundamental nessa reflexão. Partindo do pressuposto de que Deus não existe, de que a alma é mortal, então tudo é permitido, como disse Ivan: o homem é uma sombra feita de átomos. O ser humano não passa de mais um recurso mineral.

Bibliografia

BAKHTIN, M. *La poétique de Dostoïevski*. Paris: Seuil, 1970.

BARTH, K. *The Epistle to the Romans*. Londres: Oxford University Press, 1968.

BAUMAN, Z. *O mal-estar na pós-modernidade*. Rio de Janeiro: Jorge Zahar, 1998.

BERDIAEV, N. *De la destination de l'homme: essai d'étique paradoxale*. Lausanne: L'Âge d'Homme, 1979.

———. *De l'esclavage et de la liberté de l'homme*. Paris: DDB, 1990.

———. *Le Nouveau Moyen Âge*. Lausanne: L'Âge d'Homme, 1986.

BERLIN, I. *Pensadores russos*. São Paulo: Companhia das Letras, 1988.

BLOOM, H. (org.). *Modern Critical Views*. Nova York: Chelsea House Publishers, 1988.

BOLSHAKOFF, S. *Russian Mystics*. Michigan: Cistercians Publications, 1980.

BRIANTCHANINOV, I. *Introduction à la tradition ascétique de l'Église d'Orient*. Paris: Présence, 1978.

CIORAN, E. M. *Breviário de decomposição*. Rio de Janeiro: Rocco, 1995.

———. *Œuvres*. Paris: Quarto/Gallimard, 1995.

COLLINS, M. & PRICE, M. A. *História do cristianismo*. São Paulo: Loyola, 2000.

DASCAL, M. *Conhecimento, linguagem e ideologia*. São Paulo: Perspectiva, 1989.

DE LIBERA, A. *La Querelle des universaux*. Paris: Seuil, 1996.

DOSTOIÉVSKI, F. *Pólnoie sobránie sotchinénie*. Leningrado: G. M. Friedlender, 1972-1990.

———. *Les Demons (Les possédés)*. Paris: Folio France, 1997.

———. *Memórias do subsolo*. São Paulo: Editora 34, 2000.

———. *O crocodilo e Notas de inverno sobre impressões de verão*. São Paulo: Editora 34, 2000.

———. *Crime e castigo*. São Paulo: Editora 34, 2001.

———. *Os irmãos Karamázov*. Rio de Janeiro: Ediouro, 2001.

———. *O idiota*. São Paulo: Editora 34, 2002.

ECKHART, M. *Deutsche Werk* (ed. J. Quint). Stuttgart: W. Kohlhamner Verlag, 1987.

ELIADE, M. *Traité d'histoire des religions*. Paris: Payot, 1949.

EVDOKIMOV, P. *Gogol et Dostoïevski, ou la descente aux enfers*. Paris: DDB, 1961.

———. *L'Orthodoxie*. Paris: DDB, 1979.

———. *Dostoïevski et le problème du mal*. Paris: DDB, 1998.

FINKIELKRAUT, A. *A derrota do pensamento*. Rio de Janeiro: Paz e Terra, 1987.

———. *A humanidade perdida: ensaio sobre o século XX*. São Paulo: Ática, 1998.

FIORES, S. de & GOFFI, T. *Dicionário de espiritualidade*. São Paulo: Paulus, 1993.

FRANK, J. *Pelo prisma russo*. São Paulo: Edusp, 1992.

———. *Dostoiévski: os anos de provação, 1850-1859*. São Paulo: Edusp, 1999.

———. *Dostoiévski: os efeitos da libertação, 1860-1865*. São Paulo: Edusp, 2002.

———. *Dostoevsky: The Mantle of the Prophet, 1871-1881*. Nova York: Princeton University Press, 2002.

———. *Dostoiévski: os anos milagrosos, 1865-1871*. São Paulo: Edusp, 2003.

HALÉVY, É. *La Formation du Radicalisme philosophique*, 3 vols. Paris: PUF, 1995.

HESCHEL, A. J. *Prophetic Inspiratios after the Prophets, Maimonids and other Medieval Authorities*. Hoboken (NJ): Ktav Publishing House, 1994.

————. *God in Search of Man: a Philosophy of Judaism*. Nova York: Farrar/Strauss/Giroux, 1999.

————. *The Prophets*. Nova York: Perennial Classics, 2001.

HUGUES, J. J. "A criônica e o destino do individualismo", *Folha de S. Paulo*, Caderno Mais!, 4/11/2001.

IVANOV, V. *Dostoïevski, tragédie, mythe, religion*. Paris: Éditions des Syrtes, 2000.

JAMES, W. *As variedades da experiência religiosa*. São Paulo: Cultrix, 1991.

KATZ, S. (org.). *Mysticism and Philosophical Analysis*. Oxford: Oxford University Press, 1978.

————. *Mysticism and Language*. Oxford: Oxford University Press, 1992.

LACARRIÈRE, J. *Padres do deserto*. São Paulo: Loyola, 1996.

NAGY, P. *Le don des larmes au Moyen Âge*. Paris: Albin Michel, 2000.

O PEREGRINO russo: três relatos inéditos, 3ª ed. São Paulo: Paulinas, 1986.

PALAMÁS, G. *Triades pour les saints hésychastes*. Louvain: Meyerndorf, 1959.

PARSH, Pius. *Testemunhas do Cristo: o ciclo santoral do calendário litúrgico*. Salvador: Mosteiro de São Bento, 1942.

PASCAL, B. Œuvres complètes (ed. Jean Mesnard). Paris: DDB, 1992.

————. *Pensamentos*. São Paulo: Martins Fontes, 2000.

PLATÃO. *Teeteto. Obras completas*. Madri: Anquillar, 1991.

PONDÉ, L. F. "Rorty faz a defesa veemente do pragmatismo", *O Estado de S. Paulo*, Caderno de Cultura, 6/4/1996.

————. "Olhar de Alain Finkielkraut revê fragilidade do espírito", *O Estado de S. Paulo*, Caderno 2, 17/10/1998.

————. "Como escapar do blablablá", *Folha de S. Paulo*, Caderno Mais!, 26/9/1999.

————. "Zoopolítica", *Folha de S. Paulo*, Caderno Mais!, 10/10/1999.

————. "Epistemologia agônica e disfuncionalidade humana: um ensaio de teologia pessimista", *Rever: Revista de Estudos da Religião*, São Paulo, Programa de Estudos Pós-Graduados em Ciências da Religião, PUC-SP, II, abr. 2001 (Disponível em: https://www.pucsp.br/rever/rv2_2001/p_ponde.pdf).

————. *O homem insuficiente: comentários de antropologia pascaliana*. São Paulo: Edusp, 2001.

————. "Epístola a Platão", *Religião e Cultura*, São Paulo, Depto. de Teologia e Ciências da Religião. PUC/Paulinas, II, ago.-dez. 2002.

————. *Conhecimento na desgraça*. São Paulo: Edusp, 2004.

PORETE, M. *Le Mirouer des simples âmes*, ed. Romana Guarnieri, Corpus Christianorum, Continuatio Medievalis.

RORTY, R. *Contingência, ironia e solidariedade*. Lisboa: Presença, 1992.

ROSSET, C. *A antinatureza*. Rio de Janeiro: Espaço e Tempo, 1989.

SANTA TERESA DE JESUS. *Livro da vida. Obras completas*. São Paulo: Carmelitas/Loyola, 1995.

SÃO JOÃO DA CRUZ. *Subida do monte Carmelo. Obras completas*, 2ª ed. Petrópolis: Vozes/Carmelo Descalço do Brasil, 1988.

TABUCCHI, A. *Afirma Pereira*. Trad. Roberta Barni. Rio de Janeiro: Rocco, 1995.

TOCQUEVILLE, A. de. *De la démocratie en Amérique*. Paris: GFFlammarion, 1981.

VAZ, H. C. de L. *Escritos de filosofia: problemas de fronteira*. São Paulo: Loyola, 1986.

————. *Experiência mística e filosofia na tradição ocidental*. São Paulo: Loyola, 2000.

VERGER, A. & Huisman, D. *História dos filósofos ilustrada pelos textos*. Rio de Janeiro: Freitas Bastos, 1972.

Dados biográficos

Cronologia de Fiódor Mikháilovitch Dostoiévski:
(30/10/1821-28/1/1881)

1821 Nasce em Moscou, Rússia.

1837 Morre sua mãe, de tuberculose.

1838 É matriculado na escola de engenharia militar de São Petersburgo.

1839 O pai, um cirurgião militar aposentado, é assassinado pelos servos de sua pequena propriedade rural.

1843 Completa a graduação como subtenente de engenharia e dá baixa, para tentar viver como escritor. Traduz para o russo *Eugênia Grandet*, de Balzac.

1845 Escreve o epistolar *Gente pobre*, seu primeiro romance.

1847 Une-se ao Círculo de Petrachévski, grupo de intelectuais que se encontrava para discutir o socialismo utópico.

1849 É preso e condenado à morte, acusado de fazer parte de um complô para assassinar o *tsar* Nicolau I; no derradeiro minuto, Dostoiévski é sentenciado a quatro anos de trabalhos forçados na Sibéria.

1857 Casa-se com uma viúva, Maria Dmítrievna.

1859 Volta a São Petersburgo. Nesse mesmo ano, publica a novela *O sonho do Titio* e o romance *A aldeia de Stiepánchikovo e seus habitantes*.

1861 Publica o romance *Humilhados e ofendidos* e funda, ao lado do irmão Mikhail, a revista literária *O tempo*. Lança *Recordações da casa dos mortos*.

1862 Faz uma viagem de dois meses a vários países da Europa Ocidental, concentrando sua atenção especialmente em Inglaterra e França.

1863 No inverno, escreve *Notas de inverno sobre impressões de verão*.

1864 Lança outra revista, *A época*, depois de proibida a circulação de *O tempo*. Nesse mesmo ano, morrem a mulher e o irmão.

1865 Escreve *Memórias do subsolo*.

1866 Publica *Crime e castigo*.

1867 Casa-se com a sua estenógrafa, Ana Grigórievna, que o ajuda a terminar o livro *O jogador*, romance parcialmente autobiográfico sobre um homem viciado em roleta; o casal inicia uma viagem de quatro anos por vários países da Europa. Nesse período, acossado por dívidas, escreve por encomenda para livrar-se dos credores.

1868 Lança *O idiota*.

1870 Publica *O eterno marido*.

1871 De volta a São Petersburgo, Dostoiévski publica *Os demônios*.

1873 Lança a primeira parte do seu *Diário de um escritor* no periódico *Grajdanin* (*O cidadão*).

1874 É novamente preso, por publicar material censurado.

1875 Publica *O adolescente*.

1878 Após a morte de seu filho Alexei, de três anos, começa a escrever *Os irmãos Karamázov*.

1880 É publicado *Os irmãos Karamázov*, seu último romance.

1881 Morre em São Petersburgo, de hemorragia pulmonar.

Notas

Introdução
Profecia e desgraça

[1] Abraham Joshua Heschel, *God in search of man: a Philosophy of Judaism*, Nova York, Farrar/Strauss/Giroux, 1999, p. 164.

[2] Ver Luiz Felipe Pondé, "Como escapar do blablablá", Caderno Mais!, *Folha de S. Paulo*, 26/9/1999, e "Rorty faz defesa veemente do pragmatismo", Caderno de Cultura, *O Estado de S. Paulo*, 6/4/1996.

[3] Entendo que, embora haja uma racionalidade linguística, por si só ela não impede o velho problema da racionalidade estratégica e sua agressividade, o que nos leva de volta ao tema da violência da contingência.

[4] Ver Richard Rorty, *Contingência, ironia e solidariedade*. Lisboa, Presença, 1992.

[5] Ver Nicolas Berdiaev, *De la destination de l'homme: essai d'étique paradoxale*, Lausanne, L'Âge d'Homme, 1979.

[6] Ver Nicolas Berdiaev, *De l'esclavage et de la liberté de l'homme*. Paris, DDB, 1990.

[7] Ver Luiz Felipe Pondé, *Conhecimento na desgraça*. São Paulo, Edusp, 2004; e Blaise Pascal, *De Esprit géométrique*, in *Œuvres complètes*, vol. III, Paris, DDB, 1992. É claro que grande parte dos pensadores de inspiração pragmatizante assume essa localidade da razão como a única possibilidade humana e investe na sofisticação dos mecanismos de precisão dessa legitimidade local, o que significa na realidade uma filosofia que vê a si mesma como uma engenharia de aperfeiçoamento útil dos conceitos humanos, ou seja, aposta

Crítica e profecia – A filosofia da religião em Dostoiévski   287

"desencantada" do pragmatismo rortiano, como dizia anteriormente, uma espécie de defesa de uma razão diet, mas útil.

[8] Mesmo que a distribuição da presença de alguns desses autores-comentadores seja irregular, muitas vezes dando preferência a uns em detrimento de outros, alguns deles não entrando nem mesmo na economia explícita das referências citadas, todos, de um modo ou de outro, tocam em muitas das questões que aqui encaminho a partir de minha leitura de Dostoiévski. A preferência dada a alguns, evidentemente, é devida à relevância que a temática tratada possui para o presente ensaio.

[9] Na realidade, penso que são exatamente as ditas ciências sociais (ou humanas) aquelas que mais pecam por inconsistência do ponto de vista de uma orientação empírica mais rígida.

[10] Ver Nicolas Berdiaev, *Le Nouveau Moyen Âge*, Lausanne. L'Âge D'Homme, 1986.

[11] Em alguns momentos, ao longo de nossa discussão, esse conceito pode ser recoberto pelo de "Mal" ou "Queda".

[12] Há toda uma corrente na filosofia ocidental que, de modo radical, nega inclusive a existência de algo que possamos chamar "Natureza". De Lucrécio a Clément Rosset: tudo é Acaso. É óbvio que o conceito de "Natureza" tomba sob a crítica de tal niilismo ontológico. Entendo que Dostoiévski aceitaria que uma "Natureza" enquanto tal, independente de sua raiz divina, de fato inexiste, implicando sua decomposição no tempo. Interessante é perceber como, do ponto de vista que desenvolvo ao longo deste trabalho, e permanecendo estritamente dentro dos limites de uma crítica filosófica religiosa, a "antinatureza" pode surgir como um conceito passível de diálogo, seja de um ponto de vista puramente trágico, seja a partir de um olhar trágico dostoievskiano. O niilismo racional, ao qual faço referência, tem uma de suas raízes filosóficas mais consistentes em reflexões como a dessa escola filosófica trágica. Esse é um exemplo concreto das fronteiras conceituais entre a crítica religiosa e outras formas de discurso crítico em filosofia "pura". Ver Clément Rosset, *A antinatureza*, Rio de Janeiro, Espaço e Tempo, 1989.

[13] Marguerite Porete, *Le Mirouer des simples âmes*, ed. Romana Guarnieri, Corpus Christianorum, Col. Continuatio Medievalis, 1986, pp. 72-4 (trad. minha).

[14] Estamos no conturbado tema do contextualismo, um dos casos específicos, com poucas diferenças, do relativismo sofista em geral. Reconhecer o contexto é reconhecer que ele limita e torna possíveis determinados tipos de experiência religiosa — ou qualquer outra. No momento em que discuto algumas características da mística ortodoxa cristã no início do trabalho, para preparar o entendimento da sacralização da psicologia em Dostoiévski, faço isso para compreender o contexto religioso de nosso autor. A partir da filosofia da religião dostoievskiana, há que reconhecer o contexto como dado da desgraça; não é outra a razão para sua infernal equivocidade polifônica, como veremos a seguir. Portanto, epistemologicamente falando, parto da "realidade do contexto", qualificando-a com um entendimento teológico dostoievskiano. Ou também, como dirá Karl Barth: "Devemos, é claro, ter em mente o significado da palavra carne: não qualificada, e finalmente não passível de qualificação, mundaneidade; uma mundaneidade percebida pelos homens, e especialmente pelos homens religiosos; relatividade, o Nada, o não sentido. Isso é o que sou! Ao homem de propriedade ou da moda poderá não ser exigido ter essa opinião de si mesmo. Como, realmente, poderia ele, ou deveria ele, falar assim de si mesmo? Pois seu conhecimento de si mesmo pode ser um raio proveniente da piedade de Deus [...]. Não! É mais provável que o homem dedicado a Deus é que deva falar de si mesmo desse modo; o homem de genuína e séria experiência religiosa, o profeta, o apóstolo, o reformador; o homem para quem a unicidade absoluta da misericórdia e sacralidade de Deus tornou-se o problema pessoal de sua própria existência". Karl Barth, *The Epistle to the Romans*, Londres, Oxford University Press, 1968, pp. 263-4 (trad. minha).

[15] Ver Paul Evdokimov, *L'Orthodoxie*, Paris, DDB, 1979. Abordo esse tema nos capítulos iniciais.

[16] Karl Barth, op. cit., p. 258 (trad. minha).

[17] Uma forma de definir a relação entre uma filosofia "pura" e a religiosa, em termos de consistência desta diante daquela, é demonstrar o fato de que os produtos de certos vocabulários experimentais religiosos não deformam o pensamento religioso, contrariamente à deformação causada pelo humanismo ridículo. "Deformação" aqui se refere à perda de legitimidade empiricamente sustentável. Esta discussão também vale para a relação entre a filosofia religiosa e muitos dos problemas tratados pelas chamadas ciências humanas, revelando, na realidade, uma deformação por parte destas: "Com efeito, o resultado direto e legal da consciência é a inércia, isto é, o ato de ficar conscientemente sentado de braços cruzados. Já aludi a isto há pouco. Repito, repito com insistência: todos os homens diretos e de ação são ativos justamente por serem parvos e limitados. Como explicá-lo? Do seguinte modo: em virtude de sua limitada inteligência, tomam as causas mais próximas e secundárias pelas causas primeiras e, deste modo, se convencem mais depressa e facilmente que os demais de haver encontrado o fundamento indiscutível para a sua ação e, então, se acalmam; e isto é de fato o mais importante. Para começar a agir, é preciso, de antemão, estar de todo tranquilo, não conservando quaisquer dúvidas. E como é que eu, por exemplo, me tranquilizarei? Onde estão as minhas causas primeiras, em que me apoie? Onde estão os fundamentos? Onde irei buscá-los? Faço exercício mental e, por conseguinte, em mim, cada causa primeira arrasta imediatamente atrás de si outra, ainda anterior, e assim por diante, até o infinito". Fiódor Dostoiévski, *Memórias do subsolo*, trad. de Boris Schnaiderman, São Paulo, Editora 34, 2000. A proximidade com a argumentação de Tocqueville (sobre os Estados Unidos no mesmo século XIX) é gritante: o imperativo pragmático (ação) opera uma redução da disponibilidade para a paciência do conceito, denegando o caráter de mau infinito das causas: atitude de estúpidos ativos e produtivos. Ver Alexis de Tocqueville, *De la démocratie en Amérique*, Paris, Flammarion, 1981. O que sustenta as ciências humanas em geral é uma forma sofisticada de preguiça que só pode ter refúgio num tipo de argumentação pragmatizante, daí sua base niilista racional.

[18] A filiação dessa corrente atual de pensamento se encontra claramente naquilo que Dostoiévski (e outros russos seus contemporâneos) entendia por niilismo revolucionário, e a simples alusão ao fato de que hoje haveria um niilismo "tratado" e, por isso mesmo, menos agressivo, parece-me uma ideia absolutamente inconsistente: o niilismo de Petrushka permanece o mesmo, apenas sofisticou-se em um discurso razoável, aliás, o que já era o objetivo dele. Por isso, chamo-o de niilismo racional.

[19] Nicolas Berdiaev, *De la destination de l'homme*, cit., pp. 233-4 (trad. minha).

[20] Ver Alain Finkielkraut, *A derrota do pensamento*, Rio de Janeiro, Paz e Terra, 1987.

[21] O niilismo racional, e seu pragmatismo sofisticado, assume a circularidade de toda e qualquer armação cultural humana (a começar pela linguagem). Ainda que isso seja feito de modo aberto e não silencioso como no humanismo ridículo da dignidade "natural" do ser humano, o problema do vácuo de critério permanece, uma vez que a circularidade não dissolve o fato de que o poder abomina o vácuo de critério: no relativismo, a única forma não relativa de poder é a força. Daí a aguda percepção de Dostoiévski no inquisidor: no limite, ou escolhe-se a liberdade qualificada pela presença de Deus (só há saída na busca religiosa) ou escolhe-se a submissão de formas sofisticadas de absolutismo da criatura (inquisidor). A crítica de Dostoiévski é obviamente direcionada aos modos "fundamentalistas" de religião também: só sendo livre existe a escolha pelo bem. Deus faz uma opção arriscada. A dificuldade de reflexão acerca da condição humana em autores religiosos como Dostoiévski normalmente é evitada pelos defensores de um pensamento para a ação. (Veremos esse tema de modo mais detido na discussão acerca dos conceitos de "autonomia" e "heteronomia", tanto nos comentários ao "homem do subsolo" como ao "grande inquisidor".)

[22] Ver Abraham Joshua Heschel, op. cit.

[23] Viatcheslav Ivanov, *Dostoïevski, tragédie, mythe, religion*, Paris, Éditions des Syrtes, 2000, p. 54 (grifos do autor).

[24] Ver Paul Evdokimov, op. cit.

[25] Importante salientar que não é minha intenção submeter a discussão a esse afeto da "infelicidade", mas, sim, me referir a ela como um dado evidente que é apenas um enunciado interno ao ceticismo antropológico que pratico neste ensaio. Não se trata de uma apologética do tipo "olha como os seres humanos são infelizes; existe saída, irmãos!", suposição apologética evidente em analfabetos em filosofia da religião. Negar a existência desse olhar solitário no espelho de bruxa do retardado mental alegre e produtivo que é produzido pela engenharia pragmática da felicidade me parece absolutamente inconsistente. O homem do subsolo e o belo Stavróguin representam ícones nessa discussão.

[26] Quando o curso foi dado, no segundo semestre de 2001, o quinto volume da monumental biografia de Dostoiévski feita por Joseph Frank não havia ainda sido publicado. Interessante lembrar que o título dado pelo autor a esse quinto volume é *The Mantle of the Prophet*, ainda que as raízes da discussão não sejam as mesmas que aqui exponho.

[27] Espero em breve poder me dedicar especificamente a esse fundamental conceito crítico religioso.

[28] Abraham Joshua Heschel, *The Prophets*, Nova York, Perennial Classics, 2001.

[29] Optei por deixar o termo insight no original porque qualquer tradução poderia diminuir sua compreensão na medida em que o utilizamos correntemente em português.

[30] Abraham Joshua Heschel, *God in Search of Man*, cit., p. 198 (destaque do autor). Seria importante esclarecer que Heschel trabalha aqui a questão da profecia como o ato da Revelação Bíblica e não como "simplesmente" o ato profético de alguém "banal" como Dostoiévski. Faço uso do seu conceito para descrever o que entendo por profecia e dizer que o que Dostoiévski fala acerca da condição humana tem para ele a força de um "olhar de Deus" sobre as más escolhas da liberdade humana. Pretendo, também, com esse "contágio" da discussão de Heschel acerca da profecia, mostrar que uma filosofia da religião, enquanto análise da condição humana em um dado momento, guarda um certo parentesco com a ideia de profecia (esta

em si muito superior, é claro, de um ponto de vista estritamente religioso dogmático), devido à sua característica de ser um pensamento "atormentado" ou iluminado (o que tenho chamado de "rasgado") pelo Transcendente: tratar-se-ia de um insight de como Deus "pensa" acerca daquele determinado objeto de análise. Evidentemente, seria importante relembrar que, de um ponto de vista estritamente filosófico, a força desta "profecia" está na capacidade da análise se impor enquanto argumentação legitimada por uma base empírica razoavelmente consistente (as fronteiras "geográficas" às quais fiz referência anteriormente), ficando a característica em si profética retida unicamente para aqueles que compartilham do vocabulário experimental religioso. Ver Abraham Joshua Heschel, *Prophetic inspiration after the prophets, Maimonides and other medieval authorities*, Hoboken (New Jersey), Ktav Publishing House, 1994.

[31] Abraham Joshua Heschel, *God in Search of Man*, p. 171.

[32] Ver Nicolas Berdiaev, *De la destination de l'homme*, cit.

[33] Ver Luiz Felipe Pondé, "Epístola a Platão", *Religião e Cultura*, São Paulo, Depto. de Teologia e Ciências da Religião da PUC/Paulinas, vol. I, nº 2, ago.-dez. 2002.

[34] É evidente que teorias são atores sociais e que por isso há que ter cuidado com os desdobramentos concretos de atitudes noéticas. Todavia, essa crítica é de mão dupla: se a contundência ("pessimista") pode gerar desdobramentos indesejáveis, a complacência (na realidade, niilismo racional travestido — foucaultização silenciosa do pensamento; ver nota anterior) também se constitui em procedimentos violentos que inviabilizam a atividade acadêmica consistente.

[35] Ver Nicolas Berdiaev, *De la destination de l'homme*, cit.

[36] Essa intuição berdiaeviana, retirada da mística alemã medieval e barroca, é muito rica, pois busca enfrentar o eterno problema que reúne filosoficamente conceitos como liberdade ontológica, contingência, fortuna, gratuidade, entre outros. A ideia ortodoxa de que ser livremente escolhido é componente necessário do Bem está condicionada a essa liberdade

incriada: nada que negue esta liberdade pode ser verdadeiro em se tratando do ser humano. É essa mesma liberdade que se revela agressiva nos seus efeitos sobre a vida em geral, e o relativismo e a vacuidade ontológica geral são apenas figura dela.

[37] Viatcheslav Ivanov, *Dostoïevski, tragédie, mythe, religion*, cit., p. 57.

Capítulo 1 – Dostoiévski: um pensador religioso

[38] Ver dados biográficos anexos.

[39] Fundado no século IX, próximo à região da atual Macedônia, o Monte Athos é constituído de vários mosteiros, sendo o centro da mística ortodoxa. É quase um Estado teocrático. Temos, hoje, vários tipos de monges: os que residem em casas pequenas, os que se protegem das intempéries em grutas, monges de origem russa, turca, grega, italiana... Moscou seria a verdadeira Constantinopla de hoje, a Bizâncio contemporânea. Mas os ortodoxos se referem, ainda hoje, a Istambul como Constantinopla. A propósito, não há comunidades femininas no Monte Athos.

[40] *Crimes e pecados* (*Crimes and Misdemeanors*), Estados Unidos, 1989.

[41] A mística ortodoxa russa é muito alegre porque trata da transfiguração do mundo através da energia de Deus. Essa situação pode também ser descrita como caráter teofórico ou taborização do ser humano.

[42] Essa foi a grande preocupação de Dostoiévski, pois ele via o projeto da modernidade como um grande investimento na queda. Só que não podemos dizer que o autor seja um reacionário, mesmo que muitos o classifiquem como tal, porque ele assimila toda a questão do *indivíduo* e da *subjetividade* em sua obra, o que constitui um posicionamento bastante moderno. Portanto, não é fácil enquadrá-lo como reacionário, mas, ao mesmo tempo, sempre foi um crítico feroz da modernidade.

[43] Existe tradução em português: *Problemas da poética de Dostoiévski*, Rio de Janeiro, Forense Universitária, 1997.

[44] Ver Paul Evdokimov, *Dostoïevski et le problème du mal* e *L'Orthodoxie*. É o maior teólogo russo que trabalha no Ocidente. Devido às perseguições em sua terra natal, acabou fugindo e viveu a maior parte de sua vida na França, trabalhando no Instituto Saint-Serge de Paris — L'Institut de Théologie Orthodoxe Saint-Serge de Paris, a mais antiga escola de teologia ortodoxa da Europa Ocidental.

[45] Ortodoxo, aqui, refere-se à ortodoxia grega e russa. A expressão "os latinos" será utilizada para designar os ocidentais, da mesma forma que fazem os ortodoxos.

[46] Filósofo judeu-polonês, viveu na Alemanha, de onde fugiu para os EUA quando perseguido por Hitler, vindo a falecer no início dos anos 1970. Heschel era um fenomenólogo da religião, doutor pela Universidade de Berlim, onde defendeu sua tese com o tema *Um estudo da fenomenologia da consciência dos profetas* (*The Prophets*), na qual desenvolve a teoria da teologia da profundidade, o *páthos* da pessoa religiosa — que se expressa no contato com a divindade.

[47] Expressão muito utilizada pelos autores do período patrístico e, também, mais à frente, pelos teólogos ortodoxos, como Evágrio Pôntico, os Gregórios (incluindo Gregório Palamás, sobre quem mais nos deteremos), Saint-Serge e João Clímaco. Essa ideia não está longe do próprio Dostoiévski, de Berdiaev ou Ivanov.

[48] Ou seja, um discurso lógico, racional e sistemático sobre Deus e seus desígnios, fundado classicamente na verdade revelada (Sagradas Escrituras), na reflexão filosófica e no Magistério da Igreja. Construída a partir do dado da fé, a reflexão teológica possui também uma necessária ligação com a dinâmica confessional.

[49] Trata-se, aqui, da chamada *oração contínua* ou *oração de Jesus*: "Senhor Jesus Cristo, Filho de Deus, tem piedade de mim, pecador".

[50] "Ao valorizar o sentido desta invocação, alguns põem o acento no nome de Jesus, 'a virtude da presença de Deus'; porém, mais tradicionalmente, realça-se seu significado *catanyctico*, isto é, o esforço para chegar à disposição humilde diante de Deus, o sentimento do próprio pecado e a petição da misericórdia. Os hesicastas uniram a invocação de Jesus com o 'método psicofísico', que

facilita a concentração por meio da respiração e de uma atitude especial do corpo." S. de Fiores e T. Goffi, *Dicionário de espiritualidade*, verbete "Oriente cristão", p. 851.

[51] Cidade europeia, situada às margens do Bósforo, fundada pelos gregos no século VII a.C., que se tornou a capital cristã do Império Romano (em contraposição a Roma, a capital pagã), ou Império Bizantino (330 a 1453), tomando o nome de Constantinopla, atual Istambul.

[52] No decorrer do curso, acabamos por não dialogar tanto com Frank como era o propósito inicial. A discussão acabou por se concentrar mais nos aspectos religiosos propriamente ditos e na crítica ao niilismo contemporâneo.

[53] Vol. I: *Dostoiévski: as sementes da revolta, 1821-1849*; vol. II: *Dostoiévski: os anos de provação, 1850-1859*; vol. III: *Dostoiévski: os efeitos da libertação, 1860-1865*; vol. IV: *Dostoiévski: os anos milagrosos, 1865-1871*; vol. V: *Dostoiévski: o manto do profeta, 1871-1881*. São Paulo, Edusp, 1999 (I e II), 2002 (III), 2003 (IV) e 2007 (V).

[54] *Dostoevsky: The Mantle of the Prophet*, 1871-1881, Nova York, Princeton University Press, 2002. Essa obra foi lançada após o curso.

[55] "Vinte e cinco padres explicam a ciência completa da oração interior contínua. Esses ensinamentos estão contidos na *Filocalia*, livro que, na espiritualidade ortodoxa, é considerado como guia indispensável para a vida interior." *O peregrino russo: três relatos inéditos*, pp. 14-5, nota 1. De acordo com o *Dicionário de espiritualidade*, pp. 849, 857, haveria também uma obra com o mesmo título, escrita por Nicodemos Hagiorita (última edição grega, Atenas, Aster, 1957-1963).

[56] Sua correspondência está sendo publicada em edição crítica na França por Jacques Catteau, editora Bartillat.

[57] "O mosteiro de Optino foi o centro espiritual da Rússia no século XIX. Aí nasceu a primeira teologia propriamente russa. Pois até o século XIX, a Igreja russa tinha vivido de traduções do grego e do latim. Por Optino passaram todos os grandes escritores e pensadores russos do século passado." Joseph Comblin, "Apresentação" a *O peregrino russo: três relatos inéditos*, p. 9.

[58] "*Startsi*, plural de *starets*, ancião espiritual que adquiriu o discernimento dos espíritos e o dom da paternidade espiritual." *O peregrino russo*, p. 19, nota 1.

[59] "[...] o Oriente cristão oferece um modelo de padre espiritual na medida do deserto, entre os anacoretas e eremitas, nas primeiras comunidades ascéticas, onde a relação entre o sujeito e o padre espiritual envolve temas que abrangem a vida penitencial, o discernimento de espíritos, o combate espiritual e a aspiração à paz interior até a união com Deus. Poderíamos afirmar, levando em conta a literatura daquela época, que a relação mestre/discípulo, pai/filho assume tonalidade altamente humana, que tenta tirar do homem todos os seus recursos de perfeição para a superação do homem 'inferior' em proveito do 'espiritual'. Trata-se ordinariamente de monges não sacerdotes, de simples leigos e de monjas." *Dicionário de espiritualidade*, verbete "Padre espiritual/diretor", p. 868.

[60] Segundo a revista *Louvain*, nº 97, abril de 1999, à questão das origens do monaquismo cristão não se pode oferecer uma resposta totalmente satisfatória porque novas descobertas em muitas disciplinas correlatas a colocam de modo diferente. Descobriu-se, por exemplo, que, desde suas primeiras manifestações, o monaquismo havia aparecido simultaneamente em todas as suas formas: eremitismo e cenobitismo, monaquismo do deserto e monaquismo da cidade etc. Não se poderia mais considerar o Egito como "berço do monaquismo", de onde teria se expandido para o Oriente e posteriormente para o Ocidente. Assim, o esquema clássico de Antão e alguns outros eremitas fugindo para o deserto, antes que Pacômio (290-346) inventasse o cenobitismo para remediar os inconvenientes do eremitismo, não correspondia a nenhuma realidade tal como revelada pelos documentos publicados. Muitos autores retomaram e discutiram essa questão, mas, na verdade, segundo a revista, "a imagem que se desenha é de um grande movimento espiritual que se desenvolveu no curso dos primeiros séculos de nossa era, ao mesmo tempo no cristianismo e fora dele... Quando finalmente se desenha uma forma de vida cristã mais estruturada e reconhecida, utilizando os modos exteriores de expressões comuns aos ascetas de todos os tempos e de todas as tradições, mas

exprimindo uma busca espiritual enraizada no Evangelho e vivida sob a direção do Espírito, começa-se a falar em 'monaquismo'".

[61] Antão passou muitos anos morando em uma tumba e, a partir daí, descreveu uma série de tentações impingidas pelos demônios que vieram (transformados) do panteão egípcio. Viveu cerca de vinte anos na solidão e morreu em 356, com 105 anos, no monte Colzin, próximo ao mar Vermelho (Ver Pius Parsh, *Testemunhas do Cristo: o ciclo santoral do calendário litúrgico*, pp. 73-4). É importante acentuar que as informações que nos chegaram sobre Antão são de ordem aretológica (a aretologia é o estudo das virtudes), mais no sentido de exaltar as virtudes do anacoreta, seus exemplos de vida etc. São, portanto, duvidosas do ponto de vista estritamente histórico. Ainda que não haja concordância acerca da primazia histórico-cronológica do Egito copta na origem do monaquismo cristão, a importância de homens como Pacômio e Antão não pode ser posta em dúvida.

[62] O mais importante é lembrarmos que essa tradição não pode ser tomada como sendo unicamente helênica, mas também egípcia.

Capítulo 2 – A filosofia da religião e o *páthos* divino

[63] Muitas vezes haveremos de nos referir à mística ortodoxa com o termo ortodoxia, simplesmente. É sempre bom deixar claro que não existe teologia ortodoxa distinta da mística; aquela sempre passa por esta.

[64] Quando nos referimos à crítica ao ateísmo ou niilismo, para Dostoiévski significa quase uma crítica às ciências sociais. Isso porque, para ele, a abordagem do ser humano a partir de tais ciências é própria do ateísmo, pois tal sistema imagina que, através delas, seria possível uma compreensão plena do ser humano.

[65] O autor tinha o projeto de escrever uma obra que seria intitulada *A vida de um grande pecador* — projeto esse reiniciado várias vezes —, mas que acabou se despedaçando tanto em *Os demônios* como em *O idiota* e em

Os irmãos Karamázov... Enfim, ele não conseguiu reunir os fragmentos dispersos em uma obra orgânica. Se temos acesso aos seus cadernos não publicados, onde ele fazia exercícios experimentais, percebemos que seus personagens estão desordenados; uns aparecerão em determinada obra, outros, em outra. Ele troca os nomes... Percebemos, portanto, que, se fosse dado um título às suas grandes obras a partir de *Crime e castigo*, seria *A vida de um grande pecador*. Dostoiévski está querendo falar da dinâmica da vida de um grande desgraçado, mas que, no final das contas, se redime.

[66] Frank antecipa o que trata no quinto volume (*Dostoevsky: The Mantle of the Prophet, 1871-1881*) em sua obra *Pelo prisma russo*, embora esta última seja criticada por Boris Schnaiderman, que acha a análise de Frank por demais ideológica. Isso ficará mais claro quando abordarmos *Os demônios*, pois Dostoiévski é acusado de deturpar a imagem do revolucionário russo, de ter uma visão muito estereotipada e bastante cruel, e de não dar chance aos jovens socialistas russos, que ele chama de niilistas (termo usado na Rússia para designar os ancestrais dos revolucionários russos).

[67] Basta lembramos dos vários exemplos no *Livro do Êxodo*, experiência fundante do povo de Israel.

[68] Temos aqui a importância do "deserto", não somente na mística da ortodoxia, mas também na latina: é uma espécie de "espaço" que propicia o treinamento ao indivíduo. Do ponto de vista da tradição latina, as principais características do deserto seriam: a) trata-se de um fenômeno histórico que se repete desde o cristianismo primitivo; b) está presente nas diversas culturas e tradições cristãs; c) é um "fenômeno" tipicamente bíblico; d) além de realidade geográfica, passa pela experiência histórica de um (ou mais) povo, sendo necessária sua releitura simbólica: esterilidade/fertilidade; incompleteza/completeza; desapropriação/apropriação; caminho/meta; e) a fundamentalidade do relato simbólico de Jesus sendo tentado no deserto (Mt 4; Mc 1); f) Jesus como o deserto dos cristãos; g) por uma espiritualidade do deserto: dinâmica do provisório e o deserto enquanto escola do Absoluto. *Dicionário de espiritualidade*, verbete "Deserto", pp. 257-67.

[69] Para uma reflexão mais ampla sobre essa questão, ver Luiz Felipe Pondé, "Epistemologia agônica e disfuncionalidade humana: um ensaio de teologia pessimista", *Rever: Revista de Estudos da Religião*, nº 2 (Disponível em: https://www.pucsp.br/rever/rv2_2001/p_ponde.pdf).

[70] Não só o filósofo, mas qualquer pessoa que faça uma reflexão sobre o fenômeno religioso, inclusive o próprio Dostoiévski. Falando de forma mais genérica, qualquer pessoa que tenha uma "coisa" (*das Ding*) com religião, mesmo que estude amplamente o fenômeno religioso com o único e exclusivo objetivo de provar que tudo não passa de algo insignificante ou de uma asneira (portanto, negando consistência ao conteúdo noético em questão na religião), pode ser tomada por algum mal-estar no que se refere ao seu *affectus* religioso. A filosofia da religião, portanto, implica em algum envolvimento da pessoa com o objeto posto, que é a "coisa" religiosa. Heschel irá chamar essa relação do filósofo com a religião de *self-understanding*, um autoentendimento constante.

[71] A palavra "mártir" (do grego *mártus*, latim *martyr*), que em grego é o mesmo que "testemunha", nos remete ao paleocristianismo, tendo a ortodoxia guardado essa conexão direta com o cristianismo primitivo, ao contrário do cristianismo latino, que acabou perdendo tal dimensão, tanto que o vocabulário se aproxima muito da corrente gnóstica, além do horror pela imanência, embora não no sentido de abandonar por completo a dimensão da imanência. A ortodoxia mantém uma "desconfiança" em relação à imanência muito maior do que a existente em diversas teologias ocidentais.

[72] Aquilo que ele, grego ortodoxo, experimentou no seu contato com Deus.

[73] Para a teologia judaica, com a vinda do Messias, encerra-se o tempo, a história; em última instância, toda e qualquer realidade imanente.

[74] Conforme vimos anteriormente, a religião não é mais assumida como instrumento de conhecimento no mundo atual, isto é, tem sua *virtù* noética negada. Tais instrumentos são a ciência, num certo grau também a filosofia pós-kantiana, esta como uma espécie de metateoria acerca das possibilidades através das quais se dá o conhecimento, estabelecendo a garantia da

sua eficácia, o que é (e o que não é) conhecimento. É uma "legisladora" da cognição. Nesse contexto, a religião nada conhece; no máximo, estabelece parâmetros de conduta ética, moral etc. Assim, a teologia só possui certa eficácia no espaço confessional; saindo daí, mesmo no campo apenas cristão, as várias abordagens teológicas normalmente entram em confronto (exemplo bem atual: Teologia da Libertação *versus* Teologia da Prosperidade). O problema todo pode assim ser resumido: se a religião detém um conhecimento eficaz dentro da minha "província" religiosa, como fica o problema na província do outro, que nada tem a ver com a minha?

[75] É importante ressaltar aqui que essa relação de dependência também é abordada por Rudolf Otto e por F. Schleiermacher, membros da escola fenomenológica alemã, para quem a experiência religiosa é a experiência da dependência em relação ao infinito, ao absoluto.

Capítulo 3 – Uma introdução à mística ortodoxa

[76] Ver p. 56, nota 7.

[77] Língua originada do egípcio antigo, anterior à colonização grega.

[78] O processo que se dá a partir da nossa relação direta com Deus. Toda a ortodoxia é dominada por essa ideia da transformação (divinização) do ser humano, que é a *metanoia*, como já vimos. É a transformação absoluta do *nous* humano pelo processo de divinização. O conceito de *theósis* parece contar uma história da relação humana direta com Deus.

[79] Ver p. 54 ss.

[80] Como, por exemplo, Jacques Lacarrière — um estudioso da patrística, simpatizante do gnosticismo, crítico da ortodoxia cristã (ortodoxia no sentido de todo cristão que não seja gnóstico) —, *Padres do deserto*, São Paulo, Loyola, 1996.

[81] Inclusive em *anjo de luz*. Veja o que diz sobre isso são João da Cruz: "Um dos principais meios empregados pelo demônio para surpreender as almas

incautas e afastá-las do verdadeiro caminho da vida espiritual é precisamente este de coisas sobrenaturais e extraordinárias que manifesta nas imagens, tanto nas corporais e materiais [...], como nas representações interiores que costuma imprimir na imaginação, sob a aparência de tal ou tal santo ou da sua imagem. Transfigura-se, assim, o demônio em anjo de luz, dissimulando-se sobre os mesmos meios que nos são dados para ajuda e remédio das nossas fraquezas, para, deste modo, surpreender a nossa inexperiência". *Subida do monte Carmelo*, in *Obras completas*, pp. 416-7. Assim se refere santa Teresa de Jesus ao mesmo fenômeno: "Tenho a impressão de que por três ou quatro vezes o demônio tentou me apresentar o Senhor numa representação falsa em que Este toma a forma de carne, mas, quando é assim, a visão nada tem que se compare com a glória que emana da que vem de Deus. O demônio faz representações para desfazer a verdadeira visão que a alma teve; esta, contudo, resiste, sente-se perturbada, desabrida e inquieta, perdendo a devoção e o gosto que antes tinha, além de ficar sem oração". Ainda: "Quem já experimentou uma verdadeira visão de Deus o perceberá quase imediatamente; porque, embora comece com regalos e satisfação, essa falsa visão logo é rejeitada pela alma". *Livro da vida*, in *Obras completas*, pp. 185-6.

[82] Ver *L'Orthodoxie*.

[83] Ver *O peregrino russo*, p. 46. Ver também *Dicionário de espiritualidade*, p. 851. Muda apenas a forma de tratamento: "tende" e "tem", respectivamente.

[84] A espiritualidade da cruz concentra sua atenção na dimensão do sofrimento, do distanciamento de Deus e, ao mesmo tempo, na miséria de Jesus de Nazaré. No mundo, o lugar do entendimento é a dor, a agonia, o sofrimento. Quando Jesus ressuscita, ele deixa o "vale de lágrimas". Mas para o ortodoxo, mesmo depois da ressurreição, Jesus ainda continua no mundo — nas pessoas que o manifestam pela sua vivência mística e santidade.

[85] Veja-se a afirmação do apóstolo Paulo (Rm 7,15), na qual se percebe, claramente, a dimensão da fragmentação do ser humano caído: "Não consigo entender nem mesmo o que faço; pois não faço aquilo que eu quero, mas aquilo que mais detesto".

[86] Doutrina de Guilherme de Ockham, filósofo franciscano inglês (1300-1349/50), caracterizada principalmente pelo empirismo, nominalismo, terminismo e pelo ceticismo quanto à possibilidade de se demonstrar racionalmente as verdades da fé.

[87] Ver Alain de Libera, *La Querelle des universaux*, Seuil, Paris, 1996.

[88] Fazendo uma paráfrase do título da obra do filósofo e teólogo dinamarquês Sören Kierkegaard (1813-1855).

[89] Origem da oração de Jesus: Simeão, o Novo Teólogo, durante uma passagem por um mosteiro nas proximidades de Constantinopla, numa determinada noite em que lia textos dos padres da Igreja, teria tido um êxtase e percebido a presença de Deus. Parecia ter ficado paralisado diante de tal percepção. Quando se deu conta, estava pronunciando uma frase. Porque, diante da manifestação de Deus como absoluta misericórdia, a única frase que podia pronunciar era: "Senhor Jesus, tende piedade de mim". Passada a experiência, continuou a repeti-la muitas vezes.

Capítulo 4 – Palamás e o conhecimento místico

[90] Este capítulo é um aprofundamento pontual da temática palamita.

[91] "Proto" se deve, aqui, ao fato de que o Renascimento estava ainda em germe no século XIV, época em que teve lugar essa polêmica.

[92] *Triades pour les saints hésychastes*, Louvain, Meyerndorf, 1959.

[93] Essa ideia terminou criando alguns problemas para ele junto à Igreja de Bizâncio, na medida em que dela se pode inferir, por exemplo, que os homens que vieram depois de Cristo estariam, de certa forma, em uma situação espiritual mais vantajosa do que os apóstolos, os quais, na época da vida de Cristo, só eram capazes de perceber a luz tabórica em sua pessoa divina.

[94] Tal pensamento, no limite, deságua numa total patologização do contato direto entre o humano e o divino. Nessa linha, os conteúdos produzidos pela experiência religiosa não estão em dia com o que produz a filosofia ou a ciência.

Assim, a experiência religiosa pode se configurar como uma patologia desprovida de substância noética, tendo apenas o sentido de tirar a pessoa da ordem natural da vida sem introduzi-la em qualquer outra ordem superior.

[95] Nesse sentido, a contribuição do mundo hebraico para a religião é exatamente essa concepção de um Deus totalmente outro, que sabe tudo, pode tudo e que faz uma criação diferente Dele próprio, em cujas leis não se pode reconhecer a Sua essência, mas sobre a qual Ele age segundo a Sua vontade.

[96] Aí incluídos tanto o racionalismo dos gnósticos quanto os propagadores de uma teologia filosófica no cristianismo latino: em diferentes graus e modos, desde santo Agostinho até a escolástica medieval.

[97] Considero esse resgate da sobrenaturalidade do homem pela ortodoxia extremamente importante no mundo contemporâneo, em que a afirmação do homem como um ser de natureza já é tida como algo dado. Num mundo em que todas as ciências do homem — sociologia, psicologia, antropologia etc. — têm o seu determinismo, o discurso da indeterminação sobrenatural do ser humano causa um ruído bastante interessante. Essa é a temática fundamental da crítica religiosa de Dostoiévski ao determinismo em *Memórias do subsolo*.

[98] É por isso que, na ortodoxia, não existe teologia que não seja mística. Somente aquele que tem a experiência mística é capaz de produzir teologia, e sempre a partir dessa mesma experiência. Para a ortodoxia, "só pode falar de Deus quem conhece Deus", como diz Evdokimov.

[99] No original francês de Evdokimov; em português, acédia.

[100] No original francês de Evdokimov; em português seria algo como "compucção".

[101] Ver Piroska Nagy, *Le don des larmes au Moyen Âge*, Paris, Albin Michel, 2000.

Capítulo 5 – Evdokimov e a antropologia ortodoxa

[102] Este capítulo é uma continuação da discussão antropológica iniciada no capítulo 3.

[103] Ver Ignatius Briantchaninov, *Introduction à la tradition ascétique de l'Église d'Orient*, Paris, Présence, 1978; e Sergius Bolshakoff, *Russian Mystics*, Michigan, Cistercians Publications, 1980. Briantchaninov estudou na mesma academia militar de engenharia que Dostoiévski.

[104] É interessante notar, a esse respeito, mesmo num ambiente em que o relativismo é a moeda comum, como é o caso das ciências sociais, como alguém que desenvolve de maneira rigorosa e sistemática os pressupostos e argumentos relativistas até suas últimas consequências pode ser capaz de horrorizar a sensibilidade da audiência. Em minha opinião, o problema não está tanto no relativismo em si, mas na atitude essencialmente pós-moderna de encará-lo como uma redenção, quando na verdade ele se constitui num problema intrínseco da razão natural, no seu beco sem saída, isto é, sua natureza aporética. Na realidade, o que o relativista "alegre" parece não perceber é que o poder abomina o vácuo. Assim, quando se relativizam todos os critérios (quando se os destroem, vale dizer), só pode restar o vácuo, e o que entra no lugar dos critérios destruídos é a força ("a autoridade é a única alternativa para a força"), o que, grosso modo, é o juízo de Platão acerca do relativismo, personificado, no *Teeteto*, pela figura e pelo discurso de Protágoras: "O homem é a medida de todas as coisas".

[105] Na ortodoxia, o monge é necessariamente um místico. Paralelamente, existe também a figura do asceta, aquele que se esforçou em buscar a Deus, mas não obteve a graça de alcançá-Lo. Do ponto de vista de uma psicologia fundada sobre a razão instrumental, administrativa (termo de Apel, ver a Introdução, "Profecia e desgraça"), sobre pressupostos produtivistas a partir dos quais os grandes valores são a organização e o gerenciamento do homem e da vida, o místico ortodoxo será sempre um indivíduo no limite da psicopatologia, um *dérangé*, alguém que não revela a menor eficiência na condução dos negócios mundanos. Do ponto de vista de Dostoiévski e da ortodoxia, ao contrário, uma sociedade baseada completamente na imanência, uma comunidade humana que dá tamanho valor aos aspectos mundanos, naturais ou históricos da vida, está desde já condenada ao fracasso,

Crítica e profecia – A filosofia da religião em Dostoiévski   305

uma vez que a imanência, a natureza natural, é a dimensão da queda, da desgraça e do mal.

[106] Pois, como vimos anteriormente, os ortodoxos acreditam também numa "natureza sobrenatural" do homem. Ver Luiz Felipe Pondé, *O homem insuficiente: comentários de antropologia pascaliana*, São Paulo, Edusp, 2001.

[107] Nesse sentido, Evdokimov vai ao extremo de afirmar que a "objetivação formal do mundo é a materialidade do mal no mundo", isto é, a compreensão do mundo como objeto é a própria materialidade do mal. Em essência, essa é a mesma visão que Dostoiévski expressa em suas obras. Ver Paul Evdokimov, *L'Orthodoxie*.

[108] À diferença da concepção moderna (ou pós-moderna) de holismo, entendido como explicitação imanentista da realidade do todo a partir da razão natural, a ortodoxia só concebe qualquer possibilidade de síntese, qualquer possibilidade de sentido do todo não fragmentado, no plano do sobrenatural.

[109] É nessa linha que se deve entender o decantado "pessimismo" de Dostoiévski, um autor que parece não apontar qualquer saída para o ser humano no regime da natureza. Para ele, a salvação do homem não é "deste mundo". Se o homem se esquecer do sobrenatural e ficar por aqui seguindo as teorias sociológicas (as "teorias do meio", no dizer de Dostoiévski), não pode haver saída: ele estará somente patinando o tempo todo no terreno do mal, um mal sofisticadíssimo, certamente.

[110] Daí um certo caráter de imediatismo na maneira de agir no universo ortodoxo. Os personagens de Dostoiévski que, como Raskólnikov, são agitados, febris, um tanto enlouquecidos e agem segundo o momento e a disposição "fisiológica" estão dessa forma a igual distância de um domínio completo tanto da razão quanto do mal. A alma é radicalmente livre, é um mistério que nenhuma ciência humana pode conter ou dominar. Pelo espírito da ortodoxia, é preciso agir imediatamente seguindo a inspiração divina; parar para pensar e cogitar sobre o momento oportuno ou agir segundo normas preestabelecidas significa reconduzir o Diabo para o meio do processo. É

dessa forma que os ortodoxos encaram a ética sistematizada, seja enquanto ciência ou enquanto código.

[111] Isto é, lutando para permanecer existindo enquanto ser natural, a despeito de sua natureza abscôndita, que seria sobrenatural. A modernidade e sua aposta na eternidade podre são um caso claro desse complexo de mortalidade.

[112] Quantas vezes, a propósito, não se ouve hoje em dia falar com aprovação de uma pessoa de cinquenta anos que tem uma cabeça de vinte, algo que, do ponto de vista médico-psiquiátrico, não pode ser interpretado senão como uma patologia?

[113] Da mesma forma, a teologia judaica afirma que "atrás do mistério está a misericórdia".

[114] "O fim do mundo está em toda a objetivação organizada e sacralização formal do relativo", diz Evdokimov. De acordo com essa visão, quando alguém sacraliza — vale dizer, absolutiza — o relativo e acha que a solução está no relativo, além de estar fazendo um conhecimento "caído", isto é, apenas no registro da natureza, está também adorando o próprio Satanás, na medida em que a absolutização da natureza nada mais significa do que a divinização do efêmero, daquilo que não tem sentido, do nada, da desgraça. Ver Paul Evdokimov, *L'Orthodoxie*.

Capítulo 6 – A razão deífuga e a liberdade do homem

[115] Dostoiévski não usa o termo "reprimido".

[116] Uma ideia que tem tantas reverberações filosóficas, epistemológicas e religiosas que mereceria um curso exclusivamente a seu respeito.

[117] Essa liberdade sobrenatural é a analogia mais próxima da imagem de Deus (*imago Dei*) no ser humano.

[118] Uma ideia análoga é o conceito de "atamento" do filósofo islâmico Ibn Arabi: os nomes e as crenças que se formam acerca de Deus são, na realidade, nós. Tais nós, segundo ele, são necessários para que o ser humano possa

relacionar-se com Deus na medida em que constroem uma espécie de ponte. Mas a relação religiosa deve ser uma constante superação desses nós, crenças ou nomes de Deus, que consiste no processo que ele denomina "polimento do espelho", com o objetivo de chegar ao que chama de "estação de nenhuma estação", ou seja, em algum lugar que não está na linguagem.

[119] Para o homem moderno parece complicado apreender essa ideia de liberdade sobrenatural, incriada, religiosa, uma vez que a ideia moderna de liberdade tem um caráter essencialmente jurídico e político, algo compreendido dentro das limitações da convivência em sociedade, imanente aos direitos e deveres que constituem as relações interpessoais no contexto de um corpo político-jurídico, o Estado. Mesmo a liberdade moral é vivenciada pelo homem contemporâneo nesse sentido.

[120] Essa lenda constitui a grande síntese da obra de Dostoiévski; é a sua tentativa de fazer uma síntese conceitual do que ele entende por liberdade incriada.

[121] A propósito, *Dos nomes divinos* é o título de uma importante obra do Pseudo-Dionísio, momento inaugural da teologia apofática.

[122] "Onde se acha o espírito do Senhor, aí está a liberdade" (2 Cor 3,17).

[123] Essa é uma ideia que pode facilmente ser lida numa chave repressora, algo como "Deus é aquele que não me deixa realizar os meus desejos".

[124] A consciência é um *collegium* de muitas vozes; não existe consciência individual. Daí a polifonia dostoievskiana.

[125] Temos aqui a raiz da profunda desconfiança da ortodoxia em relação aos sistemas teológicos, bem como da desconfiança de Dostoiévski com relação às ciências humanas.

[126] Ver Mircea Eliade, *Traité d'histoire des religions*, Paris, Payot, 1949.

[127] Doutrina herética muito em voga nos primeiros séculos do cristianismo que negava a divindade de Jesus.

[128] Mística do século XIV, Marguerite Porete foi condenada após o exame de seu texto *Le Mirouer des simples âmes* por uma comissão de teólogos, e queimada a 1ª de junho de 1310. Ver *Le Mirouer des simples âmes*.

Capítulo 7 A polifonia em Dostoiévski

[129] Forma extrema do ceticismo grego, defendida por Pirro de Élida (365-275 a.C.), oficial de Alexandre Magno. O que se conhece de seu pensamento (ele nada escreveu) foi exposto por Tímon (320-235 a.C.) e, mais tarde, por Sexto Empírico (médico que atuou entre os anos 180 e 210 d.C.) em *Hipóteses pirrônicas*. Tanto em Tímon como em Pirro, o ceticismo é uma propedêutica do desprendimento. Uma vez que todas as opiniões se equivalem, que nossas sensações não são verdadeiras nem falsas, que as doutrinas dos sábios se contradizem, é importante nada afirmar, desprender-se de tudo e, pelo silêncio (afasia), merecer a ataraxia (serenidade). O soberano bem é essa paz da alma que, no sábio, resulta da suspensão de todo juízo (*épochè*). Ver André Verger & Denis Huisman, *História dos filósofos ilustrada pelos textos*, Rio de Janeiro, Freitas Bastos, 1972.

[130] É uma imagem que, durante muito tempo, permeou a ideia de que Dostoiévski não sabia escrever ou o fazia com muita pressa em função de suas crescentes dívidas. Para fugir de qualquer tentativa de estabelecimento da obra de Dostoiévski a partir de sua biografia, não citaremos dados biográficos, apenas uma ou outra passagem; não faremos referência a ele como indivíduo, para não incorrer em erro — como Freud, que, por ter usado material histórico errado, fez uma interpretação que não coincide com a ordem cronológica dos acontecimentos de sua vida, chegando a conclusões sem base empírica. Isso não quer dizer, entretanto, que, do ponto de vista da psicanálise, Dostoiévski não possa ser considerado como alguém que teve uma intuição central sobre o problema do incesto ou do parricídio.

[131] Ver Marcelo Dascal, *Conhecimento, linguagem e ideologia*, São Paulo, Perspectiva, 1989. Grande epistemólogo brasileiro, Marcelo Dascal desenvolve algumas categorias de controvérsia, sendo uma delas a controvérsia endêmica.

[132] Ver Luiz Felipe Pondé, "Como escapar do blablablá", Caderno Mais!, *Folha de S. Paulo*, 26/9/1999.

[133] Ver Gary Morson, "Dostoevsky's Writer's Diary as Literature of Process in Fyodor Dostoevsky", in Harold Bloom (org.), *Modern Critical Views*, Nova York, Chelsea House Publishers, 1988.

[134] Na verdade, são scholars, teólogos como Evdokimov e outros, que explicitam em Bakhtin a tradição teológica ortodoxa *cachée*.

[135] Importante é ter sempre em mente que o analfabetismo filosófico-religioso (referido na Introdução deste livro, "Profecia e desgraça") atual tende sempre a desconsiderar os conteúdos noéticos teológicos no pensamento intelectualmente virtuoso. Na realidade, a preferência clara neste trabalho pelos aportes religiosos tem raiz na decisão *a priori* de trazer à luz essa ignorância que nos assola, devido ao preconceito dogmático arreligioso contemporâneo.

[136] Autor contemporâneo de Dostoiévski e espécie de ídolo dos radicais russos, Herzen foi um agitador político que passou a maior parte de sua vida exilado em Londres, fugido do *tsar*. Discutem sobre a revolução em um ou dois encontros que tiveram por ocasião das viagens que Dostoiévski fazia, seja como correspondente do jornal no Ocidente, seja quando fugia dos credores.

[137] Mikhail Bakunin (1814-1876), revolucionário russo, principal expoente do anarquismo e membro-fundador do Movimento Populista Russo. Serviu no exército imperial até 1835. Após ter participado das revoluções de 1848, foi exilado na Sibéria. Escapou em 1861 e fugiu para Londres, onde estava o quartel-general dos militantes anarquistas e comunistas. A primeira Associação Internacional de Trabalhadores, fundada em 1864, foi prejudicada pelo conflito entre Marx e Bakunin (o qual pregava a utilização da violência para destruir a ordem social e política existente), o que levou à sua divisão em duas facções nos anos seguintes.

[138] Ver Blaise Pascal, *Pensamentos*. São Paulo: Martins Fontes, 2000.

[139] Ver Marguerite Porete, *Le Mirouer des simples âmes*.

Capítulo 8 – O fracasso da lógica

[140] A voz aqui se refere ao narrador da história, que não possui um nome, mas se autodenomina "paradoxalista".

[141] Z. Bauman, *O mal-estar na pós-modernidade*. Rio de Janeiro: Jorge Zahar Editores, 1998.

[142] A história do *Santo dos santos* está na Torá. Uma das interpretações que o pensamento judaico faz da impossibilidade de Moisés entrar na Terra Prometida é que, com esse ato, Deus estaria mostrando que nem ele, o mais santo dos santos, poderia entrar em lugar tão santo. Há também referências em Evdokimov e Heschel, *God in Search of Man*.

[143] É importante observar que negar o contextualismo é ilusão, não podemos dizer que ele não existe; temos de viver com ele infernizando nossos ouvidos o tempo todo, senão a razão cai na metafísica...

[144] Mesquita construída em Jerusalém, que já é sagrada porque teria sido erguida no local onde Abraão quase sacrificara seu filho.

[145] Porfíri é o instrutor, ou investigador de polícia, encarregado da investigação do assassinato em *Crime e castigo*.

[146] Professor doutor Eduardo Cruz, coordenador do Programa de Estudos Pós-Graduados em Ciências da Religião da PUC-SP.

Capítulo 9 – O homem inacabado

[147] Ver Paul Evdokimov, *Dostoïevski et le problème du mal*. Paris: DDB, 1998.

[148] Dostoiévski não usa este termo.

[149] W. James, *As variedades da experiência religiosa*. São Paulo: Cultrix, 1991.

[150] Antonio Tabucchi, *Afirma Pereira*, tradução de Roberta Barni, Rio de Janeiro, Rocco, 1995.

[151] Steven Katz (org.), *Mysticism and Philosophical Analysis*, Oxford, Oxford University Press, 1978; e também *Mysticism and Language*, Oxford, Oxford University Press, 1992.

[152] Henrique C. de Lima Vaz, *Experiência mística e filosofia na tradição ocidental*, São Paulo, Loyola, 2000.

Capítulo 10 – Liberdade: niilismo ou amor?

[153] Gilbert Keith Chesterton (1874-1936). Escritor e jornalista inglês, polemista, de vasta produção de ensaios, história, romance, poesia e teatro. Converteu-se em 1922 ao catolicismo. Das suas obras mais conhecidas, há tradução para o português de *O homem que era quinta-feira* (Ediouro, 1987) e *Ortodoxia* (LTR, 2001), entre outros.

[154] Ver Meister Eckhart, *Deutsche Werk*, Stuttgart, W. Kohlhamner Verlag, 1987.

Capítulo 11 – O mal e a liberdade

[155] Isaiah Berlin, pensador político liberal, estudioso de autores ditos reacionários e especialista no pensamento russo. Berlin faz essa afirmação ao comentar Tolstói em sua obra *Pensadores russos*, São Paulo, Companhia das Letras, 1988.

Capítulo 12 – O homem de ação e o homem do subterrâneo em *Memórias do subsolo*

[156] Não se trata aqui de texto místico como descrição de experiência extática.

[157] Alexis de Tocqueville, *De la démocratie en Amérique*, Paris, GFFlammarion, 1981.

[158] Essa obra serviu de base para o filme *Les possédés* (*Os possessos*), de 1987, do diretor Andrzej Wajda. Em 1870, na Rússia, um grupo de jovens

revolucionários é tomado pelo fanatismo. Sob a liderança de um mentor cínico e frio, o grupo decide executar um homem apenas para se pôr à prova.

[159] Dostoiévski cai em desgraça com o regime soviético como autor de *Os demônios*, no qual prevê o futuro da Revolução Russa: o caos, o total niilismo.

[160] Ivan S. Turguêniev (1818-1883), em *Pais e filhos*, de 1862, dá nome, define e analisa o niilismo filosófico. Bazárov, o protagonista, é um jovem revolucionário e idealista, estudante universitário, apesar de sua origem humilde, que luta pela liberdade universal, mas que está destinado a uma vida trágica. O autor compartilha até certo ponto as ideias de seu personagem, embora opinasse que as mudanças deveriam produzir-se gradualmente, e não por meio de uma revolução.

[161] Ver E. M. Cioran, *Breviário de decomposição*, Rio de Janeiro, Rocco, 1995.

Capítulo 13 – O homem ordinário e o homem extraordinário em Crime e castigo

[162] Porfíri é o policial inteligente, em dia com a moderna psicologia da época, que acredita poder definir o caráter do criminoso para deduzir seu comportamento e atitudes numa série de eventos, de modo a conseguir chegar até ele e prendê-lo.

[163] Jovem intelectual russo, um tanto posterior a Tchiernichievski e muito mais radical e cínico do que aquele no tratamento da proposta de destruição do passado e da sociedade constituída.

[164] Na realidade, esse termo é "roubado" da filosofia utilitarista inglesa — os filósofos ingleses do final do século XVIII e início do século XIX se autodenominavam filósofos radicais. O nome "radical" foi aplicado aos dois autores — Tchiernichievski e Pisariev —, como também à filosofia revolucionária russa. Depois de livros como *Pais e filhos*, de Turguêniev, os russos começam a chamar esses indivíduos de niilistas. A partir daí, o termo niilista

Crítica e profecia – A filosofia da religião em Dostoiévski   313

entra para a crítica literária e para a filosofia russas e se transforma em sinônimo de revolucionário — a geração revolucionária russa é niilista.

[165] Em *La formation du Radicalisme philosophique* (Paris, PUF, 1995, 3 vols.), Halévy faz todo o caminho do radicalismo filosófico inglês, passo a passo, de forma extremamente didática e, ao mesmo tempo, profunda. Não se trata de uma mera introdução; ele de fato mergulha na tradição filosófica inglesa, da qual era simpatizante e que pretendia introduzir na França.

[166] Lembro, aqui, o manifesto interessantíssimo do terrorista e sociólogo Unabomber, ainda que aparentemente não se relacione ao que estamos falando. O foco de sua crítica é a tecnologia. A única que ele aceita é a tecnologia local, isto é, aquela que para ser usada não necessita de nenhuma rede exterior à comunidade. Assim, uma faca é aceitável, bem como um fogão a lenha, mas jamais uma geladeira, pois esta exige peças que são fabricadas em outro local e não se tem a mínima noção de como são produzidas. O projeto do Unabomber é acabar com a sociedade tecnológica antes que ela acabe com a humanidade; é ir criando um estresse contínuo, na base do terror, em locais específicos, em pessoas específicas: ele planejava cartas-bomba, cartas terroristas para pessoas específicas dentro da hierarquia político-social, com o objetivo de desestabilização. Para ele, uma vez que a sociedade tecnológica entrasse em decadência, não necessariamente o ser humano teria de inventar tudo, como inventou, outra vez. Assim, o Unabomber também pensa que é necessário destruir a modernidade no seu veio tecnológico, e modernidade sem tecnologia é difícil de imaginar. Essa ideia de destruir a raiz é interessante, pois, nesse sentido, ele parece olhar a sociedade moderna e a tecnologia já como tradição, como aquilo a que as pessoas estão acostumadas — os seres humanos, hoje, pensam que sem tecnologia ninguém vive, o mundo não é possível, ninguém pode ser "feliz".

[167] James J. Hughes, "A criônica e o destino do individualismo". Caderno Mais!, *Folha de S. Paulo*, 4/11/2001.

[168] Em fins de julho de 1999, Peter Sloterdijk apresentou uma conferência, "Regras para um Parque Humano: uma resposta à carta de Heidegger sobre

o humanismo" (lançado em livro no Brasil pela Estação Liberdade), na qual abordava a crise do humanismo ocidental e a delicada questão da programação genética dos seres humanos. Habermas considerou a palestra de Sloterdijk como "genuinamente fascista" e afirmou que o palestrante "pretendia se passar por 'biomoralista inofensivo' e escamoteava o trauma histórico do Holocausto". Ver Luiz Felipe Pondé, "Zoopolítica", Caderno Mais!, *Folha de S.Paulo*, 10/10/1999.

[169] Com a biotecnologia surgirá o relativismo no átomo, a cultura e o desejo alterarão a "estrutura do átomo".

Capítulo 14 – A educação liberal e o niilismo em *Os demônios*

[170] Professor aposentado da Universidade de São Paulo, ensaísta e tradutor especialista em Dostoiévski, de quem traduziu diversos títulos, entre os quais *Memórias do subsolo*, *O crocodilo* e *Notas de inverno sobre impressões de verão*.

[171] Como apontamos anteriormente, o radicalismo russo descende do utilitarismo ou radicalismo inglês; na Rússia, os nomes "radical" e "niilista" passam a ser sinônimos, principalmente depois da publicação de *Pais e filhos*, de Turguêniev.

[172] Ver nota 9, capítulo 7. Embora Dostoiévski não faça referência a Bakunin diretamente no livro, pelo contexto histórico podemos perceber que Netchaiev foi um quase discípulo do grande teórico do anarquismo russo.

[173] É importante ressaltar que, dias antes de sua morte, Dostoiévski discursa sobre o futuro, o destino da mãe Rússia, sendo um dos momentos não muito comuns em que é aclamado — foi muito aclamado na juventude como grande escritor, depois caiu em desgraça — como grande profeta (profeta do niilismo), imagem que permanece após sua morte.

[174] Em sua monumental bibliografia, Joseph Frank discute longamente os cadernos de rascunho de Dostoiévski.

Capítulo 15 – O sagrado e a desagregação da natureza em O *idiota*

[175] Isso faz lembrar o que diz o filósofo existencialista francês Jean-Paul Sartre (1905-1980): a completa e total liberdade inviabiliza as relações. No entanto, a sociedade é construída sobre a ideia de comportamentos sociais.

[176] Ver Luiz Felipe Pondé, "Olhar de Alain Finkielkraut revê fragilidade do espírito", *O Estado de S. Paulo*, Caderno 2, 17/10/1998. Finkielkraut é autor de *A humanidade perdida: ensaio sobre o século XX*, São Paulo, Ática, 1998.

**Capítulo 16 – O parricídio e a morte da tradição
em Os *irmãos Karamázov***

[177] Ver Paul Evdokimov, *Gogol et Dostoïevski*. Trata-se de um subcapítulo dentro da discussão de *Os irmãos Karamázov*.

[178] Refere-se à manchete que circulou nos jornais em 26/11/2001: "Sob protestos do Congresso dos Estados Unidos e surpresa da opinião pública, a empresa americana ACT (Advanced Cell Technology) anunciou ter concluído a primeira clonagem de um embrião humano da história", *Folha de S. Paulo*, e "Anunciado nos Estados Unidos o primeiro clone humano", *O Estado de S. Paulo*.

[179] É importante ressaltar aqui que utilizo o termo "niilismo" no sentido de Dostoiévski. O que Nietzsche chama de niilismo é diferente (grosso modo, depressão moral de uma época por não querer assumir a morte de Deus e da metafísica); ele, Nietzsche, não adere ao niilismo (na sua definição), ainda que um certo nietzschianismo faça dele um niilista (no sentido de cinismo narcísico), inclusive um niilista do tipo "o meu desejo é ficar no centro do mundo", quando, na realidade, Nietzsche ultrapassa a própria noção de "eu" — ele transvalora o eu. Se mal lido, pode levar muita gente, como levou, a achar que ele é um filósofo do niilismo (seja no sentido de narcisismo cínico, seja no sentido dostoievskiano). Na realidade, ele faz uma filosofia

que denomina de "espíritos livres". Está em diálogo com toda a tradição trágica e também se aproxima de Dostoiévski, reconhecendo neste um "autor que escreve com sangue". Contudo, não resta dúvida que o relativismo violento de Nietzsche pode produzir niilismo. Uma autora como Scarlett Marton (*Nietzsche: das forças cósmicas aos valores humanos*, UFMG, 2000), por exemplo, não lê Nietzsche como produtor de niilismo. Por outro lado, a escola francesa que vem de Deleuze, aquele pós-nietzschianismo que "considera" o ser humano sagrado, faz uma leitura de Nietzsche que alguns consideram niilista. Já para uma estudiosa como Scarlett, a transvaloração de que Nietzsche fala é cosmologia, é fisiologia, por isso ele ultrapassa o ser humano. Para ele, a vida é um acidente da matéria. Se assim é e se a consciência é o acidente querendo provar que não é acidente, a consciência nada mais é do que um acidente da matéria querendo a todo custo legitimar a si mesma como não acidental.

[180] Kierkegaard (1813-1855) define as etapas estética, ética e religiosa, que considera não como concepções teóricas do mundo, mas como maneiras de viver. O homem no estágio estético não conhece outro objetivo na vida senão gozar cada instante; coincide, pois, com suas sucessivas sensações. O homem da ética preocupa-se com a realização plenamente consentida do dever moral; submete sua vida a regras gerais. No estágio religioso, o homem é um indivíduo diante de Deus, e sua experiência na relação com Deus é singular e intraduzível em conceitos gerais, só tendo sentido para ele. A experiência da fé, para Kierkegaard, é inteiramente estranha ao universo da razão.

[181] Johannes Tauler (1300-1361), dominicano alemão, é considerado um dos maiores místicos e pregadores da Idade Média. Ainda jovem ingressou na Ordem Dominicana de Strasburg. Autor de cerca de 84 sermões, editados pela primeira vez em Leipzig, em 1498.

[182] "Aporia", em grego, significa estrada sem saída. Em português, seria algo como "impasse".

[183] Ver Paul Evdokimov, *Dostoïevski et le problème du mal*.

[184] Há uma passagem em que Zósima diz a Karamázov: "Sobretudo não minta ao senhor mesmo. Aquele que mente a si mesmo e escuta sua própria mentira vai ao ponto de não mais distinguir a verdade, nem em si, nem em torno de si; perde pois o respeito de si e dos outros. Não respeitando ninguém, deixa de amar; e para se ocupar, e para se distrair, na ausência de amor, entrega-se às paixões e aos gozos grosseiros; chega até a bestialidade em seus vícios, e tudo isso provém da mentira contínua a si mesmo e aos outros".

[185] Ver Karl Barth, *The Epistle to the Romans*.

Este livro, composto na fonte Fairfield,
foi impresso em papel pólen soft 70 g/m², na gráfica Santa Marta.
São Bernardo do Campo, fevereiro de 2020.